미국 특허 청구항 해석 실무

이재복

진원사

머 리 말

한국 변리사 시험에 합격 후 모 특허법인에서 글로벌 대기업의 한국 출원 및 미국 출원을 담당했었습니다. 한국 변리사이기에 한국 특허와 관련된 일은 해당 분야의 전문가로서 클라이언트나 심사관에게 관련 내용을 자신 있게 개진해갈 수 있었으나, 미국 특허를 다룰 때는 미국 특허법부터 특허 용어까지 확신을 가질 수 없는 상황들이 많았습니다. 막연하게 미국 특허와 한국 특허가 유사하고, 변리사 시험 전에 공부했었던 일반 영어의 수준에서 크게 나아지지 않은 상태로 미국 특허를 다루었습니다. 하지만, 경력이 쌓여도 미국 특허 자체에 대한 익숙함은 올라가나, 저의 의견을 자신 있게 주장할 수 있는 전문성이 쌓이지 않는다고 생각했었습니다. 예를 들어, 클라이언트가 어떤 의견을 주장할 때 그에 대한 본인의 의견을 자신 있게 주장한다거나, 해외 대리인의 판례 인용이나 청구항 용어를 고쳤을 때 아무런 내용을 몰라 의견을 줄 수 없는 상태였습니다. 시중에 나와있는 관련 서적이나 여러 가지 발표 자료도 보았지만, 미국 특허의 전반적인 출원 절차에 초점을 맞출 뿐 청구항 작성에는 도움이 되지 않는 경우가 많았습니다. 당시 생각하기로, 특허라는 업을 몇 년 했지만 수십년을 똑같이 한다고 하여 이에 대한 전문성은 나아질 것 같지 않았습니다. 이에 스스로에게 변화가 필요하다고 생각되어 미국 로스쿨(J.D : Juris Doctor)을 가기로 결심했습니다.

변리사 재직중 한 가지 에피소드가 있다면, 청구항에 “A, B, A+B”를 기재하고 싶은데 “at least one of A and B”를 써야 되는지 아니면 “at least one of A or B”를 써야 되는지 이슈가 발생했었습니다. 일반적인 영어 어법상 또는 토익 시험문제에 보기로 나온다면 정답은 당연히 전자인 “at least one of A and B”가 맞습니다. 하지만, 본 이슈에 대한 해외 대리인들의 의견이 제각기 다 다르고 각자의 의견을 개진할 때 근거를 제대로 제시해주지 않아 관련 이슈를 무시한 채로 넘어갔었습니다. 미국 로스쿨에 와서야 후술할 연방 항소법원 판례에 의해 “at least one of A or B”가 맞다는 사실을 알게 되었습니다.

미국 로스쿨은 지적 재산권 분야에서 전미 Top 5로스쿨 안에 드는 조지 워싱턴

로스쿨(George Washington Law school)에 입학하여 우등(with Honors)으로 졸업했습니다. 또한, 조지 워싱턴 로스쿨 졸업생 중 지적 재산권 최고의 학생에게 주어지는 Peter D. Rosenberg상을 수상하고, 전미 최고의 지적 재산권 로스쿨 학생을 뽑는 Jan Jancin award에 조지 워싱턴을 대표(nominee)하여 참가하기도 하였습니다. 졸업 후에는 모 미국 로펌에서 특허 소송, ITC 및 특허 출원 등을 경험했습니다.

한국에서 변리사로서 일할 때 제가 느꼈었던 고민을, 지금 똑같이 하고 있을지 모를 한국의 특허 실무자들을 위해 책을 작성하게 되었습니다. 예를 들어 미국 청구항을 작성할 때 어떤 용어를 써야 되는지, 어떤 특허가 좋은 특허가 될 수 있는지를 실무적인 관점에서 작성하려고 노력했습니다. 실무자 분들이 기일과 실적의 압박 때문에 분량이 많은 책을 읽을 시간이 없는 것 또한 알기에, 최대한 간략히 요약하여 작성하려고 노력했습니다.

본 책의 집필부터 출판까지 도움을 주신 사랑하는 우리 가족들, 출판사 진원사 관계자 분, 특허법인 올림의 김성윤 변리사, LG 이노텍의 박준영 변리사, SK플래닛의 박정훈 변리사에게 이 자리를 빌려 감사의 말씀을 올리고 싶습니다.

2020년 7월

이 재 복 드림

목 차

미국 특허 청구항 해석 실무

Chapter 1 미국 특허출원의 중요성

미국 특허출원의 중요성

Ⅰ. 머 리 말

세계 최대규모의 GDP일 뿐만 아니라 구매력 평가(Purchasing Power Parity("PPP")) 대비 세계총생산량의 21%를 차지하고 있는 미국, 세계 유수의 기업들에 있어서 미국은 절대 놓칠 수 없는 규모 경제의 시장이다. 이 시장에서 살아남기 위해 세계 유수의 기업들은 기술 개발뿐만 아니라 수많은 발명들을 미국에 특허 출원한다. 나아가, 미국이라는 시장에서 수많은 기업들의 분쟁과 특허소송으로 특정 분야의 선두 기업이 결정되기도 한다. 이러한 소송들의 현황 및 배상액수를 통해 미국 특허 출원의 중요성을 다시 한 번 집어 보고자 한다.

Ⅱ. 특허 소송 배상액수

1. 1998년부터 2017년까지의 상위 10개의 배상판결 액수[1)]

1위는 2016년 제약관련 소송에서 배상 판결 액수 25억 달러(1$ = 1200원; 한화로 약 3조)가 차지했다. 또한, 우리가 여러 미디어 매체를 통해 알고 있는 핸드폰 소프트웨어 관련 삼성과 애플소송에서 약 10억 달러(한화로 약 1조 2천억)의 배상판결 액수가 5위를 차지했다.

1) *See Branch & Ansell*, 2018 Patent Litigation Study (May 2018), (pwc.com/us/forensics)

Year	Plaintiff	Defendant	Technology	Award (in $M)
2016	Idenix Pharmaceuticals	Gilead Sciences Inc.	Hepatitis C drugs	$2,540
2009	Centocor Ortho Biotech Inc.	Abbott Laboratories	Arthritis drugs	$1,673
2007	Lucent Technologies Inc.	Microsoft Corp.	MP3 technology	$1,538
2012	Carnegie Mellon University	Marvell Technology Group	Noise reduction on circuits for disk drives	$1,169
2012	Apple Inc.	Samsung Electronics Co.	Smartphone software	$1,049
2012	Monsanto Company	E.I. Du Pont De Nemours and Co.	Genetically modified soybean seeds	$1,000
2005	Cordis Corp.	Medtronic Vascular, Inc.	Vascular stents	$595
2015	Smartflash LLC	Apple Inc.	Media storage	$533
2004	Eolas Technologies Inc.	Microsoft Corp.	Internet browser	$521
2011	Bruce N. Saffran M.D.	Johnson & Johnson	Drug-eluting stents	$482

〈FIG. 1 - PWC 자료〉

2. 배상판결 중간 값($M)

배상판결 액수의 중간 값은 6백만 달러(한화 72억) 정도이다.

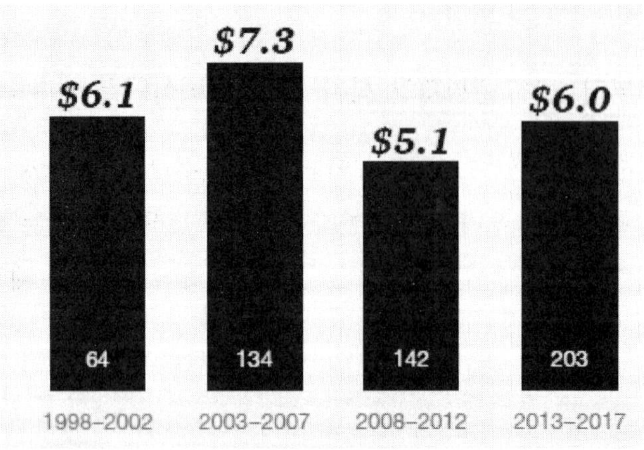

〈FIG. 2 - PWC 자료〉

3. 손해배상액 중간 값($M) : Top 10 분야 1998 ~ 2017[2)]

회계법인 PWC 자료에 따르면, 1998년부터 2017년까지의 손해배상액 중간 값은 바이오 제약분야가 28건의 소송 및 2천만 달러(한화 242억)로 가장 높은 순위를 차지했다. 그 뒤를 의료기기와 통신 분야가 잇고 있다.

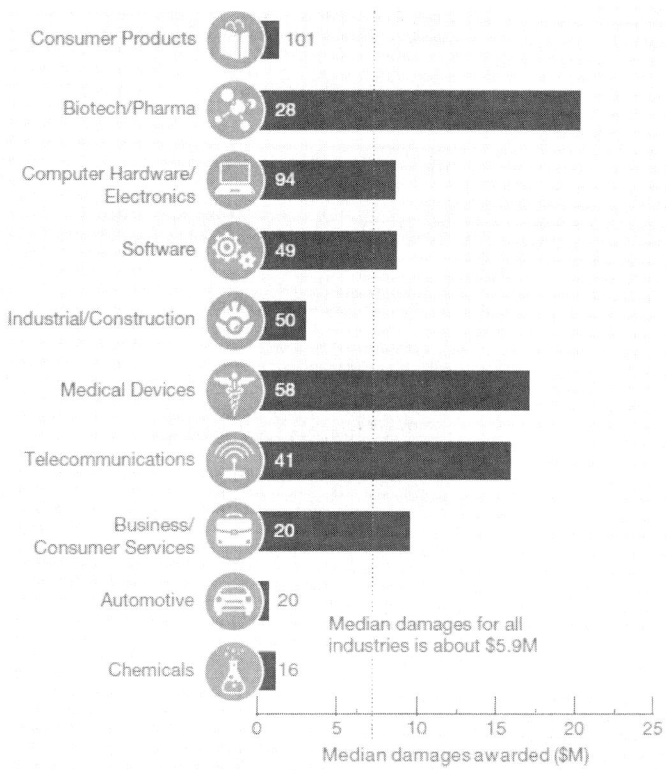

〈FIG. 3 - PWC 자료〉

4. 특허권자의 승소 비율 : Top 10 분야 1998-2017[3)]

회계법인 PWC 자료에 따르면, 1998년부터 2017년까지의 특허권자의 승소 비

---

2) *See id.*

3) *See id.*

율은 바이오 제약분야가 41%로 1위를 차지했고, 컴퓨터 하드웨어/전자 장치 및 의료기기가 그 뒤를 잇고 있다.

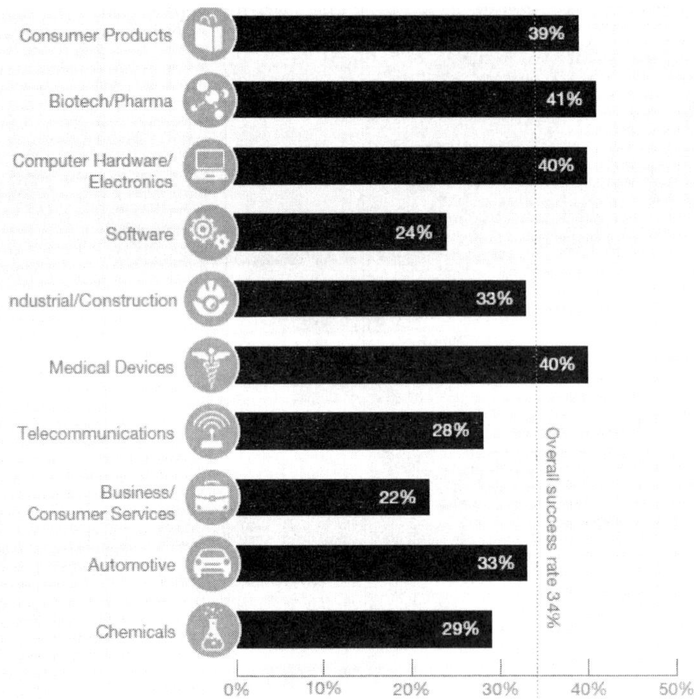

〈FIG. 4 - PWC 자료〉

Chapter 2 미국 법률 시스템

Ⅰ. 머 리 말

미국 OA(Office Action : 거절이유 통지서)의 경우, 심사관이 작성한 OA 또는 해당 OA에 대한 미국 로펌의 대응안(Remarks)에는 해당 의견의 설득력을 높이기 위해 미국 법원의 판결이 인용되곤 한다. 하지만, 국내에서 실무를 하는 경우에는 미국 OA 및 대응안에 쓰여진 판례의 인용문구가 무엇을 의미하는지 정확하게 이해하지 못하고 활용하는 경우가 많으며, 연방 대법원의 판결이 아닌 그 보다 하위 법원인 연방 항소법원의 판결을 인용하는지도 알지 못하는 경우가 많다. 따라서, 특허 실무자를 위해 본 특허법과 관련된 미국 법률 시스템을 간략히 설명하고자 한다.

Ⅱ. 미국 법률 시스템

1. 연방주의 : 주(State) 법원 v. 연방(Federal) 법원

미국은 50개의 주와 특별구(District)인 워싱턴 D.C.로 구성되어 있다. 미국은 연방주의(Federalism)라는 국가 통치 이념을 채택하면서, 중앙 정부와 각각의 주 사이의 권력이 분산되도록 구성되어 있다. 따라서, 미국 중앙 정부는 헌법에 명시된 권한만 가지게 되었고 나머지 권한은 주에 귀속되는 체계를 확립하게 되었다. 이러한 연방주의는 행정뿐만 아니라 사법부의 구조에도 적용된다.

미국 헌법 Article Ⅲ, 연방 대법원의 미국 헌법에 대한 해석, 및 이를 기반으로 한 미국 국회의 법 제정으로, 연방법(Federal law)에 관한 소송이 제기되었을 경우에는 연방법원이 전속관할이 되었다. 미국 특허법은 연방법이기 때문에 특허 침해소송, 특허 심판 후 항소심, ITC(International Trade Commission) 결정 이후 항소심 등은 모두 연방법원이 관할을 이룬다. 예를 들어, 특허 침해소송은 제1심 소송으로 관할 연방지방법원에 소를 제기해야 하고, 제1심 판결에 대한 항소인 제2심은 연방항소법원(CAFC : U.S. Court of Appeals for the Federal Circuit), 제3심은 연방대법원(U.S. Supreme Court)이 전속관할을 갖는다. 하지만, 특허 심판 후 항소심, ITC(International Trade Commission) 결정 이후 항소심 등은 연방지방법원이 관할을 갖지 않고, 연방 항소법원이 전속관할을 갖는다.

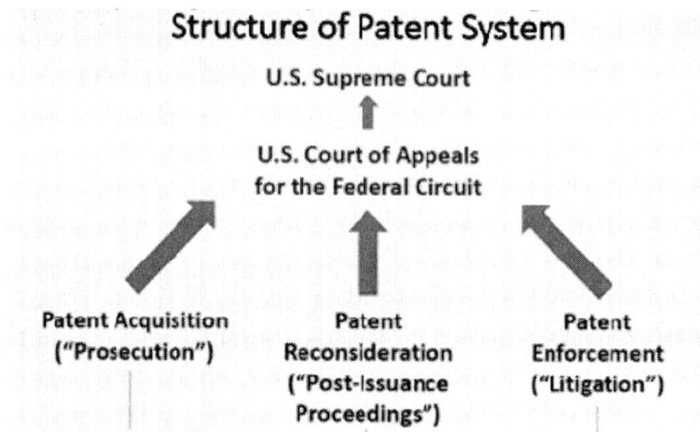

〈FIG. 5〉[4]

2. 연방 지방법원

연방 지방법원은 미국의 주를 몇 개의 주로 구분한 12개(11개의 주 District Circuit 및 DC Circuit)로 구성되어 있다. 특허 출원 과정 중 심판 이후 과정에서 연방 지방법원이 아닌 연방 항소법원에 소를 제기하기 때문에, 특허 침해소송이 아닌 출원 과정에서 연방 지방법원 판례를 접할 일은 매우 드물다. 또한, 연방 지방법원의 판결은 다른 법원의 판결을 구속(binding)하지 않고 설득력 있는(persuasive) 인용으로서 고려되기 때문에, 특허 소송 시에도 연방 항소법원 판례 중 마땅히 인용될 만한 케이스

4) Reilly, BRIDGING THE GAP BETWEEN THE FEDERAL COURTS AND THE UNITED STATES PATENT & TRADEMARK OFFICE : THE JOURNAL OF SCIENCE AND TECHNOLOGY LAW SYMPOSIUM, https://www.bu.edu/jostl/files/2017/09/6-Reilly-Online.pdf

가 없는 경우에 한하여 고려된다.

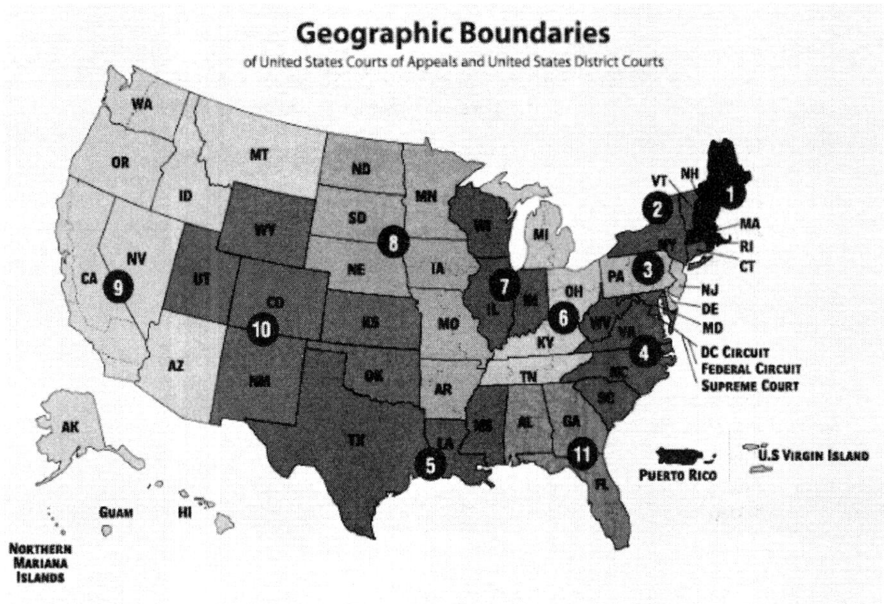

〈FIG. 6〉[5]

3. 연방 항소법원 및 연방 대법원

한국은 특별한 예외를 제외하고는 법원의 3심제도를 채택하고 있다. 예를 들어 한국은 지방법원, 고등법원 및 대법원의 심급제를 가지고 운영된다. 따라서, 특허 관련 의견시 및 소송 등에서 인용되는 판결은 대부분 대법원 판례이다. 하지만, 미국은 한국과 달리 연방 대법원이 연방 항소법원으로부터 항소되는 모든 판결을 심리하지 않고, 항소되는 케이스 중 선별하여 심리한다. 다시 말해, 소송 당사자가 연방 항소법원의 판결 이후 대법원에 다시 항소(Petition for a Writ of Certiorari)할 수 있지만, 연방 대법원이 이를 받아들이지 않는 경우에는 연방 항소법원의 판결이 최종심이 된다. 연방 대법원의 심리 비율은 상당히 낮은데, 2017년에 5,190개의 항소 중

---

5) https://www.uscourts.gov/about-federal-courts/federal-courts-public/court-website-links

오직 165개만을 심리하여 2.8%의 심리 비율을 기록하였다. 이러한 비율은 다른 해에도 크게 다르지 않다.

Petitions for a Writ of Certiorari Filed Between 2014-2017

	2014	2015	2016	2017
Criminal	3,563	2,673	2,432	2,449
U.S. Civil	923	780	856	783
Private Civil	2,429	2,545	2,407	2,513
Administrative	188	156	165	165
TOTAL	7,103	6,154	5,860	5,910

Success Rate of Petitions for Writ of Certiorari (Granted/Filed)%

	2014	2015	2016	2017
Criminal	2.1%	6.4%	2.8%	1.8%
U.S. Civil	1.4%	2.6%	3.2%	1.9%
Private Civil	2.5%	2.0%	2.7%	3.4%
Administrative	2.1%	10.9%	5.5%	11.5%
TOTAL	2.1%	4.2%	2.9%	2.8%

〈FIG. 7〉[6)]

이러한 연방 대법원의 전반적인 낮은 심리율에 기반하여 볼 때, 특허법과 관련된 연방 대법원의 판결은 많지 않다. 따라서, 미국 OA 답변서(Remarks)에 인용되었던 많은 연방 항소법원의 판결들은 연방 대법원이 심리하지 않아 최종심인 경우가 많다. 이러한, 연방 항소법원의 판결은 연방 지방법원과 달리 다른 법원의 판결에 구속력(binding)을 갖기 때문에, 출원 과정뿐만 아니라 소송 과정에서도 중요하게 고려된다.

Ⅲ. 인용문구

1. 머 리 말

출원 과정에서 OA 및 답변서(Remarks)에 기재된 판례 인용문구에 대한 기본적

---

6) https://supremecourtpress.com/chance_of_success.html

인 이해를 돕기 위해 인용문구에 대해 상세하게 설명해 보고자 한다. 일반적으로 미국 로스쿨마다 커리큘럼은 상이하나, 필수적으로 배우는 것이 있다면 리걸 라이팅(legal writing) 수업이다. 리걸 라이팅 수업에서는 "Bluebook"이라는 인용 규칙들에 쓰여진 책에 기반하여, 어떻게 판례, 출간물, 웹사이트 등에 대하여 어떻게 인용을 할 것인지를 배우게 된다.

판례에 대한 인용은 소송 당사자의 이름, 판례를 출판하는 볼륨(volume), 서적의 정보(Reporter abbreviation & Series), 특정 부분이 인용되는 시작과 끝 부분, 법원 및 판결 연도 정보가 포함된다.

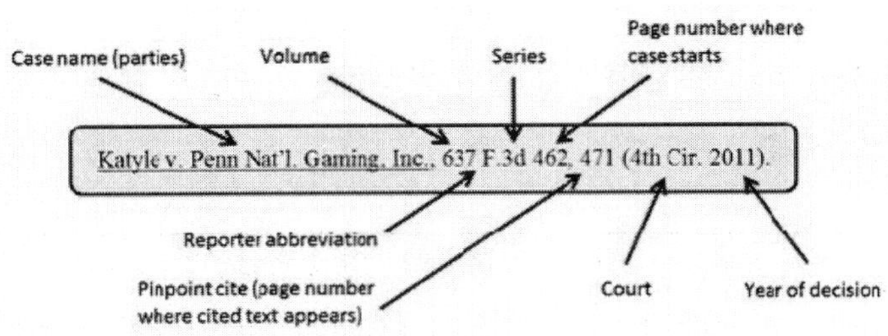

〈FIG. 8〉[7]

1) **소송 당사자** - 소송 당사자에 대한 인용은 "Bluebook"에 기재된 규칙에 기반하여 단어의 축약 여부를 결정한다. 예를 들어, "Incorporation"을 "Inc."으로 축약된다는 지 여부는 "Bluebook"에 기반하여 결정한다. 따라서, 미국 특허 실무시에도 모든 용어에 대한 함축 표현을 다 외울 수 없기 때문에, 케이스 인용시 "Bluebook"에 기반하여 케이스 인용을 한다.

2) **볼륨**(volume), **서적의 정보**(Reporter abbreviation & Series) - 미국에서는 법원에 따라 서적의 정보를 결정한다. 예를 들어, 아래의 사진은 Federal Reporter라는 출판기관이 275 내지 277의 Volume을 갖는 3d Series의 내용을 포함하고 있다고 알 수 있다.

---

7) https://www.flickr.com/photos/100223639@N07/with/9572919368/

〈FIG. 9〉

연방 대법원, 연방 항소법원, 및 연방 지방법원의 판결은 서로 다른 출판 기관이 판례를 기재한다.

Abbreviation	Title	Description/Coverage
U.S.	*United States Reports*	연방 대법원(Official U.S. Supreme Court cases)
S.Ct.	*Supreme Court Reporter*	연방 대법원(West's U.S. Supreme Court cases)
F. F.2d F.3d	*Federal Reporter*	연방 항소법원 (West's U.S. Court of Appeals cases; printed in three series)
F. App' x	*Federal Appendix*	연방 항소법원 (West's unpublished U.S. Court of Appeals cases)
Fed. Cl.	*Federal Claims Reporter*	연방 청구법원 (West's U.S. Court of Federal Claims cases)
F. Supp. F. Supp.2d F. Supp.3d	*Federal Supplement*	연방 지방법원 (West's U.S. District Court cases; printed in three series)

〈표 1〉

3) 특정 부분이 인용되는 시작과 끝 부분 - 실제 해당 판례가 공개된 책을 구입하는 경우도 있으나, 대부분의 경우는 전자 문서(예 : word, pdf 형태)로 제공되

8) http://libguides.library.arizona.edu/c.php?g=847161&p=6471796

고 확인할 수 있다. 예를 들어, 하기의 캡쳐된 일 예와 같이, SupreGuide 판례의 시작 상단 부분을 통해, 358 Federal Reporter, 3d Series로, 판례의 시작 부분은 "870"인 것을 알 수 있다. 판례가 진행됨에 따라 인용하고 싶은 문구가 있을 때 "881"쪽에 있는 경우, "358 F.3d 870, 881"로서 인용하게 된다. 별도로, 공식적으로 판례의 판단이 나왔으나, 케이스를 인용할만한 공식적인 출판기관이 없는 경우, 미국의 두 개의 커다란 사설 데이터베이스 업체인 LexisNexis Corp. 또는 Westlaw의 인용문구가 제시되기도 한다. 각각의 업체를 통한 케이스의 확인은 유료이기 때문에, 실무를 하는 로펌들은 두 업체들 중 하나 또는 두 업체 모두와 계약을 해서 케이스를 확인 및 인용하고 있다.

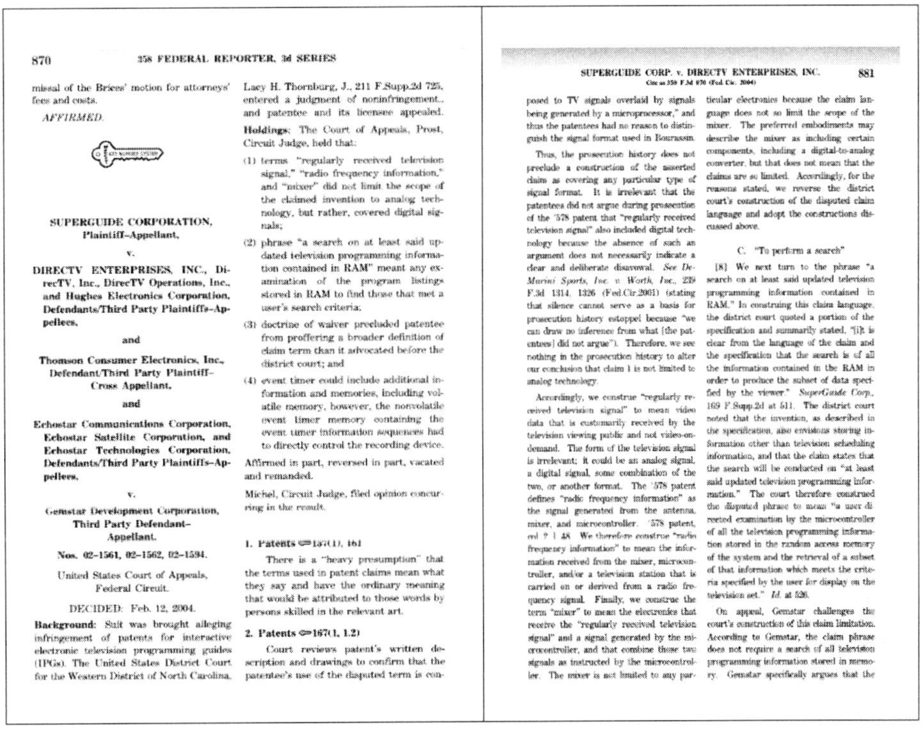

870 358 FEDERAL REPORTER, 3d SERIES

missal of the Brices' motion for attorneys' fees and costs.

AFFIRMED.

SUPERGUIDE CORPORATION, Plaintiff–Appellant,

v.

DIRECTV ENTERPRISES, INC., DirecTV, Inc., DirecTV Operations, Inc., and Hughes Electronics Corporation, Defendants/Third Party Plaintiffs–Appellees,

and

Thomson Consumer Electronics, Inc., Defendant/Third Party Plaintiff–Cross Appellant,

and

Echostar Communications Corporation, Echostar Satellite Corporation, and Echostar Technologies Corporation, Defendants/Third Party Plaintiffs–Appellees,

v.

Gemstar Development Corporation, Third Party Defendant–Appellant.

Nos. 02–1561, 02–1562, 02–1594.

United States Court of Appeals, Federal Circuit.

DECIDED: Feb. 12, 2004.

Background: Suit was brought alleging infringement of patents for interactive electronic television programming guides (IPGs). The United States District Court for the Western District of North Carolina, Lacy H. Thornburg, J., 211 F.Supp.2d 725, entered a judgment of noninfringement, and patentee and its licensee appealed.

Holdings: The Court of Appeals, Prost, Circuit Judge, held that:

(1) terms "regularly received television signal," "radio frequency information," and "mixer" did not limit the scope of the claimed invention to analog technology, but rather, covered digital signals;

(2) phrase "a search on at least said updated television programming information contained in RAM" meant any examination of the program listings stored in RAM to find those that met a user's search criteria;

(3) doctrine of waiver precluded patentee from proffering a broader definition of claim term than it advocated before the district court; and

(4) event timer could include additional information and memories, including volatile memory, however, the nonvolatile event timer memory containing the event timer information sequences had to directly control the recording device.

Affirmed in part, reversed in part, vacated and remanded.

Michel, Circuit Judge, filed opinion concurring in the result.

1. Patents ⟹157(1), 161

There is a "heavy presumption" that the terms used in patent claims mean what they say and have the ordinary meaning that would be attributed to those words by persons skilled in the relevant art.

2. Patents ⟹167(1, 1.2)

Court reviews patent's written description and drawings to confirm that the patentee's use of the disputed term is con-

SUPERGUIDE CORP. v. DIRECTV ENTERPRISES, INC. 881
Cite as 358 F.3d 870 (Fed. Cir. 2004)

posed to TV signals overlaid by signals being generated by a microprocessor," and thus the patentees had no reason to distinguish the signal format used in Bourassin.

Thus, the prosecution history does not preclude a construction of the asserted claim as covering any particular type of signal format. It is irrelevant that the patentees did not argue during prosecution of the '578 patent that "regularly received television signal" also included digital technology because the absence of such an argument does not necessarily indicate a clear and deliberate disavowal. *See DeMarini Sports, Inc. v. Worth, Inc.*, 239 F.3d 1314, 1326 (Fed.Cir.2001) (stating that silence cannot serve as a basis for prosecution history estoppel because "we can draw no inference from what [the patentees] did not argue"). Therefore, we see nothing in the prosecution history to alter our conclusion that claim 1 is not limited to analog technology.

Accordingly, we construe "regularly received television signal" to mean video data that is customarily received by the television viewing public and not video-on-demand. The form of the television signal is irrelevant; it could be an analog signal, a digital signal, some combination of the two, or another format. The '578 patent defines "radio frequency information" as the signal generated from the antenna, mixer, and microcontroller. '578 patent, col. 2, l. 48. We therefore construe "radio frequency information" to mean the information received from the mixer, microcontroller, and/or a television station that is carried on or derived from a radio frequency signal. Finally, we construe the term "mixer" to mean the electronics that receive the "regularly received television signal" and a signal generated by the microcontroller, and that combine these two signals as instructed by the microcontroller. The mixer is not limited to any particular electronics because the claim language does not so limit the scope of the mixer. The preferred embodiments may describe the mixer as including certain components, including a digital-to-analog converter, but that does not mean that the claims are so limited. Accordingly, for the reasons stated, we reverse the district court's construction of the disputed claim language and adopt the constructions discussed above.

C. "To perform a search"

[8] We next turn to the phrase "a search on at least said updated television programming information contained in RAM." In construing this claim language, the district court quoted a portion of the specification and summarily stated, "[i]t is clear from the language of the claim and the specification that the search is of all the information contained in the RAM in order to produce the subset of data specified by the viewer." *SuperGuide Corp.*, 169 F.Supp.2d at 511. The district court noted that the invention, as described in the specification, also envisions storing information other than television scheduling information, and that the claim states that the search will be conducted on "at least said updated television programming information." The court therefore construed the disputed phrase to mean "a user directed examination by the microcontroller of all the television programming information stored in the random access memory of the system and the retrieval of a subset of that information which meets the criteria specified by the user for display on the television set." *Id.* at 526.

On appeal, Gemstar challenges the court's construction of this claim limitation. According to Gemstar, the claim phrase does not require a search of all television programming information stored in memory. Gemstar specifically argues that the

〈FIG. 10〉

4) 법원과 판례 결정 연도

① 연방 대법원

Court	Abbreviation
United States Supreme Court	U.S.

② 연방 항소법원

Court	Abbreviation	Court	Abbreviation
First Circuit	1st Cir.	Seventh Circuit	7th Cir.
Second Circuit	2d Cir.	Eighth Circuit	8th Cir.
Third Circuit	3d Cir.	Ninth Circuit	9th Cir.
Fourth Circuit	4th Cir.	Tenth Circuit	10th Cir.
Fifth Circuit	5th Cir.	Eleventh Circuit	11th Cir.
Sixth Circuit	6th Cir.	D.C. Circuit	D.C. Cir.

③ 연방 지방법원

주마다 여러 개의 구역(district)으로 분류하여 하나의 주에 수개의 연방 지방법원이 있을 수 있다. 예를 들면, 뉴욕의 경우 4개의 연방 지방법원(Eastern, Northern, Southern, Western District)으로 분류할 수 있다. Eastern District of New York의 경우 E.D.N.Y.의 경우로 축약하고, Southern District of New York의 경우에는 S.D.N.Y의 경우로 축약될 수 있다. 연방 지방법원의 판결은 다른 법원의 판결을 구속(binding)시키지 않으므로 특허 출원 과정에서는 인용되는 사례가 거의 없다. 특허 소송의 경우에도, 다른 법원의 판결을 구속(binding)하는 연방 항소법원이 일차적으로 고려되고, 충분한 서치 후에도 관련 케이스가 없는 경우 다른 법원의 판결에 영향을 줄 수 있는(persuasive) 요소로서 이용된다.

Chapter 3 특허 청구항 해석 방법

Ⅰ. 특허 청구항의 해석은 법률적 문제

미국은 배심제(jury) 시스템을 채택하여 법조인이 아닌 일반 시민이 사건의 사실 여부를 판단하고 있다. 특허 침해 소송 또한 1996년도까지 배심제를 채택하여 배심원이 특허 청구항을 해석하는 것이 일반적이었다. 하지만, 1996년에 미국 연방 대법원의 판결로 특허 청구항은 배심원이 아닌 판사(judge)가 해석하는 것으로 변경되었다.[9] 구체적으로 연방 대법원은 특허 청구항의 해석은 사실이 아닌 법률적인 문제이고, 특허 침해 소송이 다양한 문서들을 해석하는 경험 및 훈련이 요구되는 바, 특허 청구항은 배심원이 아닌 판사가 해석하는 것이 타당하다고 판시하였다.[10] 본 소송의 당사자가 Markman과 Westview Instruments였기 때문에, 당사자의 이름을 인용하여, 추후의 특허 침해 소송의 청구항 해석 절차를 "Markman hearing"으로 정하여 불리게 되었다. 하지만, 연방 대법원의 판결 이후로도 특허 청구항 해석에 관한 다양한 이슈들이 제기되었고 때로는 접근 방법이 바뀌기도 하였다. 따라서 본 챕터에서 지금까지 나온 판례들에 기반하여 이를 정리해 보고자 한다.

Ⅱ. 특허 청구항 해석을 위한 증거들

1. 특허 청구항은 내적 증거에 기반하여 판단함

침해 소송 중 특허 청구항의 해석을 위해 내적 증거와 외적 증거 중에 어떤 것을 더 중요하게 생각할 것인지와 관련하여, 2005년의 연방 항소법원의 판결이 있을

9) *See Markman v. Westview Instruments*, 517 U.S. 370 (1996).

10) *See id.*

때까지 많은 과도기가 있었다. 여기서 내적 증거는 등록된 특허 및 출원 경과과정 등을 의미하고, 외적 증거는 발명자 증언, 전문가 증언 및 사전의 의미 등을 의미한다. 1996년부터 2002년도까지는 법원에 기술을 설명하는 이외의 용도로 외적 증거를 고려하는 것은 선호되지 않았다.[11] 하지만, 2002년에 특허 청구항의 해석에 있어 외적 증거, 예를 들면 청구항 용어에 대한 사전(dictionary)의 정의가 중요 역할을 하는 것으로 변경되었다.[12] 다만, 2005년에 연방 항소법원이 내적 증거가 청구항 해석에 핵심적인 역할을 하여야 한다고 판시하면서 다시 한 번 그 기준을 새롭게 변경하였다.[13] 구체적으로, 2005년도 연방 항소법원은 내적 증거와 외적 증거 모두를 고려해야 하나, 내적 증거를 청구항 해석의 주요 기준으로 판단해야 하고, 외적 증거가 내적 증거와 모순되는 내용을 포함하고 있다면 내적 증거에 따른다고 판시하였다.[14] 이러한 판단은 현재까지 유지되고 있고, 소송 당사자의 이름을 고려하여 Phillips 해석이라 불리기도 한다.

2. 내적 증거들(Intrinsic Evidence)

a. **명세서**(specification) - 명세서는 발명의 설명, 발명을 구성하고 이용하는 방법 및 처리과정에 대한 문서이다. 예를 들면, 명세서는 발명의 분야, 배경 기술, 도면, 발명의 상세한 설명 및 청구항을 포함한다.

b. **출원 경과과정**(Prosecution History) - 특허청에 제출된 절차상 기록과 특허 출원 심사과정에서의 선행기술들을 포함한다. 또한, 특허청에 출원 후 심사관은 출원된 발명을 등록할 것인지에 대한 판단을 내린다. 심사관이 선행 기술에 기반하여 거절 이유통지서(OA : Office Action)를 발행하는 경우, 출원인은 특허 청구항을 한정하거나 특허 청구항에 대한 출원인의 의견(Remarks)을 전달하게 된다. 이러한 모든 과정을 출원 경과과정으로 일컫는다.

---

11) *See Vitronics Corp. v. Conceptonics*, Inc., 90 F.3d 1576, 1583 (Fed. Cir. 1996).
12) *See Tex. Digital Sys., Inc v. Telegenix, Inc.*, 308 F.3d 1193 (Fed. Cir. 2002).
13) *See Phillips v. AWH Corp.* 415 F.3d 1303 (Fed. Cir. 2005).
14) *See id.*

c. **관련 출원**(Related and Foreign Applications) - 미국의 제도 중에 한국의 우선권 출원과 그 취지가 비슷한 제도들이 있다. 예를 들면, 특허청에 출원 후, 출원된 명세서 내에서 또 다른 발명을 출원하는 계속출원(CA : Continuation Application) 또는 출원된 명세서 외에 일부 다른 발명을 개량하여 출원하는 일부계속출원(CIP : Continuation-In-part Application) 제도가 있다. 이러한 패밀리(family) 출원의 경과 과정도 내적 증거로서 판단된다.

3. **외적 증거들**(Extrinsic Evidence)

a. 외적 증거는 내부 증거를 제외한 모든 다른 종류의 증거들을 의미한다. 예를 들면, 외적 증거는 청구항 용어에 대한 발명자 증언, 전문가 증언 및 사전의 정의 등을 의미한다. Phillips 판결 이후 외적 증거에 대한 의존도가 판결 이전보다는 떨어졌으나 외적 증거가 중요했었던 몇 가지 경우를 살펴보고자 한다.

b. 예1 - 명세서가 청구항 용어의 두 가지 해석 모두를 지지하는 경우, 외부 증거는 발명 당시 해당 분야의 통상의 기술을 가진 자가 이해할 해석과 일치하는 해석을 확인하기 위해 이용될 수 있다. Conoco Inc. v. Energy & Envtl. Int'l 케이스에서, 고분자(polymer)의 청구항 용어 "stable"한 현탁(suspension)의 해석과 관련하여, 장기간 동안 저장되었을 때 현탁이 유지되기 위해 충분한 안정성이 요구되는 지 아니면 현탁이 파이프라인에 주입되었을 때의 단순한 안정성(stability)인지 여부에 대한 이슈가 있었다.[15] 해당 연방 항소법원은 외적 증거에 기반하여 판단해 볼 때, 현탁이 파이프라인에 주입되었을 때에 안전성으로 해석하는 것이 타당하다고 판시하였다.[16]

c. 예2 - 청구항 용어의 수치적 제한과 관련하여 전문가 증언을 토대로 판단

---

15) *See Conoco Inc. v. Energy & Envtl. Int'l*, 460 F.3d 1349, 1362 (Fed. Cir. 2006).

16) *See id.*

할 수 있다. 한 제약 소송의 청구항에 기재된 화합물의 비율이 "about 1:5"이고 명세서는 다양한 비율 범위를 포함하고 있었다.[17] 연방 항소법원은 전문가 의견인 "about 1:5는 1:7.1 및 1:3.6을 포함함"을 그대로 받아들여 청구항을 해석하였다.[18]

Ⅲ. 특허 청구항 해석 과정

a. Step 1 - 청구항 용어가 해석이 필요한지 여부

청구항에 작성된 모든 용어가 Markman hearing을 통한 판사의 해석이 필요로 되는 것은 아니다. 법원은 일반적으로 당사자 또는 당사자 각각을 대리하는 변호사들이 먼저 청구항 해석 논점을 정리할 것을 요구한다. 각 변호사들이 서로 전화통화 또는 이메일을 통해 논점을 정리하는 과정을 Meet-and-Confer 과정이라고 하는데, 이러한 과정을 통해 당사자 간에 이견이 있는 것과 이견이 없는 것을 구분한다. 대체적으로, 비 기술적인 용어들, 예를 들면, "on," "above," 또는 "in" 같은 경우에 Markman hearing이전에 당사자 간에 의견 일치가 이루어지고, 기술적인 청구항 용어들이 Markman hearing의 대상이 된다. 법원마다 운영하는 방식은 상이하나, 많은 법원들이 초기 Markman hearing 시에 약 10개의 다툼이 있는 용어들을 우선 순위하여 해석하곤 한다.

b. Step 2 - 청구항 용어의 해석론

1) 머 리 말

먼저, 청구항 해석에 있어, 많은 연방 법원들은 완벽한 공식은 없다고 설시하고 있다("there is no magic formula or catechism for conducting claim construction"). 하지만 연방 법원들의 다양하고 일반적인 접근법에 대해 살펴보고 검토해보고자 한다.

---

17) *See Ortho-McNeil Pharm., Inc. v. Caraco Pharm. Labs., Ltd.*, 476 F.3d 1321, 1326-28 (Fed. Cir. 2007).

18) *See id.*

2) Ordinary Meaning

청구항은 당해 분야의 통상의 기술의 지식을 가진자(당업자)가 출원 당시 해당 발명을 어떻게 이해하는지에 기반하여 판단해야만 한다. Phillips 케이스에서, 법원은 당업자가 내적 증거 및 외적 증거를 모두 고려한 이후에, 청구항 용어에 대한 해석을 청구항 용어의 "ordinary meaning"이라고 하면서, 청구항 해석의 객관적인 기준(objective baseline)으로서 고려된다고 판시하였다.[19] 특히, Phillips 케이스에서 언급하였듯이, 청구항 용어의 일반적인 의미에 대한 강한 추정(heavy presumption of ordinary meaning)이 이루어지므로, 해당 해석에 대한 이견이 있는 당사자가 반증을 통하여 번복하여야 한다. 다만, "ordinary meaning" 접근법에 몇 가지 단점들이 있다. 예를 들면, 내적 및 외적 증거를 이용한다는 점에서 청구항 해석의 첫 번째 단계가 아닐 뿐만 아니라 많은 해석들이 용어의 일반적인 의미와 다른 의미로 해석되는 경우가 많다. 또한, "ordinary meaning"은 단어(word)나 구문(phrase)에 초점을 맞춘 해석이기에, 청구항 전체의 관점이 아닌 일부분으로 해석되기에 적절치 않다는 학계의 비판이 있다. 그럼에도 불구하고, 특허실무자는 현재의 Phillips 케이스의 기준을 고려하여 실무를 할 것이 요구된다.

3) 명세서에 기반한 청구항 해석

연방 항소법원의 전 chief Judge인 Randall Ray Rader에 따르면, 청구항 해석의 가장 중요한 요소는 청구항 컨텍스트(claim context)라고 설시한바 있다. 하지만, Phillips 케이스에서 청구항 해석에 있어 명세서를 고려해서(in light of the specification) 해석할 것을 요구하고 있다.[20] 특허 실무자의 입장에서 무엇이 명세서를 고려하여 청구항 해석을 판단하는 것인지, 즉, 실무 시 청구항과 명세서 사이의 관계를 어떻게 정리할 것인지에 대한 불명확성이 존재한다. 다만, 다양한 연방 항소법원들의 판결을 통해 조금이나마 그 명확성을 제시하고자 한다.

법원은 일반적으로 청구항에 기재된 용어가 모호할 때, 청구항 용어의 합리적

---

19) *See Phillips*, 415 F.3d at 1313.

20) *See id.* at 1315.

인 해석을 판단하기 위해 명세서를 참고한다.[21] 하지만, 법원은 청구항 해석 시 명세서를 고려하는 것(in light of the specification)을 넘어서, 명세서에 기재된 실시예로 청구항을 한정 해석해서는 안된다고 판시하고 있다.[22] 그럼에도 불구하고, 법원은 모호한 청구항 용어를 해석할 다른 방법이 없는 한, 해당 용어를 명세서에 기재된 바람직한 실시예로 한정 해석하고 있다.[23]

a. 바람직한 실시예(Preferred Embodiments)

특허 청구항은 일반적으로 명세서에 기재된 바람직한 실시예를 통해 해석되어야 한다고 판시한 케이스가 있다.[24] 다만, 예외적으로, 출원 경과과정에서 청구항이 한정되거나 출원인이 해당 실시예에 대한 권리 포기 언급을 통해 달리 해석될 경우가 있다.

b. "The invention" 또는 "The Present invention"의 의미

특허권자가 명세서에 "the invention" 또는 "the present invention"과 같은 설명적 용어들을 기재할 때, "the invention" 또는 "the present invention"과 같이 기재된 실시예들은 청구항에 대한 정의일 수 있다. 예를 들어, Honeywell International, Inc. v. ITT Industries, Inc. 케이스에서, 청구항 "fuel injection system component"의 해석과 관련하여, 해당 용어의 일반적인 의미(ordinary meaning)가 연료 필터(fuel filter)로 한정 해석될 필요가 없을지라도, 명세서의 모든 실시예가 반복적으로 연료 필터를 "this invention" 및 "the present invention"으로 설명하였는 바 연료 필터로 한정 해석된다고 판시된 예가 있다.[25] 또한, 명세서에 하나의 실시예만 기재하였다고 하여 청구항이 해당 실시예로 반드시 한정 해석되는 것은 아니나[26], 명세서에 기재된

---

21) *See Rexnord Corp. v. Laitrop Corp.*, 274 F.3d 1336, 1343 (Fed. Cir. 2001) ("[I]f the term or terms chosen by the patentee so deprive the claim of clarity that there is no means by which the scope of the claim may be ascertained by one of ordinary skill in the art from the language used, a court must look to the specification and file history to define the ambiguous term in the first instance.").

22) *See Comark Communications, Inc. v. Harris Corp.*, 156 F.3d 1182, 1187 (Fed. Cir. 1998).

23) *See. E.g., Chimie v. PPG Indus., Inc.*, 402 F.3d 1371 (Fed. Cir. 2005).

24) *See On-Line Techs., v. Bodenseewerk Perkin-Elmer GmbH*, 386 F.3d 1133, 1138 (Fed. Cir. 2007).

25) *See Honeywell International, Inc. v. ITT Industries, Inc.*, 452 F.3d 1312, 1318 (Fed. Cir. 2006).

26) *See Phillips*, 415 F.3d at 1323.

유일한 실시예는 발명자가 이를 의도하였다는 하나의 요인(factor)으로 해석될 수 있다.[27]

c. 선행 기술 대비 구별

명세서에 기재된 선행 기술의 문제점을 해소하기 위한 기술적 특징으로 한정 해석할 수 있다. 예를 들면, *Inpro Ⅱ Licensing, S.A.R.L. v. T-Mobile USA, Inc.*, 케이스에서 청구항 용어 "host interface"를 어떻게 해석할 지와 관련되어, 연방 항소법원은 명세서에 유일한 실시예로서 직접 평행 버스 인터페이스(direct parallel bus interface)를 기재하고, 기존의 직렬 연결(serial connection)의 문제점을 해결하기 위한 병렬 연결의 중요성을 강조하고 있으므로, 직접 평행 버스 인터페이스로 한정해석 된다고 판시하였다.[28]

d. 청구항 용어의 일관된 사용

명세서에 청구항 용어의 일관되고 동일한 용법을 기재한 경우, 명세서에 기재된 용법이 청구항 용어의 "ordinary meaning(일반적 의미)"를 나타낸다. 다시 말해, 청구항에 보다 넓은 권리범위를 가질 수 있는 용어를 기재하여도, 명세서의 작성에 의해 한정해석 될 수 있다. 예를 들어, *Nystrom v. TREX Co.*, Inc. 케이스에서, 청구항 용어인 "board"의 해석과 관련하여 명세서에 "wood"에 관한 일관된 설명 및 출원 경과과정에서 "board"는 "wood"로 만들어진다는 진술에 기반하여 볼 때, 청구항 용어인 "board"는 "plastic lumber"는 포함하지 않고 "wood"로 한정해석 된다고 판시하였다.

4) 출원 경과과정 금반언

특허청의 거절이유 통지시(OA : Office Action)에 대한 출원인의 대응으로, 신행기술을 극복하고자 할 때 제시된 보정안 및 대응안에 기반하여 청구항 용어를 해석할 수 있다. 예를 들어, *Atofina v. Great Lakes Chem. Corp.* 케이스에서 출원인은 OA를

---

27) *See Honeywell Int'l, Inc. v. ITT Indus., Inc.*, 452 F.3d 1312, 1318 (Fed. Cir. 2006).

28) *See Inpro Ⅱ Licensing, S.A.R.L. v. T-Mobile USA, Inc.* 450 F.3D 1350, 1354-55 (Fed. Cir. 2006).

극복하기 위하여, 청구항 용어 "chromium catalyst"는 다른 첨가물이 없이 유일한 크롬 촉매 활성화 물질이라고 대응하였는 바, 청구항 용어 "chromium catalyst"는 출원인의 대응안에 따라 한정 해석된다고 판시하였다.[29]

특허 실무자의 입장에서 OA가 나오면 극복하기 위해 보정안 및 대응안을 충실하게 대응해야 할 뿐만 아니라, 등록 후 소송 및 라이센싱 과정에서 잘 활용될 수 있도록 불필요한 한정 해석이 되지 않도록 해야 한다. 출원인이 원하는 두 가지 결과를 내기 위한 실무적인 어려움이 발생되는 시점이나, 특허 실무자는 원하지 않는 결과가 도출되는 것을 피하기 위해 최대한 노력해야 한다. 구체적으로, 대응안에 꼭 필요한 경우가 아니라면, 청구항 용어를 정의하는 확정적인 기재를 피하는 것이 바람직하다고 생각된다. 예를 들면, 2006년도 LG 관련 소송에서, 출원인이 출원 경과과정에서 선행 기술이 "over a system bus"로 데이터 신호 접근을 개시하고 있지 않다고 기재한 사안에서, 법원은 이러한 출원인의 진술만으로 청구항이 시스템 버스로 데이터 신호 접근한다는 것으로 한정해석되는 것은 아니라고 판시하였다.[30] 다시 말해, 출원 경과과정에서 기재된 출원인의 기재들이 하나가 아닌 여러 가지 의미를 내포할 수 있을 때, 청구항의 일부 해석에 대한 포기(disclaimer)로 간주되지 않는 것을 의미한다.

5) 청구항 차별(Claim Differentiation)의 원칙

청구항 차별의 원칙은 독립 청구항과 종속 청구항이 다른 권리범위를 갖는다는 것을 전제한다. 독립 청구항과 종속 청구항이 작성된 경우, 종속 청구항의 추가된 한정은 독립 청구항에 개시되지 않은 기술적 특징으로 추정된다.[31] 하지만, 명세서에 개시된 실시예 또는 출원 경과과정에서의 출원인의 대응안에 따라 해당 추정은

---

29) *See Atofina v. Great Lakes Chem. Corp.*, 441 F.3d 991, 997 (Fed. Cir. 2006).

30) *See LG Elecs., Inc. v. Bizcom Elecs., Inc.*, 453 F.3d 1364, 1373-74 (Fed. Cir. 2006) (finding that prosecution history statements that the prior art did not reach accessing data signals "over a system bus" were not sufficiently clear to justify limiting claims to require claimed signals to travel over a system bus.)

31) *See Phillips*, 415 F.3d at 1315.

번복될 수 있다.[32) 특허 실무자의 입장에서, 독립항과 종속항의 권리범위가 다르다는 것을 전제로 실무를 하기 때문에, 대부분의 경우 청구항 차별의 원칙이 문제가 되지 않는다. 하지만, 등록 후 소송과정에서 무효심판 등을 통해 일부 청구항이 무효가 되는경우 또는 종속항이 독립항의 두개 이상의 기술적 특징을 한정한 경우, 청구항 해석 과정에서 예상치 못한 이슈가 발생할 수 있음에 유념해야 한다.

6) 전제부(Preamble)

1951년 연방 법원은 청구항의 전제부에 기재된 기술적 특징 또는 용어는 청구항의 의미에 필수적인 의미를 부여할 때 한정해석될 수 있다고 판시하였다.[33) 하지만 언제 전제부의 기술적 특징이 필수적인 의미를 부여하는지와 관련해서 해당 법원이 구체화하지 않았기에 그 기준이 모호하였다. 따라서 1951년 이후의 연방 법원들의 구체적인 판시를 통해 몇 가지를 확인할 수 있다.

(1) 전제부가 문법적으로 청구항에 필수적인 경우 전제부는 한정 사항이다.[34) 예를 들어, 청구항의 본문에 다른 용어들이 전제부에 대한 선행사(e.g., "the," "said")를 사용하는 경우, 해당 전제부는 일반적으로 한정사항이다.[35) 또한, 전제부가 청구항의 본문에 한정사항이나 용어를 이해하는데 필수적인 경우에도 해당 전제부를 한정사항으로 이해할 수 있다.[36) 또한, 출원 경과과정에서 선행기술을 극복하기 위해 선제부의 기술적 특징에 의존한 경우, 해당 전제부는 한정 사항이다.[37)

(2) 하지만, 청구항의 본문이 발명을 완벽하고 정확한 구조를 기재하고 있을 때 전제부는 한정 사항으로 고려되지 않는다.[38) 또한, 전제부가 발명의 의도된

---

32) *See Laitram Corp. v. Rexnord, Inc.*, 939 F.2d 1533, 1538 (Fed. Cir. 1991).

33) *See Kropa v. Robie*, 187 F.2d 150, 861 (CCPA 1951).

34) *See Catalina Mktg. Int'l v. Coolsavings.com, Inc.*, 289 F.3d 801, 808-809 (Fed. Cir. 2002).

35) *See Id.*

36) *See Catalina*, 289 F.3d at 808.

37) *See In re Cruciferous Sprout Litig.*, 301 F.3d 1343, 1347-48 (Fed. Cir. 2004) (finding the preamble phrase "rich in glucosinolates" limiting because the patentee relied on the preamble to distinguish the prior art in prosecution).

사용(intended use)이나 목적을 기술하고 있을 때 청구항의 한정 사항으로 고려되지 않는다.[39]

Ⅳ. 기능식 청구항(means-plus-function claim)

a. 머 리 말

기능식 청구항은 구조나 재료나 행위 등을 구체적으로 명시하지 않은 채 특정한 기능을 수행하는 방법이나 단계로만 이루어진 청구항을 의미한다. 이에 "기능식 청구항(means-plus-function claim)"은 명세서에 기재된 해당 구조, 재료, 행위 등으로 제한하여 해석한다. 실무적으로 기능식 청구항은 청구항의 불명확성(indefiniteness) 및 등록된 청구항의 제한 해석등의 이슈로 일반적으로 지양되나 기능식 청구항으로밖에 청구항을 작성할 수 없는 특정 산업분야도 있다. 따라서, 연방 항소법원들의 해석 및 개별 사안에 맞추어 실무를 하는 것이 고려된다.

b. 특허 청구항이 기능식 청구항인지 여부

기능식 청구항은 청구항에 작성된 기능을 수행하는 구조를 제공하지 않는 순수한 기능적 한정의 경우 적용된다.[40]

1) 기능식 청구항의 추정(presumption)

청구항에 기재된 일 기능과 관련한 용어 "means"의 사용은 기능식 청구항의 적용이 추정된다.[41] 예를 들어, 연방 항소법원은 청구항에 일반 용어(generic terms)인 "mechanism," "means," "element," 및 "device"가 기재된 경우, 일반적으로 해당 용어들은 구체적인 구조를 함축하고 있지 않으므로 기능식 청구항의 적용이 추정될

---

38) *See Intertool, Ltd v. Texar Corp.*, 369 F.3d 1289, 1295 (Fed. Cir. 2004) (finding the preamble non-limiting where the body of the claim described the invention in "complete and exacting structural detail").

39) *See Catalina*, 289 F.3d at 809.

40) *See Depuy Spine, Inc. v. Medtronic Sofamor Sanek, Inc.*, 469 F.3d 1005, 1023 (Fed. Cir. 2006).

41) *See Callicrate v. Wadworth Mfg.*, Inc., 427 F.3d 1361, 1368 (Fed. Cir. 2005).

수 있다고 판시하였다.[42] 다만, 청구항 용어 그 자체가 기능을 수행하는 구체적인 구조를 기재한 경우는 이러한 추정이 적용되지 않는다. 예를 들어, 연방 항소법원은 "means disposed inside the shell for increasing its load bearing capacity comprising internal steel baffles"는 구체적인 구조인 "internal steel baffles(내부 철강 방해판)"를 기재하였기 때문에 기능식 청구항이 적용되지 않는다고 하였다.[43] 또한, 청구항에 기재된 "perforation means" 또한 기능식 청구항이 적용되지 않는다고 판시하였다.[44] 출원인 또는 소송 당사자가 기능식 청구항의 추정에 이견이 있는 경우 대응안 또는 증거를 통해 본 추정을 번복할 수 있다.

2) 기능식 청구항이 적용되지 않는 것으로 추정

청구항에 용어 "means"를 기재하지 않는 경우 기능식 청구항이 적용되지 않는 것으로 추정된다.[45] 하지만, 실무적으로 명시적인 용어 "means"를 기재하지 않아도 기능식 청구항으로 해석되는 경우가 많다. 예를 들어, 한 연방 항소법원은 구문 "so that"에 의해 도입된 기능적 한정은 구문 "means for"와 동일하게 볼 수 있으므로 기능식 청구항이라고 판시하였다.[46] 또한, 연방 항소법원은 구문 "lever moving element"는 해당 분야에서 잘 알려진 구조가 아니므로 기능식 청구항으로 고려되어야 한다고 판시하였다.[47] 다만, 이와 대조적인 판례로, 연방 항소법원은 용어

---

42) *See Massachusetts Institute Of Technology v. Abacus Software*, 462 F.3d 1344, 1354 (Fed. Cir. 2006) (noting that "the generic terms 'mechanism,' 'means,' 'element,' and 'device,' typically do not connote sufficiently definite structure.")

43) *See Phillips v. AWH Corp.*, 415 F.3d 1303 (Fed. Cir. 2005) (finding that a claim limitation stating "means disposed inside the shell for increasing its load bearing capacity comprising internal steel baffles" provides the relevant structure (internal steel baffles) and hence is not limited to the embodiments in the specification and equivalents thereof).

44) *See Cole v. Kimberly-Clark Corp.*, 102 F.3d 524, 531 (Fed. Cir. 1996) (finding that the use of the phrase "perforation means" does not invoke §112, ¶6).

45) *See Depuy Spine, Inc. v. Medtronic Sofamor Danek, Inc.*, 469 F.3d 1005, 1023 (Fed. Cir. 2006).

46) *See Raytheon Co. v. Roper Corp.*, 724 F.2d 951, 957 (Fed. Cir. 1983) (constructing functional language introduced by "so that" to be equivalent to "means for" claim language)

47) *See Mas-Hamilton Group v. LaGard, Inc.*, 156 F.3d 1206, 1213-15 (Fed. Cir. 1998) (finding that "level moving element" was not a known structure in the lock art and hence should be read to invoke the specific embodiments in the specification and equivalents thereof.")

"compression member"와 관련하여, 사전적인 정의 및 전문가 증언 모두 용어 "compression member"는 해당 분야의 통상의 기술을 가진 자가 구조의 종류를 기술할 수 있다고 뒷받침하고 있기 때문에, 기능식 청구항이 아니라고 판시하였다.[48]

48) *See Depuy Spine*, Inc. at 1023 (Fed. Cir. 2006).

Chapter 4 청구항 용어 정리

❖ 머 리 말

본 Chapter 4는 특허 침해소송 또는 심판에 대한 항소심 등에서의 청구항 용어에 대한 법원의 판단을 영어 알파벳순으로 정리하였다. 다른 법원의 판결에 법적 구속력을 부여하는 연방 대법원 및 연방 항소법원(CAFC)의 판결뿐만 아니라, 다른 법원의 판결에 법적 구속력을 부여하지 않더라도 설득력 있는 영향을 줄 수 있는 연방 지방법원의 판결 또한 정리하였다.

특허 출원인은 청구항 및 발명의 상세한 설명에 반드시 업계의 준칙에서 정한 용어의 정의에 따라 기재하여야만 하는 것이 아니고, 스스로 사전편찬자(lexicographer)가 되어 새로운 의미를 나타내는 용어를 정의하고 사용할 수 있다. 따라서, 특정 용어에 대한 연방 대법원 및 연방 항소법원(CAFC)의 법적 구속력이 있는 판결이 있을지라도, 특허 출원인은 해당 용어를 새롭게 정의할 수 있기 때문에 이에 대한 법원의 판단은 달라질 수 있다. 하지만, 모든 용어를 새롭게 정의하는 것은 일반적이지 않고 현실적으로 불가능할 뿐만 아니라, 소송에서 불필요한 다툼을 유발할 수 있다. 따라서, 미국 특허 출원, 중간사건, 인커밍 번역, 소송, 라이센싱 등을 수행하는 미국 특허 실무자는 자신의 업무 영역에서 본인이 주로 사용하는 용어에 대한 미국 법원의 전반적인 해석 및 판단을 고려하는 것이 바람직하다고 판단된다.

미국 법원의 판례를 정확하게 이해하기 위해서는, 특허의 기술분야, 청구항, 명세서, 출원 경과 과정, 당사자 간에 주장 및 법원의 판단 근거를 모두 읽고 정리하는 것이 요구된다. 다만, 특허 실무시 미국 특허 하나의 케이스를 이해하기 위해 수백 페이지의 내용을 읽는 것은 실무적인 도움이 되지 않기에 하나의 문장으로 함축하여 이해될 수 있도록 노력하였다. 하지만, 이러한 함축적인 표현으로 인해 이해가 되지 않거나 특정한 사안에서의 구체적인 이해를 위해서 판례 원문을 검색하는 것도 하나의 방법으로 추천된다.

A.

1) A 또는 An

i. 연방 항소법원(CAFC)

a. 일반적으로, 연방 항소법원은 "A" 또는 "An"에 대해서, 단수(singular)의 개념이 아닌, 적어도 하나(at least one), 즉, 하나 또는 그 이상(one or more)의 의미를 갖는다고 해석하고 있다.[49)]

b. 예외적으로, 특허권자의 의도가 "A" 또는 "An"을 단수의 의미로 확정(evince)하는 경우에 한하여 단수(singular)의 의미를 갖는다고 판단하고 있다.[50)] 예를 들면, 청구항, 명세서 및 중간 사건 대응 등을 고려하여 "A"

---

49) *See Rehco LLC v. Spin Master, Ltd.*, 2019 WL 421819, *4-*5 (Fed. Cir. 2019) (nonprecedential) ("[w]e have held that '[a]s a general rule, the words 'a' or 'an' in a patent claim carry the meaning of 'one or more.'"); *Frans Nooren Afdichtingssystemen B.V. v. Stopaq Amcorr Inc.*, 744 F.3d 715, 719 (Fed. Cir. 2014) ("[v]acating a noninfringement summary judgment because district court erred in construing term "a filler" to be limited to something comprised of only one material, the Federal Circuit noting that the plain meaning of the term did not require limiting it to one material and that the prosecution history relied on by the district court did not show a disclaimer to limit the claim to one material"); *01 Communique Laboratory, Inc. v. LogMeIn, Inc.*, 687 F.3d 1292, 1296-97, (Fed. Cir. 2012) ("ruling that the fact that the claims referred to "a" locator server computer did not limit the claim to a single computer, but to the contrary showed that under the general rule that "a" means one or more, supported construing the claim to permit the "location facility" to span across multiple computers."); Tate Access Floors, Inc. v. Interface Architectural Resources, Inc., 279 F.3d 1357, 1370, (Fed. Cir. 2002) ("It is well settled that the term 'a' or 'an' ordinarily means 'one or more.'"); *Elkay Mfg. Co. v. Ebco Mfg. Co.*, 192 F.3d 973, 977, (Fed. Cir. 1999) ("[r]ejecting the argument that the use of the articles "an" and "a" in a claim limitation "an upstanding feed tube ⋯ to provide a hygienic flow path for delivering liquid from ⋯ and for admitting air ⋯ into said container" necessarily mandated that the claim limitation be restricted to a single feed tube.").

50) *See Rehco LLC*, 2019 WL 421819, *4-*5 ("'The exceptions to this rule are extremely limited: a patentee must evince a clear intent to limit 'a' or 'an' to 'one."); *KCJ Corp. v. Kinetic Concepts, Inc.*, 223 F.3d 1351, 1355, (Fed. Cir. 2000) ("[u]nless the claim is specific as to the number of elements, the article "a" receives a singular interpretation only in rare circumstances when the patentee evinces a clear intent to so limit the article. Under this conventional rule, the claim

또는 "An"을 단수(singular)의 의미로 해석할 수 있다고 판단하고 있다.[51] 또한, "A" 또는 "An"의 단수 여부를 판단함에 있어 청구항의 전체적인 문맥(context)을 통하여 단수의 의미로 판단할 수 있다고도 판시하였다.[52]

2) About 또는 Approximately

i. 연방 항소법원(CAFC)

a. 연방 항소법원은 용어 "About"은 특허권자가 특별하게 "About"에 대해 명세서에 정의하지 않는 한, 대략의 의미를 갖는 "Approximately"로 해석된다.[53] 한국과 달리 청구항에 "About"이 포함되었다는 이유만으로 청구항이 불명확하지 않다.[54] 또한, 연방 항소법원에 따르면 "About"이나 "Approximately"가 내포하는 수치적 경계의 엄격함을 지양한다.[55]

---

limitation "a," without more, requires at least one.").

51) *See Enfish, LLC v. Microsoft Corp.*, 822 F. 3d 1327, 1342-43, (Fed. Cir. 2016) ("finding that while the claim permitted the presence of more than one table, the configuring of the memory had to be done from a single table, and the district court erred in construing the claim too broadly to permit the configuring to be done from two tables, even if both tables were present on the same spreadsheet"); *Convolve, Inc. v. Compaq Computer Corp.*, 2016 WL 520247, *6 (Fed. Cir. 2016) ("while claim term "a processor" in some claims permitted more than one processor to be used, as used in other claims that required the processor had to work with a user interface, those claims were necessarily narrowed to only permit the same processor to be used with the interface for all method steps"); Abtox, *Inc. v. Exitron Corp.* 131 F.3d 1009 (Fed. Cir. 1997) ("ruling that based on the claim language, specification, and prosecution history, the term "a metallic gas confining chamber" was properly construed to be limited to a single chamber that confined plasma and provided a Faraday shield.).

52) *See Motorola Mobility LLC v. International Trade Com'n.*, 2014 WL 92226, *3 (Fed. Cir. 2014) ("As a general rule, the indefinite article 'a,' when used in conjunction with the open transitional word 'comprising,' carries the meaning of 'one or more.' But this general rule does not apply when the context of the use of 'a' within the claim clearly demonstrates that it is limited to the singular.").

53) *See Ferring B.V. v. Watson Laboratories, Inc.-Fla.*, 764 F.3d 1382, 138-89 (Fed. Cir. 2014) ("[t]he term 'about' should be given its ordinary and accepted meaning of 'approximately' unless the patentee clearly redefines 'about' in the specification.").

54) *See W.L. Gore & Associates, Inc. v. Garlock, Inc.*, 721 F.2d 1540, 1557 (Fed. Cir. 1983) ("use of 'stretching … at a rate exceeding about 10% per second' in the claim is not indefinite.").

55) *See Pall Corp. v. Micron Separations, Inc.*, 66 F.3d 1211, 1217 (Fed. Cir. 1995) ("[t]he use of the word 'about,' avoids a strict numerical boundary to the specified parameter. Its range must be

- 예 1) 청구항에 포함된 "약 3%"는, 명세서(specification)에 기반하여 판단 해 볼 때 "4%"를 포함한다.[56)]
- 예 2) 청구항에 포함된 "약 5:1 내지 약 7:1"은, 상대방의 "4:1"의 범위가 문언침해(literal infringement) 하지 않으나, 균등론(doctrine of equivalents)에 의해 포함된다.[57)]

b. 다만, 특허권자가 명세서(specification)에 해당 비율에 관하여 특별히 중요하다고 작성한 경우에는 그 범위를 좁게 해석한다.[58)]

- 예 1) 청구항에 포함된 "약 1:5"는, 명세서(specification)에 기반하여 판단 해 볼 때 "1:3.6 내지 1:7.1"의 범위를 포함하나, 상대방의 범위 비율인 1:8.67은 포함하지 않는다.[59)]
- 예 2) 청구항에 포함된 "약 40:1"은, 명세서(specification)에 기반하여 판단 해 볼 때 "162.9:1"을 포함하지 않는다.[60)]

---

interpreted in its technologic and stylistic context.").

56) *See Monsanto Technology LLC v. E.I. DuPont de Nemours & Company*, 878 F.3d 1336, 1341-42, (Fed. Cir. 2018) ("we agree with the PTAB's finding that a person having ordinary skill in the art ('PHOSITA') would reasonably consider 'about 3%' to encompass a range that includes 4%.").

57) *See Pall Corp.* at 1217 (Fed. Cir. 1995) ("a claimed ratio of "about 5:1 to about 7:1" did not include a range of 4:1 for purposes of literal infringement but was encompassed under the doctrine of equivalents as no prior art or prosecution history estoppel prevented asserting a lower limit of 4:1 as being equivalent").

58) *See Ortho-McNeil Pharmaceutical, Inc. v. Caraco Pharmaceutical Laboratories, Ltd.*, 476 F.3d 1321, 1327–28 (Fed. Cir. 2007) ("[The specification] suggest that the qualifier 'about' is narrow because to find otherwise would allow the scope of the more specifically identified ratio, 1:5, to encompass a range of ratios that could potentially render meaningless another claim's limitation, namely the 1:1 limitation.").

59) *See id.* ("affirming summary judgment of no infringement where accused product had a weight ratio of 1:8.67 since the ratio did not literally fall within the scope of the claim and further finding that in view of other claims in the patent and disclosures in the specification the "about 1:5" limitation had to be narrowly construed, and therefore a finding of equivalents for the accused product at 1:8.67 would vitiate the "about 1:5" limitation since it would cover a drug product that was outside of the confidences levels described in the patent, so there was no infringement under the doctrine of equivalents.").

60) *See Conopco, Inc. v. May Dept. Stores Co.*, 46 F.3d 1556, 1561 (Fed. Cir. 1994) ("ruling that term of "about 40:1" would not be construed to cover a ratio of 162.9:1 since there was no indication in the specification that "about" was to be used expansively to cover a four-fold increase, nor any

❖ 검 토 : 한국과 달리, 청구항에 쓰여졌다는 이유만으로 불명확하다고 판단하지 않을 뿐만 아니라 엄격한 수치적 경계를 지양한다. 한국의 특허 출원을 번역하여 미국 특허청에 제출하는 경우에는 "대략/약"의 해석적 문제는 거의 발생하지 않는다. 왜냐하면, 미국과 달리 한국 특허법은 "대략/약" 등과 같은 표현이 청구항에 작성시, 이를 불명확한 표현으로 판단하기에 한국 특허 출원 단계에서 "대략/약" 같은 표현을 청구항에 사용하지 않기 때문이다.[61] 하지만, 미국 특허출원을 한국에 번역하여 출원하는 경우, 미국 특허출원에 포함된 "About" 또는 "Approximately"를 단순히 삭제할 것인지, 또는 삭제하고 미국 특허출원과 동일한 권리범위를 위해 다른 용어를 추가할 것인지 등은 해당 발명의 목적에 맞게 적절하게 고려되어야 한다고 판단된다.

3) Above

ⅰ. 연방 지방법원

a. 용어 "Above"는 일반적인 의미로서, "~ 보다 위에 위치("in … a higher place than")"한 뜻을 가지며, 청구항 및 명세서에 기초하여 판단한다.[62]

- 예 1) 용어 "Directly Above"는 두 구조 사이에 추가적인 구조물이 없는 상태임을 의미한다.[63]

---

indication that one skilled in the art would recognize that such an increase was claimed.").

61) 한국 특허법 42조 4항 2호 ("발명이 명확하고 간결하게 적혀 있을 것"); 특허법원 2006허5560 ("청구항에 발명의 구성을 불명확하게 하는 표현이 포함되어 있는 경우. 다만, 이러한 표현을 사용하더라도 그 의미가 발명의 설명에 의해 명확히 뒷받침되며 발명이 특정(特定)에 문제가 없다고 인정되는 경우에는 불명확한 것으로 취급하지 않는다); 특허 실용신안 심사기준 (2017. 03. 01) ("발명이 명확하고 간결하게 기재되지 않은 유형으로는 다음과 같은 것들이 있다. 예) '주로', '주성분으로', '주 공정으로', '적합한', '적량의', '많은', '높은', '대부분의', '거의', '대략', '약' 등 비교의 기준이나 정도 가 불명확한 표현이 사용된 경우.").

62) *See Not Dead Yet Manufacturing, Inc. v. Pride Solutions, LLC*, 2015 WL 5829761, *15-*16 (N.D. Ill. 2015) ("The common meaning of 'above' means 'in … a higher place than.' This construction is consistent with the claim language, preferred embodiment, and other intrinsic evidence.").

63) *See Smith International, Inc. v. Baker Hughes Incorporated.*, 2018 WL 3381299, *2-*3 (D. Del. 2018) ("construing 'directly above' in a limitation reciting 'disposing a first expandable tool … directly above the drill bit' to exclude any intervening structure. By its plain meaning, in order for the tool to be 'directly above' the drill bit, there must be no additional structures between the tool

b. 명세서(specification)에 구문 “at least partially above”와 관련하여, 그 의미를 구체적으로 설명하고 있으므로 불명확하지 않다.[64)]

4) Across

i. 연방 항소법원(CAFC)

a. 연방 항소법원은 온도 감지와 관련된 특허 침해 소송에서, 침해 당사자의 “이마(forehead)의 일 영역을 감지”하는 방법은, 특허권자의 “이마를 가로질러(across) 온도를 감지”하는 청구항을 직접 침해하지 않는다고 판단하였다.[65)]

ii. 연방 지방법원

a. 연방 지방법원은 용어 “Across”와 관련하여 “일 측면부터 반대 측면까지(from one side to the opposite side of.)”를 의미한다고 판시하였다.[66)]

5) Adjacent

i. 연방 항소법원(CAFC)

a. 연방 항소법원은 일반적으로 용어 “Adjacent”에 대해서 옆에(next to)로 해

---

and drill bit.”).

64) *See Kolcraft Enterprises, Inc. v. Chicco USA, Inc.*, 2016 WL 4593814, *5-*6 (N.D. Ill. 2016) (“for claims directed to a play gym, claim limitation “securing a play gym at least partially above at least one of a bassinet and a play yard” was not indefinite since the specification provided guidance as to the location to which the gym could be secured.”).

65) *See Exergen Corp. v. Wal-Mart Stores, Inc.*, 575 F.3d 1312, 1323, (Fed. Cir. 2009) (“ruling that measured temperate from sensing the temperature of an artery in the forehead and required the step of “laterally scanning a temperature detector across a forehead” where the accused process, as demonstrated by the instructions provided by the accused infringer, had the detector scan an oval area on only one side of a forehead, and while that scanning had some lateral movement, it did not scan “across a forehead” but on a portion of the forehead, therefore there was no literal infringement.”).

66) *See Yates v. Medical Specialties, Inc.*, 2012 Markman 6590390, 2012 WL 6590390, *10-*11 (W.D. N.C. 2012) (“construing “across” to mean “from one side to the opposite side of.”).

석하고 있다. 하지만, 명세서(specification)에 기반하여 가까운(near)의 의미를 내포할 수 있다고도 판시하였다.

- 예 1) 용어 "Adjacent"는 명세서에 기반하여 판단해 볼 때, 가까운(close to)의 의미가 아니라, 옆에(next to) 또는 서로 접한(adjoining)의 의미를 갖는다.[67)]
- 예 2) 용어 "Adjacent"는 명세서에 기반하여 판단해 볼 때, 연결된(connected) 또는 근접한(contiguous)의 의미가 아니라, 옆에(next to)의 의미를 갖는다.[68)]
- 예 3) 용어 "Adjacent"는 명세서에 기반하여 판단해 볼 때, 대상이 되는 객체들 사이에 추가적인 구조물(intervening structure)이 올 수 있는 용어인 가까운(near)의 의미를 갖는다.[69)]

6) Adapted to

ⅰ. 연방 항소법원(CAFC)

a. 일반적으로 구문 "Adapted to"에 대해 만들어진(made to), 설계된(designed to), 또는 구성된(configured to)을 의미한다고 판시하고 있다.[70)]

---

67) *See Boss Industries, Inc. v. Yamaha Motor Corp. U.S.A., Inc.*, 2009 WL 1475036, *9–*10 (Fed. Cir. 2009) (nonprecedential)("rejecting patentee's proposed construction of the term "adjacent" as being "close to" and instead affirming district court's construction of "next to or adjoining" based on the figures in the patent showing the "adjacent" components as directly being next to or adjoining each other.").

68) *See MBO Laboratories, Inc. v. Becton, Dickinson & Co.*, 474 F.3d 1323, 1333 (Fed. Cir. 2007) ("relying on patent figures in asserted reissue patent and in nonasserted parent patent to reject a narrow construction of claim term "adjacent" since the drawings showed a preferred embodiment broader than the district court's construction, the court construing "adjacent" to mean "next to" as opposed to "contiguous or connected.").

69) *See Free Motion Fitness, Inc. v. Cybex Intern., Inc.*, 423 F.3d 1343, 1349 (Fed. Cir. 2005) ("vacating summary judgment of noninfringement because the district court erred in construing term "adjacent" to require no intervening structure, instead it should have been construed to mean 'near' since that was the dictionary definition of the term "most consistent" with the specification.").

70) *See* In re Man Machine Interface Technologies LLC, 822 F. 3d 1282, 1286 (Fed. Cir. 2016) ("[w]e have noted that the phrase 'adapted to' generally means 'made to,' 'designed to,' or 'configured

b. 가슴 운동 기구와 관련된 청구항의 등록 가능성과 관련하여, 특허 청구항 "adapted to… permit a pulling motion"의 해석과 관련하여, 용어 "adapted to"는 "~로 만들어진(made to)"으로 한정 해석되어야 하므로, 밀기(push) 위해 만들어진 핸들 및 가슴 운동기구를 개시한 선행 기술 대비 해당 청구항은 자명하지 않다고 판시하였다.[71)]

c. 연방 항소법원은 청구항 "said arms and said pair of magnetic members adapted to extend across respective side portions …" 중 용어 "adapted to"의 해석과 관련하여, 명세서에 기반하여 판단해 볼 때, 용어 "suitable for(~에 적절한)" 보다 좁은 의미를 갖는 "made for(~에 맞는)"로 해석함이 타당하다고 판시하였다.[72)]

d. 연방 항소법원은 미국 특허청(USPTO)이 구문 "Adapted to"에 대하여 할 수 있는(capable of) 또는 ~에 적절한(suitable for)으로 보다 넓게 해석한 사례에서, 명세서(specification)에 기반하여 판단해 볼 때 미국 특허청의 해석은 과도하게 넓게 해석하였다고도 판시하였다.[73)]

---

to,' though it can also be used more broadly to mean 'capable of' or 'suitable for.'").

71) See In re Giannelli, 739 F.3d 1375, 1379-81 (Fed. Cir. 2014) ("reversing PTO obviousness rejections for claims directed to a rowing exercise machine that were based on a patent disclosing a chest pressing exercise machine, the court finding that the PTO erred in construing 'adapted to' too broadly to cover something that allegedly was capable of being modified because in the context of the patent application 'adapted to' should have been more narrowly construed to mean 'made to' and therefore the prior art chest press with handles made to push was not "adapted to" permit a pulling motion as required by the claims, thus the PTO failed to show a prima facie case of obviousness to support the rejection")

72) See Aspex Eyewear, Inc. v. Marchon Eyewear, Inc., 672 F.3d 1335, 1348-49 (Fed. Cir. 2012) ("district court properly construed 'adapted to' in limitation reciting 'said arms and said pair of magnetic members adapted to extend across respective side portions …' to be 'made for' as opposed to 'suitable for' in view of the intrinsic evidence, and other claims in the patent that merely recited that the components were 'capable of engaging' thereby showing that 'adapted to' should have the narrower connotation")

73) *See In re Giannelli*, 739 F.3d 1375, 1379-81 (Fed. Cir. 2014) ("The claims of the '261 application specifically require a 'first handle portion adapted to be moved from a first position to a second position by a pulling force … in a rowing motion.' We have noted that, 'the phrase 'adapted to' is frequently used to mean 'made to,' 'designed to,' or 'configured to.' Although the phrase can also mean 'capable of' or 'suitable for,'" here the written description makes clear that 'adapted to,'

7) Additive

i. 연방 청구법원

a. 첨가물의 의미를 갖는 용어 "Additive"에 대해서 한 판례는, 종속 청구항 5에 기초 사전처리 첨가물을 추가함(adding a basic pretreatment additive)을 작성함으로써, 독립 청구항 1의 용어 "Additive"가 기초(basic) 물질이 아닌 의도를 표현하였기에, 원고의 독립 청구항 1의 해석인 "용어 'Additive'는 모든 기초(basic) 물질 또는 비산성(non-acidic) 물질을 포함함"을 받아들일 수 없다고 판시하였다.[74)]

❖ 검 토 : 본 용어와 관련한 판례를 이해하기 위해서는, 여러 가지 청구항 해석 방법 중 "Claim Differentiation Doctrine(청구항 차별의 원칙)"을 먼저 이해하여야 한다. 이 원칙의 기본적인 개념은 두 개의 청구항은 서로 다른 권리범위를 가진다는 전제에서 출발한다. 예를 들어, 본 원칙을 적용하여 판례를 살펴보면, 원고는 독립 청구항 1에 쓰인 "Additive"에 대해 보다 넓은 권리범위인 기초(basic) 첨가물임을 주장하였으나, 판례는 종속 청구항 5에 기초 첨가물이 쓰여져 있고, 청구항 1과 청구항 5는 서로 다른 권리범위를 가져야 하므로 청구항 1을 기초 첨가물로 해석할 수 없음을 설명하고 있다.

8) Administering

i. 연방 지방법원

a. 연방 지방법원은 용어 "administering"에 대하여, 치료를 행하거나 약을 투여하는 행위("the act of giving remedially, giving treatment, dispensing, meting

---

as used in the '261 application, has a narrower meaning, viz., that the claimed machine is designed or constructed to be used as a rowing machine whereby a pulling force is exerted on the handles.")

74) *See TDM America, LLC v. U.S., 85 Fed. Cl.* 774, 797–98 (2009) ("Claim 5 of the '614 Patent recites 'adding a basic pretreatment additive to said waste material in said homogenizer ….' By using the word 'basic' to describe 'additive' in claim 5, the patentee makes clear his intent that the term 'additive' in claim 1 does not refer exclusively to basic material. Thus, the Court rejects Plaintiff's reading of 'additive' as a substance merely having a basic quality.")

out")의 일반적 의미(plain meaning)을 갖는다고 판시하였다.[75)]

b. 하지만, 다른 케이스에서 연방 지방법원은 용어 "administering"에 대하여, 명세서(specification)에 발명자가 용어 "administering"에 대해 용어 "prescribing"과 다르다고 한 점을 들어, 용어 "administering"가 처방(prescribing)하거나 투여함(dispensing) 등의 의미를 내포한다는 특허권자의 청구항 해석 주장을 거절하기도 하였다.[76)]

9) Affix

i. 연방 항소법원(CAFC)

a. 연방 항소법원은 용어 "affix"는 물리적으로 나뉘어진 두 개의 객체의 결합을 의미할 수 있다고 판시하였다.[77)]

ii. 연방 지방법원

a. 연방 지방법원은 용어 "affixed to"에 대해 물리적인 부착(physical attachment)을 필요로 한다고 판시하기도 하였다.[78)]

---

75) *See Eli Lilly and Co. v. Eagle Pharmaceuticals. Inc.*, 2019 WL 1299212, *4 (D. Del. 2019) ("giving term 'administering' its plain meaning of 'the act of giving remedially, giving treatment, dispensing, meting out' and noting that its construction would cover an intravenous injection.")

76) *See Pernix Ireland Pain Ltd. v. Alovogen Malta Operations Ltd.*, 2017 WL 3314005, *1 (D. Del. 2017) ("construing 'administering' to mean 'delivering into the body' and rejecting patentee's broader proposed construction of 'prescribing, dispensing, giving or taking,' the court noting that elsewhere in the specification the inventors used the term 'prescribing' as being something different from "administering").

77) *See Regents of University of Minnesota v. AGA Medical Corp.*, 717 F.3d 929, 935-39 (Fed. Cir. 2013), aff'd, 717 F.3d 929, 935-39 (Fed. Cir. 2013) ("affirming construction that claim limitation reciting that two disks were 'affixed', 'connected' and/or 'joined' to each other required that the discs be physically separate, the court noting that the specification described the 'present invention' as being two physically separate discs and that two separate discs was the 'only' embodiment described.")

78) *See Gen-Probe Inc. v. Becton Dickinson and Co.*, 2011 Markman 5553783, 2011 WL 7167137, *16 (S.D. Cal. Nov. 22, 2011) ("for claims directed to a single automated instrument to detect a target nucleic acid indicative of the presence of a target pathogen within a sample, construing the term "affixed to" to require a physical attachment and not cover something that is integral with.").

10) After

i. 연방 항소법원(CAFC)

a. 연방 항소법원은 용어 "after"는 일반적 의미(plain meaning)인 "~이후에"를 의미하는 것이지, "~이전에(before)"의 의미는 내포하지 않는다고 판시하였다.[79]

ii. 연방 지방법원

a. 연방 지방법원은 명세서(specification)에 기반하여 판단해 볼 때, 용어 "after"는 "직후(immediately after)"를 의미할 수 있다고도 판시하였다.[80]

11) Against

i. 연방 항소법원(CAFC)

a. 연방 항소법원은 척추 이식(spinal implant)과 관련된 청구항에서, 구문 "rod … bears against said channel"에 대해 용어 "막대기(rod)"와 "채널(channel)" 사이에 다른 구조가 배치될 가능성을 배제하지 않는다고 판시하였다.[81]

---

79) *See Oak Technology, Inc. v. International Trade Com'n*, 248 F.3d 1316, 1328-29 (Fed. Cir. 2001) ("rejecting patentee's argument that claim limitation 'a cyclic redundancy checker for detecting errors in said assembled data after correction of said data by said correction circuitry' was not limited to a device that performed error detection only after completion of the error correction operation, but could cover a device in which the error detection operation commences before completion of the error correction operation, because the interpretation was 'inconsistent with the plain language' of the words of the limitation which indicated the cyclic redundancy checker operated only on corrected data").

80) *See Arctic Cat Inc. v. Bombardier Recreational Products Inc.*, 2015 Markman 10568023, 2015 WL 10568023, *4-*10 (S.D. Fla. 2015) ("relying on specification and problem the invention solved to construe 'after' to mean 'immediately' following a condition, and rejecting patentee's broader proposed construction of 'subsequent to in time or order,' however, rejecting accused infringer's additional restriction of "each and every time" since the specification showed this was not necessary.")

81) *See Cross Medical Products, Inc. v. Medtronic Sofamor Danek, Inc.*, 424 F.3d 1293, 1309 (Fed. Cir. 2005) ("in a claim directed to a spinal implant, ruling that a claim limitation reciting a 'rod … bears against said channel' did not preclude the possibility of other structure being disposed

b. 또한, 다른 케이스에서, 연방 항소법원은 척추에 삽입하는 나사(spinal screws) 관련 청구항 중 구문 "head is pressed against the hollow spherically-shaped portion"에 대하여, 침해자의 청구항 해석인 "나사 머리(head)는 움푹하게 파인 (hollow) 전체(entire) 구모양 영역에 압축됨"을 거절하고, "나사 머리(head)는 구모양 영역의 모서리(edge)나 어떤 특정 부분(any part)에 압축될 수 있음"으로 보다 넓게 청구항의 권리범위를 판단하였다.82)

ii. 연방 지방법원

a. 연방 지방법원은 구문 "urge against"에 대해, 단순한 접촉(touch)을 넘어서 일정한 물리적 힘(force)을 요구하는 구문 "press against"를 의미한다고 판시하였다.83)

b. 또 다른 연방 지방법원은 제 1 객체와 제 2 객체 사이에 쓰인 용어 "against"의 청구항 해석과 관련하여, 특허권자가 주장한 청구항 해석인 "against는 두 객체 간에 필수적인 접촉(necessarily contacting)이 요구되지 않음"을 받아들이지 않고, 명세서에 기반하여 판단해 볼 때 용어 "against"는 두 객체 간에 접촉이 요구된다고도 판시하였다.84)

---

interveningly between the channel and rod, and therefore the channel portion could be a multicomponent part.").

82) *See DePuy Spine, Inc. v. Medtronic Sofamor Danek, Inc.*, 469 F.3d 1005, 1014 (Fed. Cir. 2006) ("construing limitation reciting 'head is pressed against the hollow spherically-shaped portion' to mean that the head could be pressed against any part of the spherically-shaped portion, including just the edge, and rejecting accused infringer's argument adopted by the district court that the head had to be pressed against the entire spherically-shaped portion since that was contrary to the ordinary and custom meaning of 'pressed against' and nothing in the intrinsic evidence supported that narrow of a construction.").

83) *See Asetek Holdings, Inc. v. CoolIT Systems, Inc.*, 2013 Markman 6326619, 2013 WL 6326619, *11 (N.D. Cal. 2013) ("ruling that term 'urge against' required more than just touch, but it required a force, thus construing it to mean 'press against.'").

84) *See Fiber Systems Intern., Inc. v. Applied Optical Systems, Inc.*, 2009 WL 2174927, *4–*5 (E.D. Tex. 2009) ("construing term 'against' in a claim limitation reciting 'said first connector face fits against a second forward surface of the second insert cap tower' to require contact since the

12) Algorithm

i. 연방 지방법원

a. 연방 지방법원은 용어 "needs analysis algorithm"에 대하여 "명세서(specification)에 어떤 구체적인 알고리즘이 사용자가 정의하는 권한 설정(provisioning) 정보를 판단하는데 이용될 수 있는지 판단할 수 없으므로, 불명확(indefinite)하다고 판시"하였다.[85]

13) All

i. 연방 지방법원

a. 연방 지방법원은 구문 "until all of said drug is released"에서 용어 "all"은 약(drug)의 100%를 의미한다고 판단하였다.[86] 또 다른 연방 지방법원은 전자 암호 마케팅 방법과 관련된 청구항에서, 용어 "all"은 모든(each and every)의 의미를 갖는다고 판시하였다.[87]

---

specification and original prosecution did not suggest the 'against' could broadly mean opposite facing without touching, and rejecting patentee's argument that statements in the reexamination defining 'against' as opposite facing without necessarily contacting, supported broadly construing the claim since the statements were made in the reexamination after infringement contentions had been filed in the case and appeared to have been litigation induced rather than looking to what the specification actually disclosed.")

85) *See Kaavo Inc. v. Amazon.com Inc.*, 2018 WL 3025040, *3 (D. Del. 2018) ("in a non-means-plus-function context, finding, as part of its claim construction, that the term 'needs analysis algorithm' was indefinite since it was not a term of art in the industry and the specification failed to provide information so one of skill would know 'what specific algorithm could be used to determine the user defined provisioning information'")

86) *See Depomed, Inc. v. Purdue Pharma L.P.*, 2017 Markman 1319818, 2017 WL 1319818, *20 (D.N.J. 2017) ("construing term 'all' in claim limitation 'until all of said drug is released' to mean 100% of the drug").

87) See Investment Technology Group, Inc. v. Liquidnet Holdings, Inc., 2010 Markman 199912, 2010 WL 199912, *8 (S.D. N.Y. 2010) ("for claims directed to an electronic securities marketing method, construing 'all' to mean 'each and every'").

14) Along

i. 연방 항소법원(CAFC)

a. 연방 항소법원은 구문 "상기 끝 모서리를 따라(along said end edges)"에서 용어 "along"에 대하여 단순히 모서리 부근(near the edge)을 의미하는 것이지, 모서리의 직접적인 인접(direct abutting)을 의미하지는 않는다고 판시하였다.[88)]

b. 또한 연방 항소법원은 반도체 조립(semiconductor assembly) 관련 침해 소송에서, 구문 "said bonding wires extending downwardly alongside said edges of said chip"과 관련하여, 침해자의 청구항 해석인 "본딩 와이어(bonding wires)는 칩의 모서리(edge of the chip)와 매우 근접(close proximity)해야 함"은 적절하지 않다고도 판시하였다.[89)]

15) Allowing

i. 연방 지방법원

a. 연방 지방법원은 용어 "allowing"은 불명확하지 않을 뿐만 아니라, 일반적인 의미인 가능성(capability)의 의미를 갖는다고 판시하였다.[90)]

---

88) *See Moore U.S.A., Inc. v. Standard Register Co.*, 229 F.3d 1091, 1114 (Fed. Cir. 2000) ("along" as used in term "along said end edges" merely meant near the edge and did not require a direct abutting to the edge.").

89) See Spansion, Inc. v. International Trade Com'n, 629 F.3d 1331, 1346-47 (Fed. Cir. 2010) (for claims directed to a semiconductor assembly, affirming construction of a limitation reciting 'said bonding wires extending downwardly alongside said edges of said chip' to be met by wires that first protruded upward from the chip, then outwards, and then downwards, since this configuration was the conventional configuration for wires associated with semiconductor assemblies, and was what the specification described, and rejecting the accused infringer's attempt to read in a 'close proximity' requirement to 'alongside' such that the downward extending portion of the wire had to be in 'close proximity' to the edge of the chip.").

90) *See Solocron Media, LLC v. Verizon Communications Inc.*, 2015 Markman 1011310, 2015 WL 1011310, *29-*31 (E.D. Tex. 2015) ("term 'allowing' was not indefinite and would be given its plain meaning of providing a capability, further ruling that 'enabling' was not indefinite and would also be given its plain meaning of to make possible.").

b. 또 다른 연방 지방법원들은 용어 "allowing"은 실제적인 객체의 존재를 필요로 하지 않고 오직 가능성을 내포한다고 판시하였다.[91]

16) Amorphous

ⅰ. 연방 항소법원(CAFC)

a. 연방 항소법원은 금속 합금 물질 관련 침해 소송에서, 용어 "amorphous"의 의미는 100% 비정질 물질을 의미하는 것이 아니라, 해당 기술분야의 외부 증거를 고려하여 결정체 구조(crystal structure)의 비결정 정도를 판단해야 한다고 판시하였다.[92]

ⅱ. 연방 지방법원

a. 연방 지방법원들은 용어 "amorphous"에 대하여 정해진 형태가 없고 서로 다른 모양을 가질 수 있는 의미로 판시하고 있다.[93]

---

91) *See Sasco v. Weber Electric Manufacturing Co.*, 2013 WL 12114067, *4-*5 (C.D. Cal. 2013) ("claim limitation reciting a 'reel for allowing a plurality of different sets of wire' did not actually require the presence of the wires, it only required that the structure of the reel be capable of storing a set of wires."); *Ameranth, Inc. v. Menusoft Systems Corp.*, 2010 Markman 1610079, 2010 WL 1610079, *12 (E.D. Tex. 2010) ("for claims directed to a system for synchronous menu generation from a central computer to wireless handheld devices or the Internet, for use primarily in the restaurant industry, construing term 'allowing' as meaning "enabling but not requiring").

92) *See Kumar v. Ovonic Battery Co., Inc.*, 351 F.3d 1364, 1367-71 (Fed. Cir. 2003) ("vacating summary judgment of noninfringement and ruling that district court erred in construing term 'amorphous' in a limitation reciting 'an amorphous rare earth-transition metal alloy material' as requiring material that was completely amorphous and rejecting accused infringer's use of dictionary definition of term 'amorphous' to support requirement of completeness where prior-art patent discussed in the file history showed that one of skill in the art used the term 'amorphous' to mean a material that exhibits 'no long range order,' which did not rule out partially crystallized material, and remanding for district court to take extrinsic evidence of how one of skill in the art construed term 'no long range order' to determine the degree of lack of crystal structure that was necessary to meet the 'amorphous' claim limitation.").

93) *See The Gillette Co. v. Dollar Shave Club, Inc.*, 2017 WL 2335362, *3-*4 (D. Del. 2017) ("for claims directed to a coating for a razor blade, construing 'amorphous material' to mean "material lacking long-range crystalline order, wherein such material may include nanocrystalline inclusions"); *Ductcap Products Inc. v. J & S Fabrication Inc.*, 2012 Markman 621051, 2012 WL 621051, *4-*5

17) And

ⅰ. 연방 항소법원(CAFC)

a. 연방 항소법원은 용어 "and"에 대해 일반적인 의미(plain meaning)인 함께(conjunctive)의 의미를 내포하고, 선택적이거나 분리된(disjunctive)의 의미를 갖는 용어 "or"을 의미할 수 없다고 판시하였다.[94]

ⅱ. 연방 지방법원

a. 하지만, 연방 지방법원은 출원인은 용어를 일반적인 의미와 다르게 규정(define)할 수 있는 자(lexicographer)로서, 용어 "and"를 "and/or"의 보다 넓은 권리범위를 갖도록 정의할 수 있다고 판시하기도 하였다.[95]

18) And/or

ⅰ. 연방 항소법원(CAFC)

a. 연방 항소법원은 때로는 용어 "And/or"의 의미를 제한하기도 하였는데, 예를 들면, 제약 관련 소송에서, 명세서에 용어 "and/or"과 함께 쓰여진 두 개의 변수들(parameters)이 필수적(essential)이라고 작성된 점을 근거로 제시하면서, 명세서에 작성된 용어 "and/or"은 오로지 "and"로 이해되어야

(E.D. Wis. 2012) ("construing 'substantially amorphous shape' to mean without definite form and can conform to components with different shapes.").

94) *See Leseman, LLC v. Stratasys, Inc.*, Fed. Appx., 2018 WL 1836190, *2 (Fed. Cir. 2018) (nonprecedential) ("for claims directed to an extrusion die assembly, and noting that 'and' was used as a conjunctive so that both conditions 1) the die be received in a component, and 2) the die be adjustable while it was received in the component was required."); *See Medgraph, Inc. v. Medtronic, Inc.*, 843 F.3d 942, 949 (Fed. Cir. 2016) (""and' was properly given its plain meaning to require both conditions, and not the disjunctive meaning of 'or' as urged by the patentee where the specification was ambiguous as to the applicability of the disjunctive meaning, and the two conditions were not mutually exclusive.").

95) *See Brain Synergy Institute, LLC v. Ultrathera Technologies, Inc.*, 2016 Markman 106489, 2016 WL 106489, *2-*3 (D. Colo. 2016) ("adopting magistrate's recommendation that patentee acted as his own lexicographer to define a claim term reciting 'and' as having an 'and/or' scope rather than just a conjunctive 'and' scope.").

한다고 판시하기도 하였다.[96]

ii. 연방 지방법원

a. 연방 지방법원은 "A and/or B"는 A, B, 또는 A+B를 의미한다고 판시하였다.[97]

19) Any

i. 연방 항소법원(CAFC)

a. 연방 항소법원은 전자 장치 관련 소송에서, 구문 "any operating condition"는 특정한 동작 조건(intended operation condition)으로 한정되지 않는다고 판시하였다.[98]

ii. 연방 지방법원

a. 연방 지방법원은 구문 "manage any content" 중 용어 "any"의 청구항 해석에 대하여, 특허권자의 청구항 해석인 "하나 또는 제한 없는 모든 종류의 컨텐츠(one or some indiscriminately of whatever kind)"와 침해자의 청구항 해석인 "모든 저장된 컨텐츠(all stored content)"를 받아들이지 않고, 명세서에

---

96) *See Supernus Pharmaceuticals, Inc. v. TWi Pharmaceuticals, Inc.*, Fed. Appx., 2018 WL 4232089, *4 (Fed. Cir. 2018) (nonprecedential) ("proper to construe 'and/or' as used in a patent specification to describe when a drug product had an 'enhanced' compared to a 'non-enhanced' formulation as meaning solely 'and' where the two parameters identified with the and/or clause were described in the specification as both being essential.").

97) *See Cipher Pharmaceuticals Inc. v. Actavis Laboratories FL, Inc.*, F. Supp. 3d , 2015 WL 1768593, *8 (D.N.J. 2015) (construing A 'and/or' B to mean, A, B, or both."); *LG Electronics, Inc. v. Quanta Computer Inc.*, 2008 WL 4613054, *10 (W.D. Wis. 2008) ("construing 'and/or' in limitation reciting 'based upon a data type to be written or read and/or whether or not an available spare block remains' with its ordinary meaning to mean that either or both possibilities can happen.").

98) *See Harris Corp. v. IXYS Corp.*, 114 F.3d 1149, 1155 (Fed. Cir. 1997) ("claim that required no latch of electronic device at 'any operating condition,' where 'any' was construed not to be limited to intended operating conditions, not infringed by accused device that exhibited latching behavior at certain non-intended operating conditions").

기반하여 "하나 또는 그 이상의 저장된 컨텐츠(one or more stored content)"의 의미를 내포한다고 판시하였다.[99)]

20) Applet

i. 연방 항소법원(CAFC)

a. 연방 항소법원은 용어 "applet"은 해당 기능과 함께 사용되도록 해당 기능 및 데이터 모두의 존재를 필요로 하는 반면, 데이터를 얻기 위해 또 다른 사이트에 대한 링크만(only)을 가지고 있는 웹사이트는 "applet"은 아니라고 판시하였다.[100)]

21) Application

i. 연방 지방법원

a. 연방 지방법원은 용어 "application"은 "운영 시스템(operating system)과는 달리, 특정 기능을 수행하는 소프트웨어 프로그램을 의미하며, 예를 들면, 워드 프로세서, 데이터베이스 프로그램, 웹 브라우저, 또는 이미지 편집 프로그램을 의미"한다고 판시하였다.[101)]

---

99) *See Intellectual Ventures II LLC v. BITCO General Insurance Corporation*, 2019 Markman 999902, 2019 WL 999902, *3-*4 (E.D. Tex. 2019) ("for claim phrase 'manage any content' rejecting the patentee's proposed construction that 'any' should be construed as 'one or some indiscriminately of whatever kind' and rejecting the accused infringer's proposed construction, which was given by another district court to mean 'manage all stored content' instead, ruling that in view of the description in the specification 'any' should be construed to mean 'manage one or more stored content' which could include managing 'all'.").

100) *See Parallel Networks, LLC v. Abercrombie & Fitch Co.*, 704 F.3d 958, 962 & 967-70 (Fed. Cir. 2013) ("affirming construction of 'applet' as requiring the presence of both the functionality and the data to be used with that functionality, therefore accused website that only had a link to another site to get the data were not 'applets' as that term was used in the claim.").

101) *See Cypress Lake Software, Inc. v. Samsung Electronics America, Inc.*, 2019 Markman 2075795, 2019 WL 2075795, *9-*10 (E.D. Tex. 2019) ("construing 'application' across several asserted patents to mean 'a software program that performs a specific function. For example, a word processor, a database program, a web browser, or an image-editing program' and was distinct from

b. 연방 지방법원은 용어 "integrated computer software application"에 대하여, 특허권자의 보다 넓은 청구항 해석 주장인 "단순히 다양한 코드를 이용하기 위한 가능성만이 요구됨" 및 침해자의 해석 주장인 "단일의 소프트웨어 프로그램으로 결합되기 위해 다양한 코드들이 물리적으로 요구됨"은 타당하지 않고, "하나의 구성 단위(unit)로서 호환이 되고 동작하는 소프트웨어 코드 또는 인스트럭션"을 의미한다고 판시하였다.[102)]

22) Area

i. 연방 지방법원

a. 연방 지방법원은 디스플레이 관련 소송에서, 용어 "area"의 일반적인 의미(plain meaning)인 "특정 영역(specified region)"을 의미한다고 판시하였다.[103)]

23) Around

i. 연방 대법원

a. 연방 대법원은 구문 "placing a frame 'around a container'"에 대하여, 용어 "container"의 모든 측면(all sides)에 프레임(frame)을 포함"한다고 판시

---

the operating system.").

102) *See Mediostream, Inc. v. Microsoft Corp.*, 2010 Markman 3430831, 2010 WL 3430831, *5-*6 (E.D. Tex. 2010) ("for claims directed to computer software that could provide an integrated solution for changing the video format, audio format, video size, and video frame rate of input video files so that input video of any format can be converted to standardized media formats, construing the term 'integrated computer software application' to mean 'software codes or instructions that are compatible and operate as a unit' and rejecting patentee's broad construction that merely required capability to use various codes and the accused infringer's construction that physically required the various codes be combined into a single software program.").

103) *See LG Display Co., Ltd. v. AU Optronics Corp.*, 2010 WL 545921, *8 (D. Del. 2010) ("applying plain meaning of 'area' to claim limitation reciting 'forming a layer of an insulating substrate, having an area' and 'dummy conductive patterns, the dummy patterns comprising at least about 30% of the area of the insulating substrate' to mean a 'specified region'.").

하였다.[104)]

ii. 연방 항소법원(CAFC)

a. 연방 항소법원은 특허 무효심판 관련 소송에서, 용어 "reside around"는 명세서에 기반하여 판단해 볼 때, "~의 부근에 위치하는(being located 'in the vicinity of')"을 의미할 수 있다고 판시하였다.[105)]

iii. 연방 지방법원

a. 연방 지방법원은 구문 "extending around"에 대하여, "모든 측면에(on all sides of); 둘러쌈(encircle)"의 의미를 내포한다고 판시하였다.[106)]

b. 하지만, 또 다른 연방 지방법원은 용어 "around"는 명세서에 기반하여 판단해 볼 때 "둘러쌈(encircle")의 의미를 내포하지 않고, "~을 따라(along)"의 의미를 갖는다고 판시하였다.[107)]

24) Arranged

i. 연방 항소법원(CAFC)

a. 연방 항소법원은 용어 "arranged to"는 용어 "adapted to"를 의미할 수 있

---

104) *See PODS, Inc. v. Porta Stor, Inc.*, 484 F.3d 1359, 1367 (Fed. Cir. 2007), cert. denied, 128 S. Ct. 618 (U.S. 2007) ("construing term 'around' in a claim limitation reciting placing a frame 'around a container' as meaning to have the frame on all sides of the container.").

105) *See PPC Broadband, Inc. v. Corning Optical Communications RF.,* 2016 WL 692369, *2-*5 (Fed. Cir. 2016) ("in an IPR, vacating and remanding a finding of obviousness because the PTO erred, in applying the 'broadest reasonable' construction, in relying on general dictionary definitions to construe the term 'reside around' to merely mean being located 'in the vicinity of' since the context of the specification showed that the term should be construed to mean to encircle or surround, although absolute encirclement was not required.").

106) *See Leupold & Stevens, Inc. v. Lightforce USA, Inc.*, 2018 Markman 648362, 2018 WL 648362, *8-*9 (D. Or. 2018) ("construing 'extending around' to mean extending 'on all sides of; encircle' and rejecting patentee's proposed construction of merely 'to the side of.'").

107) *See Pacific Coast Marine Windshields Ltd. v. Malibu Boats*, No. 6:12-cv-33-Orl-28DAB, 2012 WL 6614965, *4-*5 (M.D. Fla. Dec. 19, 2012) ("refusing to construe 'around' as meaning fully 'encircle' as that improperly imported a preferred embodiment as a claim limitation, but rather construing 'around' to mean 'along').

다고 판시하였다.[108]

b. 다른 케이스에서, 연방 항소법원은 용어 "adapted to"에 대하여 "~를 만드는(made to), ~를 고안한(designed to), ~를 구성하는(configured to")의 의미를 내포하고, 때로는 보다 넓은 의미인 "~를 할 수 있는(capable of) 또는 ~에 적절한(suitable for)"의 의미를 내포할 수 있다고 판시하였다.[109]

ii. 연방 지방법원

a. 연방 지방법원은 문장 "oriented coextruded film having at least seven layers arranged symmetrically" 중 "arranged symmetrically"는 층(layer)이 대칭적(symmetrical)으로 배열되는 것을 의미하는 것이지, 각각의 층이 동일한 두께(thickness)나 성분(component)일 필요는 없다고 판시하였다.[110]

b. 다시 말해, 법원은 a, b, c, d 층(layer)이 있다면, c/d/b/a/b/d/c의 대칭적인 구조로 배열됨을 의미한다고 판시 하였다.[111]

---

108) *See In re Chudik*, 851 F.3d 1365, 1373 (Fed. Cir. 2017) ("treating 'arranged to' like 'adapted to' and therefore claim had to at least have the capability.").

109) *See In re Man Mach. Interface Techs. LLC*, 822 F.3d 1282, 1286 (Fed. Cir. 2016) ("finding that 'arranged to' is analogous to 'adapted to,' which means 'made to,' 'designed to,' or 'configured to' 'Adapted to' occasionally has a broader meaning of 'capable of' or 'suitable for.'").

110) *See Cryovac Inc. v. Pechiney Plastic Packaging, Inc.*, 2006 WL 956599 (D. Del. 2006) ("in a claim limitation of a preamble reciting an 'oriented coextruded film having at least seven layers arranged symmetrically,' construing 'arranged symmetrically' as only requiring that the layers have symmetric arrangement, e.g., if there were layers a, b, c, and d, the layers could be arranged as c/d/b/a/b/d/c, and rejecting accused infringer's argument that the symmetry requirement meant that each layer had to be of the same thickness or same composition, and the accepting the patentee's contention that "'symmetrically' modifies 'arranged,' which shows only that the layers must be in symmetric order, not that 'the layers are themselves symmetric,'" the court concluding "The plain language of claim 11 and the prosecution history of the '419 patent support Cryovac's assertion that the term 'arranged symmetrically' requires only symmetrical arrangement of the layers in the film, but not precise identity in the thickness or chemical composition of those layers.").

111) *See id.*

25) As

ⅰ. 연방 항소법원(CAFC)

a. 연방 항소법원은 간염 C 바이러스 (hepatitis C virus (HCV))의 유전자형 (genotype) 감지 키트와 관련된 청구항에서, 문장 "detecting a complex as formed with said probe and said nucleic acids of HCV"에서 용어 "as"의 의미는, 복합체(complex)가 형성되었을 때 동시에(contemporaneous) 감지하는 의미로 한정되지 않고, 보다 넓은 범위인 복합체(complex)가 형성된 이후에 감지할 수 있는 의미도 포함한다고 판시하였다.112)

b. 연방 항소법원은 구문 "as in an office or at home or school"에서 "as in"은 관련 장소로 한정하는 의미가 아니라 단순히 예시에 불과하다고 판시하였다.113)

26) As soon as

ⅰ. 연방 지방법원

a. 연방 지방법원은 구문 "as soon as"는 내재적으로 자연스럽게 발생하는 지연(delay)을 내포하고 있다고 판시하였다.114)

---

112) *See Innogenetics, N.V. v. Abbott Laboratories*, 512 F.3d 1363, 1370–71 (Fed. Cir. 2008) ("for claims directed to a diagnostic kit to detect and classify hepatitis C virus (HCV) genotypes, rejecting accused infringer's proposed construction of the term 'as' in claim limitation reciting 'detecting a complex as formed with said probe and said nucleic acids of HCV' as requiring a contemporaneous detecting when the complex was formed since specification suggested a broader construction that could cover detecting after the complex was formed and the dictionary definition cited by the accused infringer to support the narrow construction was one of several possible meanings of 'as.'").

113) *See In re Scroggie*, No. 2011-1016, 2011 WL 4342705, *3 (Fed. Cir. Sept. 16, 2011) (nonprecedential) ("ruling that PTO properly did not give limiting effect to an 'as in' clause." The Board omitted the phrase 'as in an office or at home or school' as only exemplary and not part of the definition. This court discerns no error in this omission. As the Board stated, the omitted portion was not part of the definition because the 'as in' is not limiting.").

114) *See Cypress Semiconductor Corporation v. GSI Technology, Inc.*, 2014 Markman 6693934, 2014 WL 6693934, *3 (N.D. Cal. 2014) ("construing 'as soon as' to mean 'immediately after' allowing

27) Assembly

i. 연방 항소법원(CAFC)

a. 연방 항소법원은 용어 "assembly"는 물리적인 구조를 필요로 한다고 판시하였다. 또한, 사전을 참고하여 판단해 볼 때 일반적인 의미인 "완성된 기계 또는 구조를 형성하기 위한 부품들의 결합"을 내포한다고도 판시하였다.[115)]

b. 연방 항소법원은 용어 "assembly"는 복수의 구성요소 장치를 암시한다고 판시하였다.[116)]

c. 연방 항소법원은 압출 금형관련 청구항과 관련하여, 전제부에 쓰인 용어 "assembly"를 기반하여 판단해 볼 때, 용어 "adjustable"은 조립(assembly)의 분해(take apart)를 필요로 하지 않고 행해질 수 있다고도 판시하였다.[117)]

---

for some inherent delay naturally occurring with the operation of the components but rejecting patentee's proposed construction of 'shortly after'.").

115) *See Kegel Co., Inc. v. AMF Bowling, Inc.*, 127 F.3d 1420, 1427 (Fed. Cir. 1997) ("construing term 'assembly' in claim reciting 'a maintenance assembly comprising means for storing lane dressing, a rotatable buffer means for applying the lane dressing to the bowling lane, and transfer means for transferring lane dressing from said storage means to said buffer means' as requiring a physical structure based on the ordinary meaning of 'assembly' and stating 'When used in the context in which it appears in claim 7, 'assembly' ordinarily means 'a collection of parts so assembled as to form a complete machine, structure, or unit of a machine.' Webster's Third New International Dictionary 131 (1986). Thus, the use of the word 'assembly' indicates that, in claim 7, the inventors intended to claim a physical structure.").

116) *See Ethicon Endo-Surgery, Inc. v. U.S. Surgical Corp.*, 93 F.3d 1572, 1580 (Fed. Cir. 1996) ("assembly 'implies a multi-component apparatus'.")

117) *See Leseman, LLC v. Stratasys, Inc.*, Fed. Appx., 2018 WL 1836190, *2 (Fed. Cir. 2018) (nonprecedential) ("for claims directed to an extrusion die assembly, and reciting 'a second die component received within a downstream side of the first die component and having a position that is adjustable along the longitudinal axis relative to the first die component' and 'a third die component received within a downstream side of the second die component and having a position that is adjustable along the longitudinal axis relative to the second die component,' affirming district court's construction that in view of the term 'assembly' in the preamble, the term 'adjustable' could not be met by disassembling the structure and switching the locations of the second and third dies, rather the claim required that the adjustment could be done without having

ⅱ. 연방 지방법원

a. 연방 지방법원은 특허 청구항의 전제부에 쓰여진 "assembly"는, 구성요소들을 모두 조립하여 만들어진 객체를 의미하기 때문에, 특허 침해자가 구성요소들을 단일의 객체로 조립하지 않은 경우에는 침해가 아니라고 판시하였다.[118]

b. 연방 지방법원은 아기 놀이울(playpen)과 관련된 청구항 중 구문 "upper frame assembly"는, 용어 "assembly"가 내포하는 완성된 객체(as being a complete unit)의 의미를 기반으로 판단해 볼 때, 특허권자의 청구항 해석인 "일 중간 지점 위(above a midway point)에 있는 프레임 조립(frame assembly)의 모든 부품"을 거절하고, "아기 놀이울(playpen)의 상측 주위(upper perimeter)에 만들어진 부품들의 결합"을 의미한다고 판시하였다.[119]

c. 또 다른 연방 지방법원은 용어 "assembly"는 단일 구조부(single structural unit)를 의미한다고 판시하였다.[120]

❖ 기능식 청구항 여부

• 연방 항소법원(CAFC)은, 청구항 일 부분인 "mechanical control assembly … configured to"와 관련하여, 구문 "mechanical control assembly"가 해당 분야

---

to take apart the assembly.").

118) *See Acantha LLC v. DePuy Orthopaedics Inc.*, 2018 WL 1951228, *3-*4 (E.D. Wis. 2018) ("where claim recited an 'assembly' made of three components, ruling that the term 'assembly' while used in the preamble was a claim limitation and required that all three components be put together into a single item, and because the accused infringer did not put all of its components together the accused infringer did not directly infringe, therefore granting partial summary judgment of no direct infringement, leaving open the question of indirect infringement.").

119) *See Graco Children's Products Inc. v. Kids II, Inc.*, 2016 Markman 6994114, 2016 WL 6994114, *2-*3 (N.D. Ga. 2016) ("for claims directed to a playpen, construing 'upper frame assembly' to mean a collection of parts that made up the upper perimeter of the playpen, as that construction was supported the plain meaning of 'assembly' as being a complete unit and the description of "upper frame assembly" provided in the specification, and rejecting the patentee's broader proposed construction of every part of frame assembly above a midway point.").

120) *See Sauder Manufacturing Company v. J Squared, Inc.*, 2015 WL 11117228, *2 (N.D. Ohio 2015) ("construing 'assembly' to mean a single 'structural unit'.").

에서 확립된 의미가 없고, 명세서(specification)에 기능식 청구항에 대응하는 구조가 개시되어 있다는 점이 해당 용어가 해당 분야에서의 구체적인 구조를 내포하고 있다는 의미는 아니므로, 기능식 청구항으로 해석하여야 한다고 판시하였다.121)

- 연방 지방법원은 구문 "active assembly"는 해당 용어가 구체적인 구조를 함축하고 있지 않기 때문에 기능식 청구항이라고 판시하였다.122)

28) Associated

i. 연방 항소법원(CAFC)

a. 연방 항소법원은 데이터베이스 및 디지털 컨텐츠 파일에 대하여 쓰인 용어 "associated with"와 관련하여, 연방 지방법원의 해석인 "데이터베이스는 디지털 파일에 존재하여야만 함"은 적절하지 않고, 청구항의 다른 부분에 쓰여진 "일부 및 기능적으로 포함된의 의미를 갖는" 용어 "embedded in"에 기반하여 판단해 볼 때, 용어 "associated with"는 보다 넓은 권리범위를 가져야 한다고 판시하였다.123)

---

121) *See MTD Products Inc. v. Iancu, F.3d.*, 2019 WL 3770828, *5-*6 (Fed. Cir. 2019) ("in an IPR, agreeing with the patentee that limitations reciting 'mechanical control assembly … configured to' perform certain functions should have been construed to be means-plus-function limitations, and that the Board erred in not treating these limitations as means-plus-functions limitations, the court finding that where the evidence showed that 'mechanical control assembly' did not have an established meaning in the art it was error for the Board to look to the corresponding structure disclosed in the specification as supplying the 'established meaning' to avoid means-plus-function treatment, the court instructing '[t]hat the specification discloses a structure corresponding to an asserted means-plus-function claim term does not necessarily mean that the claim term is understood by persons of ordinary skill in the art to connote a specific structure or a class of structures,' also finding that equivocal statements in the prosecution history did not disclaim treating the limitation as being a means-plus-function limitation.").

122) *See Vistan Corp. v. Fadei USA, Inc.*, 2012 Markman 1496099, 2012 WL 1496099, *14-*17 (N.D. Cal. 2012), related appeal, No. 2013-1216, 1217, 2013 WL 6231725, *3-*4 (Fed. Cir. Dec. 3, 2013) (nonprecedential) ("ruling that term 'active assembly' was a means-plus-function limitation, despite the absence of the term 'means,' since the term did not connote a specific type of structure.").

123) *See ViaTech Techs. Inc. v. Microsoft Corp.*, No. 217-2276, Fed. Appx., 2018 WL 2338136, *4 (Fed. Cir. May 23, 2018) (nonprecedential) ("district court erred in construing term 'associated

b. 연방 항소법원은 전기 멀티탭(electric plug strip)과 관련된 청구항 해석에서, 용어 "disposed in" 또는 용어 "disposed on"은 해당 멀티 탭에 위치되어야 하는 의미를 내포하는 반면, 구문 "associated with the vertical strip enclosure"는 물리적으로 멀티 탭(strip) 위에 위치될 필요가 없다고 판시하였다.[124)]

c. 연방 항소법원은 청구항의 일부인 "the sensor was associated with the origin point"의 청구항 해석과 관련하여, 특허출원인이 주장하는 "센서는 변수(parameter)의 발생지점(origin point)에 위치되어야만 함"은 적절하지 않고, 용어 "associated with"는 이보다 넓은 범위를 갖는다고 판시하였다.[125)]

ii. 연방 지방법원

a. 연방 지방법원은 용어 "mapping means, associated with the location, for storing a plurality of positions…"의 청구항 해석과 관련하여, 용어 "associated with"의 일반적인 의미에 기반하여 판단해 볼 때, "해당 위치

---

with' in referring to a database and a digital content file to require that the database reside in the digital file, rather than just being functionally linked with the digital file, the Federal Circuit noting that other aspects of the claim used the phrase 'embedded in,' which required the embedded aspect be both a part of and functionally included, showing that 'associated with' should have a broader scope.").

124) *See Server Tech. Inc. v. American Power Conversion Corp.*, Fed. Appx., 2016 WL 5335039, *3 (Fed. Cir. 2016) (nonprecedential) ("for claims directed to an electric plug strip, district court erred in viewing the term 'compromising' to require that all of the claimed structural features had to be found within the claimed plug strip, the Federal Circuit noting that the claimed features described as being 'disposed in' or 'disposed on' the strip, had to be on the strip, but features claimed as being 'associated with the vertical strip enclosure' did not have to be physically located on the strip.").

125) *See In re Shaneour*, Fed. Appx., 2015 WL 115137, *3 (Fed. Cir. 2015) (nonprecedential) ("rejecting patent applicant's proposed narrow construction of claim to require a sensor be placed at the point of origin of the parameter it was sensing, a light intensity, and measured only the output of a given light since the claim language merely recited that the sensor was 'associated with' the origin point and produced a signal that was 'related to' the output of the light, the court finding that under the 'broadest reasonable construction' standard the terms 'associated with' and 'related to' were broader than what the applicant proposed.").

(location)에서 실제적이고 물리적(actual and physical)으로 존재함(presence)"를 필요로 하지 않는다고 판시하였다.[126]

29) At

ⅰ. 연방 지방법원

a. 연방 지방법원은 용어 "at"에 대하여, 특허권자의 청구항 해석인 "근처(near)"를 거절하고, "~내에(within or in)"를 의미한다고 판시하였다.[127]

b. 연방 지방법원은 가스 바베큐 그릴과 관련된 청구항 일부 구문인 "prevent a second tank … from being disposed at the interior of the frame assembly"에서 "at"은 "in"을 의미하기 때문에, "제2 탱크(second tank)는 프레임 조립(frame assembly) 내에 위치할 수 없음"을 의미한다고 판시하였다.[128]

c. 연방 지방법원은 난연성 팰릿(fire retardant pallet)과 관련된 청구항에서, 용어 "at"은 "특정 위치"를 의미하는 것이지, "안에(in), ~에(on), 또는 근처에(near)"를 의미하지 않는다고 판시하였다.[129]

d. 연방 지방법원은 용어 "at or adjacent to a wall"에 대하여, "벽 근처(near

---

126) *See Global Traffic Technologies, LLC v. Emtrac Systems, Inc.*, 2012 Markman 2884846, 2012 WL 2884846, *3-*4 (D. Minn. 2012) ("ruling that the term 'associated' in limitation reciting 'associated with the location' would be given its ordinary meaning and did not require actual physical presence at the location.").

127) *See Regeneron Pharmaceuticals, Inc. v. Merus B.V.*, 2014 Markman 6611510, 2014 WL 6611510, *22 (S.D. N.Y. 2014) ("construing 'at' in terms of location to mean 'within' or 'in' and rejecting patentee's proposed construction of 'near' as not being supported by the intrinsic evidence.").

128) *See Weber-Stephen Products LLC v. Sears Holding Corp.*, 2014 Markman 5333364, 2014 WL 5333364, *3-*4 (N.D. Ill. 2014) ("rejecting contention that for claims directed to a gas barbeque grill and requiring structure to 'prevent a second tank … from being disposed at the interior of the frame assembly' required that no part of the second tank could be within the frame assembly, the court ruling that in accordance with the specification 'at' should be treated the same as 'in' and hence the claim only required that entire second tank could not be in the frame assembly.").

129) *See Schultz v. iGPS Co. LLC*, 2013 Markman 212927, 2013 WL 212927, *3-*4 (N.D. Ill. 2013) ("for claims directed to a fire retardant pallet, construing 'at' to mean a particular location and rejecting patentee's proposed construction of 'in, on, or near'.").

the wall)"를 의미하는 것이지, "안에(in) 또는 ~에(on)"을 의미하지 않는다고 판시하였다.[130)]

30) At least

i. 연방 항소법원(CAFC)

a. 연방 항소법원은 컴퓨터 파일관련 청구항 중 "at least one piece"와 관련하여, 특허권자의 청구항 해석인 "컴퓨터 파일의 전체가 아닌 컴퓨터 파일의 일부만을 의미함"을 거절하고, 컴퓨터 파일의 전체를 의미할 수 있다고 판시하였다.[131)]

b. 연방 항소법원은 인공호흡기(respirator)와 관련된 청구항 중 "means for processing data representing at least air viscosity …, barometric pressure, lung elastance … and measured levels of carbon dioxide and oxygen levels"은 "데이터를 처리함에 있어, 다섯 가지 데이터(air viscosity, barometric pressure, lung elastance, measured levels of carbon dioxide and oxygen levels) 모두를 이용하고 처리한다"고 판시하였다.[132)]

---

130) *See EcoNova, Inc. v. DPS Utah*, 2013 Markman 65460, 2013 WL 65460, *13-*14 (D. Utah 2013) ("ruling that the term 'at' in the phrase 'at or adjacent' to a wall simply meant near the wall, even though that was effectively the same construction given to 'adjacent,' and rejecting the parties' proposed constructions that 'at' had to mean 'in' or 'on'").

131) *See AC Technologies S.A. v. Amazon.com, Inc.*, 2019 WL 138176, *4-*5 (Fed. Cir. 2019) ("PTO did not err under the BRI standard to construe limitation reciting 'at least one piece' of a computer file as being broad enough to cover the entire file, therefore it properly rejected the patentee's contention that the claim had to be narrowly construed to only cover copying a portion of a computer file, and never the entire file, the Federal Circuit noting that '[h]aving broadly drafted its claims to encompass both systems that copy and store individual pieces and those that copy and store multiple or all pieces of a file, AC cannot now read features from preferred embodiments into its claims to bolster its validity arguments'.").

132) *See Tehrani v. Hamilton Medical, Inc.*, 331 F.3d 1355, 1360 (Fed. Cir. 2003) ("claim limitation to a respirator reciting 'means for processing data representing at least air viscosity …, barometric pressure, lung elastance … and measured levels of carbon dioxide and oxygen levels' for calculating machine parameters of tidal volume and breath frequency required that a device use and process all five data items to calculate the parameters.").

c. 연방 항소법원은 구문 "at least two conveyor means"이 포함된 청구항과 관련한 침해 소송에서, 침해 제품이 하나의 컨베이어 수단(conveyor means)을 포함하고 있는 경우에는 직접침해(literal infringement)가 아니라고 판시하였다.[133)]

d. 연방 항소법원은 청구항에 쓰인 "the identifier was based on at least some of the data"와 관련하여, 식별자(identifier)는 모든 데이터를 기반으로 할 필요가 없다고 판시하였다.[134)]

e. 연방 항소법원은 청구항에 쓰인 "at least 3500 hr*ng/mL"을 기재한 청구항에서, 침해제품이 3493.38 hr*ng/mL의 양을 포함하고 있는 경우, 연방 지방법원의 청구항 해석인 "청구항에 포함된 3500 hr*ng/mL은 절대적인 최소 수치임"을 받아들이지 않고, 특허권자는 "3498.38hr*ng/mL이 3500 hr*ng/mL과 상당한 차이가 없는 한 균등론(Doctrine of Equivalent)을 주장할 수 있다고 판시하였다.[135)]

---

133) *See Lantech, Inc. v. Keip Mach. Co.*, 32 F.3d 542, 546–47 (Fed. Cir. 1994) ("where claim recited 'at least two conveyor means' district court erred in reading out the 'at least two' language by finding literal infringement where the accused product had only one conveyor means, therefore reversing judgment of literal infringement and remanding for the district court to determine whether there was infringement under the doctrine of equivalents.").

134) *See Personal Web Technologies, LLC v. Apple, Inc.*, 848 F.3d 987, 990-91 (Fed. Cir. 2017) ("PTO properly construed claim limitation regarding a content-identifier as not requiring the reliance on all applicable data, as urged by the patentee, where the claim language itself recited that the identifier was based on 'at least some' of the data and other dependent claims expressly required the identifier be based on all the data.")

135) *See Adams Respiratory Therapeutics, Inc. v. Perrigo Co.*, 616 F.3d 1283, 1292–93, 96 (Fed. Cir. 2010) ("vacating a summary judgment of noninfringement and ruling that patentee was not legally precluded from asserting that an accused product having a quantity of 3493.38 hr*ng/mL met, under the doctrine of equivalents, a limitation reciting 'at least 3500 hr*ng/mL' so long as 3493.38 was not insubstantially different from 'at least 3500,' the district court's ruling that 'at least 3500' set an absolute minimum level that could not be deviated from under the doctrine of equivalents without vitiating the claim limitation was erroneous.").

31) At least one

i. 연방 항소법원(CAFC)

a. 여러 연방 항소법원들은 용어 "at least one"은 "하나 또는 그 이상(one or more)의 의미"를 갖는다고 판시하고 있다.[136)]

b. 연방 항소법원은 구문 "at least one light source"에 대하여, 연방 지방법원이 청구항의 유효성을 위해 "두 개의 분리된 광원(light source)을 필요로 함"은 적절하지 않고, "일반적인 의미인 하나 또는 그 이상의 의미를 내포"한다고 판시하였다.[137)]

c. 연방 항소법원은 청구항의 본문(body)에 쓰인 "the storage device"는 청구항의 전제부(preamble)에 선행사(antecedent)로서 쓰인 "at least one storage device"을 나타내는 것으로 이해되어야 하지, 별도의 저장 장치(storage device)를 의미하지 않는다고 판시하였다.[138)]

---

136) *See Z4 Technologies, Inc. v. Microsoft Corp.*, 507 F.3d 1340, 1349 (Fed. Cir. 2007) ("Because the '[u]se of the phrase 'at least one' means that there could be only one or more than one' of the listed types of previously stored registration information, the identification called for by the claims may be accomplished by comparing the registration information with previously-stored information related : (a) to the software installed by a person on the computer; (b) to the person using the computer; or (c) to the computer hardware."); *SanDisk Corp. v. Kingston Technology Co., Inc.*, 695 F.3d 1348, 1360-61 (Fed. Cir. 2012) ("district court erred in construing 'user data and overhead information' to be limited to a single user data and a single overhead portion because the limitation originally recited the indefinite article 'an' suggesting that more than one was permitted, and later reference in the claim to 'the' user data did not overcome the presumption of more than one from the original use of the 'an', the court also noting that the claim reciting of 'at least' further supported construing the claim to cover one or more, and claim differentiation further supported the construction as the dependent claim expressly claimed only one."); *See Omega Engineering, Inc, v. Raytek Corp.*, 334 F.3d 1314, 1322 (Fed. Cir. 2003) ("The phrase 'at least one' indicates that the 'means for causing' does not necessarily act on only one laser beam.").

137) *See Rhine v. Casio, Inc.*, 183 F.3d 1342, 1345 (Fed. Cir. 1999.) ("reversing summary judgment of noninfringement because district court misconstrued claim limitation specifying 'at least one light source' as requiring two separate light sources under guise of applying a narrow construction to preserve the claim's validity, where the plain meaning only required one light source or more than one light source.").

138) *See TomTom, Inc. v. Adolph*, 790 F.3d 1315, 1328-29 (Fed. Cir. 2015) ("multiple uses of 'the storage device' in the body of the claim had to be construed to refer to the antecedent basis of

d. 연방 항소법원은 비료 합성물(fertilizer composition) 관련 청구항에서, 구문 "at least one phosphorous-containing acid or salt thereof … and wherein said phosphorous-containing acid or salt thereof is present in an amount of about 30 to about 40 weight percent"는, 특허권자의 청구항 해석인 "오직 산(acid) 또는 염(salt)을 포함하는 인(phosphorous) 중 어느 하나만 약 30 내지 40의 중량 퍼센트를 갖음"은 타당하지 않고, "산(acid) 또는 염(salt)을 모두 포함하는 인(phosphorus)의 총합(aggregate)이 약 30 내지 40의 중량 퍼센트를 갖음"을 의미한다고 판시하였다.[139]

32) At least one of

ⅰ. 연방 항소법원(CAFC)

a. 연방 항소법원은 청구항 "first means for storing at least one of a desired program start time, a desired program end time, a desired program service, and a desired program type"은 "적어도 하나의 소망하는 프로그램 시작 시간(at least one desired program start time), 적어도 하나의 소망하는 프로그램 종료 시간(at least one desired program end time), 적어도 하나의 프로그램 서비스(at least one desired program service), 및 적어도 하나의 프로그램 종류(at least one a desired program type)를 저장하는 첫 번째 수단"을 의미한다고 판시하였다.[140]

'at least one storage device' recited in the preamble and did not require separate and distinct storage devices for each time it was mentioned.").

139) *See Biagro Western Sales, Inc. v. Grow More, Inc.*, 423 F.3d 1296, 1304 (Fed. Cir. 2005) ("affirming district court's construction of claim limitation directed to a fertilizer composition having "at least one phosphorous-containing acid or salt thereof … and wherein said phosphorous-containing acid or salt thereof is present in an amount of about 30 to about 40 weight percent" as meaning that the aggregate of all phosphorous-containing acids or salts in the fertilizer had to be in the range of the 'about 30 to about 40 weight percent' and rejecting patentee's argument that only one of the phosphorous-containing acid or salt had to be in the claimed range.").

140) *See SuperGuide Corp. v. DirecTV Enterprises, Inc.*, 358 F.3d 870, 886, (Fed. Cir. 2004) ("the

❖ 검 토

■ 이 판례는 *Superguide*(i.e., 소송 당사자 이름)로 알려진 판례로서, 판결 당시인 2004년에 미국 특허 업계에 상당한 충격을 주었던 판례이다. 하지만 지금 현재(2020년3월)까지 유효한 판례로서 특허 실무자들은 보다 본 판례를 깊게 검토할 필요성이 있다. 기본적인 영어 문법인 "A, B, 또는, A 또는 B"를 표현하고자 할 때 "at least one of A and B"를 작성하는 것이 영어 문법에 맞다. 하지만, 이러한 영어 문법과 달리, Superguide 판례는 "at least one of A and B"는, "적어도 어느 하나의 A 그리고 적어도 어느 하나의 B," 즉, "A+B"만을 의미한다고 판시한 것이다. 이 Superguide 판례에서 가장 큰 이슈가 되는 것은 "at least one of" [desired program start time, a desired program end time, a desired program service, and a desired program type]을 어떻게 해석하는지이다. 즉, 청구항 해석이 특허 출원인이 의도했던 네 개의 조건들 적어도 어느 하나를 의미하는 지, 아니면 특허 출원인이 의도하지 않았던 "at least one start time, at least one end time, at least program service, and at least one program type"을 의미하는 지이다. 여기서 법원은 후자의 의미인(conjunctive)로 청구항 해석을 하였다. 그 이유로서 명세서에 구체적으로 "At least one"과 관련된 내용이 없는 경우 당해 분야의 일반적인 의미로서 강한 추정(heavy presumption)이 된다는 것을 근거로 들었다.

❖ 대응 방안

■ 특허 출원인은 많은 경우에 권리범위의 적절한 확보를 위해, "A, B, 또는, A 또는 B"를 표현하고자 하는 많은 경우가 있다. 이와 관련하여, 2017년에

---

phrase 'at least one of' precedes a series of categories of criteria, and the patentee used the term 'and' to separate the categories of criteria, which connotes a conjunctive list. Construing claim limitation 'first means for storing at least one of a desired program start time, a desired program end time, a desired program service, and a desired program type' as requiring at least one value for each of the four recited categories and rejecting argument that claim only required a value for one of the recited categories based on the use of the term 'and' and not 'or' in the limitation. That is, it construed as at least one of a desired program start time, a desired program end time, a desired program service, and a desired program type.").

미국 특허심판원(PTAB)이 하나의 가이드를 하기와 같이 제시하였다.[141]

- At least one of A *or* B
- At least one of A *or* at least one of B
- At least one *selected from the group of* A and B

■ 결론적으로, 해당 구문 "at least one of A and B"를 작성시에 특허 실무자들은 명세서에 "at least one of A and B"는 "only A, only B, or Both A and B"를 내포한다고 명시하거나, 특허 심판원(PTAB)에서 제시한 가이드를 따라 작성할 것인지 여부를 고려해보는 것이 적절하다고 판단된다.

33) At least part of

i. 연방 항소법원(CAFC)

a. 연방 항소법원은 야구 배트(baseball bat) 관련 침해 소송에서, 청구항 "gap forming at least part of an annular shape along a central portion between said first and second ends" 중 용어 "'gap'은 중앙 영역(central portion)을 따라(along) 어딘가에(somewhere) 비고리모양(non-annularity)이 허용"되도록 해석되어야 한다고 판시하였다.[142]

b. 연방 항소법원은 독립 청구항에서 "content-identifier was based on 'at least some' of the data"를 기재하고 종속 청구항에서 "content-identifier was based on all the data"로 기재한 경우, 특허권자의 청구항 해석 주장과 달리, "독립 청구항에 쓰인 컨텐츠 식별자(content-identifier)는 모든 데이터(all the data)를 기반으로 하지 않는다"고 판시하였다.[143]

---

141) *See Ex parte Jung*, Appeal No. 2016-008290 (P.T.A.B. March 22, 2017)

142) *See Wilson Sporting Goods Co. v. Hillerich & Bradsby Co.*, 442 F.3d 1322, 1328 (Fed. Cir. 2006) ("for a claim directed to a baseball bat with a metal insert, ruling that term 'gap' in a claim limitation 'gap forming at least part of an annular shape along a central portion between said first and second ends' had to be construed to 'permit non-annularity somewhere along the central portion,' and therefore the district court erred in its construction which required complete concentricity without some contact between the insert and frame.").

143) *See Personal Web Technologies, LLC v. Apple, Inc.*, 848 F.3d 987, 990-91 (Fed. Cir. 2017) ("PTO

34) Attached

i. 연방 항소법원(CAFC)

a. 연방 항소법원은 용어 "attached"에 대하여, "어떤 것(something)에 연결되거나 결합함(connected or joined)"으로 해석할 수 있다고 판시하였다.[144)]

b. 연방 항소법원은 용어 "attached"를 간접적인 연결(indirect connection)로 이해할 경우 청구항의 다른 부분에 쓰인 특징을 수행할 수 없는 경우, 용어 "attached"는 오직 직접적인 연결만을 의미한다고 판시하였다.[145)]

c. 연방 항소법원은 청구항 "a speedometer integrally attached to said colored display" 중 용어 "integrally attached"에 대하여, 용어 "attached"에 기반하여 판단해 볼 때, "속도계(speedometer)는 디스플레이(display)로부터 물리적으로 분리되어야 하기 때문에 속도계(speedometer)와 디스플레이(display)가 하나의 같은 물리적 구조를 갖을 수 있다는 해석은 적절하지 않다고 판시"하였다.[146)]

---

properly construed claim limitation regarding a content-identifier as not requiring the reliance on all applicable data, as urged by the patentee, where the claim language itself recited that the identifier was based on 'at least some' of the data and other dependent claims expressly required the identifier be based on all the data.").

144) *See Tinnus Enterprises, LLC v. Telebrands Corporation*, 846 F.3d 1190, 1204 (Fed. Cir. 2017) ("in a preliminary injunction hearing, magistrate judge properly applied plain and ordinary meaning of 'attached' as meaning 'connected or joined to something' in finding that the patentee had a likelihood in proving infringement.").

145) *See Southco, Inc. v. Fivetech Technology Inc.*, Fed. Appx. 2015 WL 1609846, *2-*3 (Fed. Cir. 2015) (nonprecedential) ("ruling that under the circumstances the term 'attached' and 'engaged' required a direct connection because an indirect connection would not satisfy another portion of the claim and affirming a summary judgment of no infringement and finding that where the accused product did not directly attach its components, no infringement existed under the doctrine of equivalents since a finding of infringement would read out the express claim requirement of a direct attachment.").

146) *See In re Cuozzo Speed Technologies, LLC*, 793 F.3d 1268, 1280 (Fed. Cir. 2015), en banc reh'g denied, 793 F.3d 1297, 1298 (Fed. Cir. 2015) ("affirming PTO construction, under the 'broadest reasonable construction' standard, that the term 'integrally attached' in claim limitation reciting 'a speedometer integrally attached to said colored display' to require the speedometer be physically separate from the display to give meaning to the word 'attached' and therefore a proposed claim amendment that permitted the speedometer and display to be in the same physical structure

d. 연방 항소법원은 주차료 징수 장치(parking meter device) 관련 침해소송에서, 용어 "attached"는 하나의 부품(component)이 단순히 다른 부품(another component)과의 단순한 접촉(contact)을 의미하는 것은 아니라고 판시하였다.[147]

e. 연방 항소법원은 유아 카시트(child's car seat) 관련 소송에서, 구문 "a seat and a base 'removeably attached'"는 베이스(base)로부터 쉽게 떼어내는 것(easily removable)이 필요로 되지 않고, 해당 시트(seat)가 훼손(destroy)되지 않는 한, 특정한 도구의 사용이 필요로 될지라도 베이스로부터 떼어낼 가능성(be capable of)만이 요구된다고 판시하였다.[148]

35) Automatic

i. 연방 항소법원(CAFC)

a. 연방 항소법원은 청구항 "instructions for automatically contacting an authorized representative … to communicate registration information and obtaining authorization for continued operation"에 대하여, 연결의 개시

---

improperly broadened the claim.").

147) *See Duncan Parking Technologies, Inc. v. IPS Group, Inc.*, F. 3d, 2019 WL 386013, *8 (Fed. Cir. 2019) ("affirming a summary judgment of noninfringement for claims directed to a credit-card enabled, solar-powered, single-space parking meter that could be retrofitted into an existing parking meter where the district court had properly construed a 'cover panel movably attached to the intermediate panel set' to require structure that was separate from the device itself, and therefore a keypad in the accused product that was part of the device could not also meet the 'cover panel' limitation literally or under the doctrine of equivalents as it was not a housing and was not attached to the panel, the court finding that a component that merely made contact with another component was not 'attached.'").

148) *See Dorel Juvenile Gp., Inc. v. Graco Children's Prods., Inc.*, 429 F.3d 1043, 1046-47 (Fed. Cir. 2005) ("ruling that, in a claim directed to a child's car seat, claim limitations reciting a seat and a base 'removeably attached' and the seat being 'removeably secured' to the base did not require that the seat be easily removable only that the seat at some point in its life be capable of being removed from the base, even if that required the use of special tools, so long as the seat was not destroyed, because the specification did not describe relative ease of removal as being a claim requirement.")"

(initiation of the contact)를 위해 사용자의 입력(user interaction)을 배제하지 않는다고 판시하였다.149)

b. 연방 항소법원은 용어 "automatically"에 대하여, 침해자의 청구항 해석 주장인 "사람이 중간에 처리과정을 변경(alter)하거나 조정(intercede)할 수 있는 선택권(option)이 없도록 개입이 없음(without intervention)"은 타당하지 않고, "일단 개시되면, 해당 기능은 수동적으로 수행될 필요 없이 기계에 의해 수행되는 것을 의미할 뿐이지, 사람의 개입 가능성 역시 포함"하는 보다 넓은 의미를 갖는다고 판시하였다.150)

B.

1) Balance

i. 연방 지방법원

a. 연방 지방법원은 제빙 성분(deicing composition) 관련 청구항인 "a deicing

---

149) *See Z4 Technologies, Inc. v. Microsoft Corp.*, 507 F.3d 1340, 1351 (Fed. Cir. 2007), petition for cert. filed (U.S. Mar. 31, 2008) ("construing term 'automatic' in limitation 'instructions for automatically contacting an authorized representative … to communicate registration information and obtaining authorization for continued operation' as not foreclosing user interaction in the initiation of the contact'.").

150) *See CollegeNet, Inc. v. ApplyYourself, Inc.*, 418 F.3d 1225, 1235 (Fed. Cir. 2005) ("affirming a district courts construction of term 'automatically' to mean 'once initiated, the function is performed by a machine, without the need for manually performing the function,' and rejecting the accused infringer's proposed construction of meaning without intervention such that a human would not have the option to intercede and alter the flow of the process because the specification, the prosecution history, and the presence of the open term 'comprising,' suggesting that the presence of additional steps such as a human interceding to alter the process, all supported construing the claim more broadly."); *See Whitserve v. Computer Packages, Inc.*, 694 F.3d 10, 19-21 (Fed. Cir. 2012) ("noting parties had not challenged district court's construction of 'automatic' as meaning "a process that, once initiated, is performed by a machine without the need for manually performing that process, that is, without the need for human intervention. A machine may still perform the claimed process automatically, even though a human might manually initiate or interrupt the process' and ruling that substantial evidence supported the jury's finding of infringement as the user's manual input of due date range to be queried did not take the process out of the district court's construction of 'automatic'.").

composition 'comprising an aqueous solution ⋯ in which the constituents are present in the following concentration'" 및 "3개의 확인된 성분들은 중량 퍼센트 범위(weight percent ranges)를 갖고, 마지막 성분인 물은 'balance'의 중량 퍼센트를 갖음(water, being identified as having a weight percent of 'balance')"으로 작성된 청구항 해석과 관련하여, "청구항은 개방형 전이부(open transition term)인 'comprising'을 작성했음에도 불구하고, 해당 청구항은 용어 'balance'에 기초하여 판단해 볼 때 기술되지 않은 다른 성분들의 존재를 제한하는 폐쇄형(closed claim)으로 이해되어야 한다고 판시하였다.[151]

b. 연방 지방법원은 수용액(aqueous solution)과 관련된 청구항에서, "용어 "balance"는 폐쇄형(closed term)으로 이해되어야 하나, 청구항에 쓰여지지 않은 불순물(impurities)의 존재가 허용"되도록 해석할 수 있다고 판시하였다.[152]

2) Based

i. 연방 지방법원

a. 연방 지방법원은 지리 정보 데이터 베이스를 형성하기 위해 시각 및 공간 정보를 처리하는 방법 발명과 관련하여 작성된, "determining location

---

151) *See Sears Ecological Applications Co., LLC v. MLI Associates, LLC*, 652 F. Supp. 2d 244 (N.D. N.Y. 2009) ("for a claim directed to a deicing composition 'comprising an aqueous solution ⋯ in which the constituents are present in the following concentration' and recited three identified constituents in a weight percent ranges, with the last constituent, water, being identified as having a weight percent of 'balance,' construing the claim to be a closed claim despite the presence of the open transition term 'comprising,' and therefore rejecting challenger's argument that the claim permitted the presence of other unrecited constituents, as the term 'balance' precluded such a construction.").

152) *See Sears Petroleum & Transport Corp. v. Archer Daniels Midland Co.*, 2007 Markman 2156251, 2007 WL 2156251, *15 (N.D. N.Y. 2007) ("where claim recited an aqueous solution, with constituents falling in ranges of percentages by weight specified for carbohydrate and chloride salt content, and with water identified as constituting the 'balance' of the solution, construing claim term 'balance' as being a closed term but permitting presence of impurities including subject matter excluded from the claim.").

'based upon' the location of an object in multiple images"의 청구항 해석과 관련하여, 특허권자의 청구항 해석 주장인 "단순히 복수의 이미지를 갖는 일 객체의 위치를 기반으로 위치를 판단함"은 타당하지 않고, "복수의 이미지들이 실제로 위치를 판단하기 위해 이용됨"으로 해석되기 때문에 비침해라고 판시하였다.153)

❖ 검 토

- 용어 "based"는 보다 넓은 청구항의 권리 범위 확보를 위해 특허 실무시 자주 사용되는 용어들 중 하나다. 특허 실무자는 연방 지방법원의 청구항 해석에 기초하여, 용어 "based"의 목적어(예 : 판례 – 일 객체의 위치 (location of an object))를 꾸며주는 또 다른 용어의 작성(예 : 판례 – 복수의 이미지(multiple images))의 작성이 필요할 때, 특허 실무자의 의도와 다르게 해석될 수 있음에 주의하여 청구항을 작성하는 것이 필요하다고 판단된다.

3) Below

i. 연방 지방법원

a. 연방 지방법원은 구문 "vertically below"은, 침해자의 청구항 해석인 "전체적으로 아래에 위치함(positioned entirely beneath)"은 타당하지 않고, "세로로 아래에 위치함(positioned longitudinally beneath)"을 의미한다고 판시하였다.154)

---

153) *See Geospan Corp. v. Pictometry Intern. Corp.*, 2011 WL 1261583, *3–*6 (D. Minn. 2011) ("granting summary judgment of noninfringement for claims directed to a method for collecting and processing visual and spatial position information for the purpose of forming a geographic information database, which required determining a location 'based upon' the location of an object in multiple images, the court rejecting the patentee's contention that the claim merely required showing the object in multiple images, instead that claim required that the multiple images actually be used to determine location, something the accused product did not do.").

154) *See Sliding Door Company v. KLS Doors, LLC*, 2014 Markman 12591675, 2014 WL 12591675, *13 (C.D. Cal. 2014) ("construing 'vertically below' to mean 'positioned longitudinally beneath' and rejecting defendant's proposed construction of positioned entirely beneath.").

4) Between

i. 연방 항소법원(CAFC)

a. 연방 항소법원은 청구항 "a first, flexible, fabric front panel having a top edge and joined between the front side edges of the first and second end panels" 및 "a second, flexible fabric back panel having a top edge and joined between the backside edges of the first and second end panels" 중 용어 "between"에 대하여, 특허권자의 청구항 주장인 "가장자리들(edges) 사이뿐만 아니라 넘어서서 연장(extending)되는 물질(material)"은 타당하지 않고, "오직 가장자리들(edges) 사이에서만 연장되는 물질"로 해석함이 타당하다고 판시하였다.[155]

b. 연방 항소법원은 청구항 "a method for trading securities between individuals"에 쓰인 구문 "between individuals"의 의미와 관련하여, "한명의 중개인(broker)이 두 개인들 사이의 전자 거래에 참여하는 것을 배제하지 않는다"고 판시하였다.[156]

c. 연방 항소법원은 청구항이 "두개의 플러그 사이에(between) 위치된 개수

---

155) *See Outside the Box Innovations, LLC v. Travel Caddy, Inc.*, 695 F.3d 1285, 1303-04 (Fed. Cir. 2012) ("affirming summary judgment of noninfringement, and adhering to its prior claim construction, from an appeal of a preliminary injunction, of the term 'between' in a claim limitations reciting 'a first, flexible, fabric front panel having a top edge and joined between the front side edges of the first and second end panels' and 'a second, flexible fabric back panel having a top edge and joined between the backside edges of the first and second end panels' as permitting material extending only between the edges since the specification only described that embodiment and rejecting patentee's argument that in view of the open transitional term 'comprising' the claim should cover an accused product having material that extended not only between the edges but also beyond the edges.").

156) *See Minton v. National Ass'n. of Securities Dealers, Inc.*, 336 F.3d 1373, 1380-81 (Fed. Cir. 2003) ("term 'between individuals' in claim preamble reciting '[a] method for trading securities between individuals' did not preclude having a broker participate in the electronic trade between the two individuals, where the plain meaning of 'between' did not exclude the presence of a broker, and the written description described one embodiment having a broker participating in the trade, therefore, a computer program inventor leased before the critical date anticipated the claimed invention even though that system permitted a broker to step in at the last part of the trade to alter the trading price.").

포트(workover port)"이고 침해 제품은 "플러그 위에(above) 위치된 개수 포트(workover port)"인 침해 소송에서, 용어 "between"과 용어 "above"를 균등론(doctrine of equivalent)에 기반하여 동등한 의미를 갖는다고 해석할 수는 없다"고 판시하였다.[157)]

5) Body

i. 연방 항소법원(CAFC)

a. 연방 항소법원은 의료용 뼈 리머(medical bone reamer)와 관련된 청구항에서, 용어 "body"와 관련하여, 종속 청구항에 용어 "body"의 일부가 원통(barrel) 부품인 경우에만 그 기능이 수행될 수 있기 때문에, 용어 "body"는 원통(barrel) 구성요소를 포함하는 것으로 이해"되어야 한다고 판시하였다.[158)]

b. 연방 항소법원은 용어 "casket body"에 대하여, 특허 무효 심판 신청인이 주장하는 "용어 'casket body'는 오직 의도된 이용만을 기술하고 있기 때문에 특허 유효성에 영향이 없음"은 타당하지 않고, 용어 "casket body"는 청구항의 본문(body)에 기술된 구조적인 의미를 갖는다고 판시하였다.[159)]

---

157) *See Cooper Cameron Corp. v. Kvaerner Oilfield Products, Inc.*, 291 F.3d 1317, 1321-22 (Fed. Cir. 2002) ("affirming summary judgment of no infringement under doctrine of equivalents where claim required a workover port to be located 'between' two plugs and accused product had its workover port located 'above' the plug because a finding that 'above' location was equivalent to 'between' would vitiate the 'between' limitation and violate the all-limitations rule.").

158) *See Spineology, Inc. v. Wright Medical Technology, Inc.*, Fed. Appx., 2018 WL 3323183, *3-*4 (Fed. Cir. 2018) (nonprecedential) ("for claims directed to a medical bone reamer, district court properly construed the term 'body,' a term not used in the specification, to require inclusion of a 'barrel' component since several dependent claims recited functionality that could only be achieved if the 'barrel' was part of the body, the court also finding that the patentee's proposed construction had to be rejected because it would lead to the term having different meanings in different claims and to have a consistent construction of 'body' across all the claims where the term was recited, the term had to be narrowly construed to include the 'barrel' component, also rejecting the patentee's contention that it was improper to rely on unasserted claims of the patent in construing the term 'body'.").

159) *See Matthews International Corporation v. Vandor Corporation*, Fed. Appx., 2018 WL 1474973,

c. 연방 항소법원은 주사기 어셈블리(assembly)와 관련된 청구항에서, 용어 "body"의 해석은 "일체형 구조(one-piece construction)가 요구된다"고 판시하였다.[160)]

6) Both

i. 연방 항소법원(CAFC)

a. 연방 항소법원은 누전 차단기 배선 장치(ground fault interrupter wiring device) 관련 청구항인 "where both of said pair of contacts are in spaced, circuit-breaking relation to said pair of terminals"은, 용어 "both"는 "용어 "both"의 일반적인 의미(plain meaning)와 출원인이 "at least one of"를 쓸 수 있었음에도 용어 "both"를 쓴 점에 기초하여 판단해 볼 때, 두 개 모두의 컨택이 "spaced" 구성(configuration)으로 이동되어야만 한다."고 판시하였다.[161)]

---

*1 (Fed. Cir. 2018) (nonprecedential) ("affirming PTO's finding that petitioner in an IPR failed to show that the claims were unpatentable where the petitioner only contended that the prior art anticipated the challenged claims, argued that a term 'casket body' had no patentable weight because it only stated an intended use, but the Federal Circuit agreed with the Board that the 'casket body' had structural meaning as recited in the body of the claim, and therefore the petitioner failed to show anticipation because it failed to show the prior art reference disclosed that reference.").

160) *See Retractable Technologies, Inc. v. Becton, Dickinson and Co.*, 653 F.3d 1296, 1305 (Fed. Cir. 2011) ("for claims directed to a syringe assembly, ruling, over the dissent of Judge Rader, that term 'body' required a one-piece construction in light of statements in the specification distinguishing over the prior art that lacked a one-piece body, and rejecting contention that claim differentiation required not limiting "body" to a one-piece construction.").

161) *See Pass & Seymour, Inc. v. International Trade Com'n*, 617 F.3d 1319, 1323–24 (Fed. Cir. 2010) ("for claims directed to a ground fault interrupter wiring device and reciting the limitation 'where both of said pair of contacts are in spaced, circuit-breaking relation to said pair of terminals,' affirming Commission's construction that each of the two contacts had to be moved to the 'spaced' configuration and that moving only one of the contacts did not meet the claim even if it resulted in a circuit-breaking relation, the court noting the inventor could have claimed that 'at least one of' the contacts was moved but had not, and therefore since it used the word 'both' in the claims, the plain meaning of the claim required that each of the contacts be moved.").

ii. 연방 지방법원

a. 연방 지방법원은 청구항에 쓰인 "both an antibody and methotrexate"의 투약(administration)과 관련하여, 침해자의 청구항 해석인 "항체(antibody) 및 메토트렉세이트(methotrexate)의 동시(simultaneously) 도입이 요구됨"은 타당하지 않고, "항체(antibody) 및 메토트렉세이트(methotrexate)의 조합(in combination)"을 의미한다"고 판시하였다.162)

7) Broadcast

i. 연방 항소법원(CAFC)

a. 연방 항소법원은 용어 "broadcast"는, 명세서에 기반하여 판단해 볼 때, "멀티캐스트 주소(multicast address)를 이용하는 하나 또는 그 이상의 장치들에 전송함"을 의미"한다고 판시하였다.163)

C.

1) Can

i. 연방 항소법원(CAFC)

a. 연방 항소법원은 청구항 "means securing said templates in a fixed

---

162) *See Abbott Biotechnology Ltd. v. Centocor Ortho Biotech, Inc.*, No. 09-40089-FDS, 2011 WL 3566964, *12-*13 (D. Mass. Aug. 12, 2011) ("construing limitation directed to an administration of 'both an antibody and methotrexate' to mean 'an antibody and methotrexate in combination' and rejecting accused infringer's proposed construction that the antibody and the methotrexate had to be introduced to the patient simultaneously as that narrow construction was inconsistent with the specification and there was no disclaimer so limiting the scope in the intrinsic evidence.").

163) *See Arista Networks, Inc. v. Cisco Systems, Inc.*, 908 F.3d 792, 797-98 (Fed. Cir. 2018) ("in an IPR proceeding, ruling that the PTO erred in its construction of the term 'broadcast' where the PTO's construction 'excludes the only disclosed embodiment of broadcasting' in the specification, also rejecting both parties' proposed constructions for not being consistent with the specification, and instead construing the term to mean 'a transmission to one or more devices using a multicast address' and 'transmitting to one or more devices using a multicast address' in view of the specification's consistent focus on broadcasting via a multicast address.").

orientation to said tablet whereby said pointing device can select a working function with a single movement of the said button"에 대하여, 연방 지방법원의 청구항 해석인 "위치 지정 장치(pointing device)의 일 움직임은 하나의 기능(a working function)을 선택할 수(can) 있는 것이지 선택의 필요성(need)이 요구되는 것은 아니다"라고 해석한 사례에서, 이전 재심사 절차(reexamination proceeding)에서 특허권자가 인용발명을 극복하기 위해 '위치 지정 장치(pointing device)는 하나의 기능을 선택하지 않고, 모든 지시들(indicia)이 기능들을 나타내는 템플릿과 연관(associated with)된다고 주장"한 점을 들어 타당하지 않은 해석이라고 판시하였다.[164)]

ii. 연방 지방법원

a. 연방 지방법원은 청구항 "such that one or more client computers can download"의 해석과 관련하여, 용어 "can"은 가능성(capability)만을 나타내는 것이지 실제적인 동작은 요구되지 않으므로, 시스템의 다운로드(download) 가능성을 의미한다고 판시하였다.[165)]

2) Capable of

i. 연방 항소법원(CAFC)

a. 연방 항소법원은 청구항 "a primary eyeglass frame was 'capable of

---

164) *See Bowers v. Baystate Technologies, Inc.*, 320 F.3d 1317, 1332, (Fed. Cir. 2003) ("rejecting district court's construction of claim limitation 'means securing said templates in a fixed orientation to said tablet whereby said pointing device can select a working function with a single movement of the said button' as only requiring that the single movement of the pointing device 'can, but need not, select a working function' because in the reexamination proceeding the patentee distinguished over prior art on the basis that it did not select a working function and in the claimed invention all indicia associated with the template represented working functions.").

165) *See Emblaze Ltd. v. Apple Inc.*, 2014 Markman 5079687, 2014 WL 5079687, *13 (N.D. Cal. 2014) ("construing a phrase 'such that one or more client computers can download' as only describing a 'download' capability of the system and not that a 'download' operation had to be actually done, the court noting that use of the word 'can' in the claim language showed that the claim was only describing capability, not actual performance.").

engaging' the auxiliary frame from the top with the primary frame's magnetic members"의 해석과 관련하여, 침해자의 주장인 "침해자의 주 프레임(primary frame)과 같이 파는 보조 프레임(auxiliary frames)은 침해자의 주 프레임(primary frame)의 상측에 고정(top mounted)될 수 없기 때문에 비침해"라고 주장한 사안에서, 구문 "capability to engage"의 의미에 기반하여 판단해 볼 때 "3개의 특별하게 만들어진 보조 프레임(auxiliary frame)들이 침해자의 주 프레임(primary frame)의 상측에 고정될 가능성이 증명되었기 때문에 특허권 침해"라고 판시하였다.166)

3) Central

i. 연방 항소법원(CAFC)

a. 연방 항소법원은 용어 "central processing unit"은 "청구항의 일부분에 쓰인 특정 프로세서들로 제한되는 것이 아니라, 일반적인 구성단위(generic unit)를 의미한다."고 판시하였다.167)

---

166) *See Revolution Eyewear, Inc. v. Aspex Eyewear, Inc.*, 563 F.3d 1358, 1369-70 (Fed. Cir. 2009) ("where an invention was directed to a primary eyeglass frame having projections with magnets such that an auxiliary frame, e.g., a sunglass frame, could be attached thereto via the magnetic, and the asserted claim was directed solely to the primary frame and recited that the frame was 'capable of engaging' the auxiliary frame from the top with the primary frame's magnetic members, affirming a summary judgment of literal infringement because patentee showed that 'three specially made auxiliary frames' could be topmounted onto the accused infringer's primary frame, and therefore the accused primary frame met the 'capability' limitation, and rejecting the accused infringer's argument that since the auxiliary frames it sold with its primary frame, and many other commercially available auxiliary frames, could not be topmounted to its primary frame, its frame did not infringe, the court finding that since the claim only required 'capability to engage,' the patentee met its proof burden by showing that the accused frames had the capability to topmount to the three specially designed auxiliary frames.").

167) *See Apple, Inc. v. Ameranth, Inc.*, 842 F.3d 1229, 1237-38 (Fed. Cir. 2016) ("affirming the construction of 'central processing unit' to be a generic unit and not require it be limited to certain processors recited elsewhere in the claim.").

ii. 연방 지방법원

a. 연방 지방법원은 사이클론 진공청소기(cyclonic vacuum cleaner) 관련 청구항에 쓰인 "in an upper central portion of the dirt separation housing"에서 용어 "central"은 "가장자리(edge) 보다 중앙(center)에 가까운(closer)"으로 해석하였다.[168]

4) Characterized

i. 연방 항소법원(CAFC)

a. 연방 항소법원은 청구항에 화학 구성성분(chemical constituents)의 결합(combination)은 "characterizable by an efficiency equation"이고 청구항 본문(body)에 해당 방정식(equation)을 구체적으로 설명한 소송에서, 연방 지방법원의 해석인 "화학 구성은 청구항에 쓰인 해당 공식(formula)의 실제적인 이용에 의해 만들어진 것으로 제한한다"는 적절하지 않고, "해당 방정식(equation)은 오직 구성성분의 양을 묘사할 뿐 화학 조성(chemical composition)을 생성하기 위해 필수적이지 않다"고 판시하였다.[169]

ii. 연방 지방법원

a. 연방 지방법원은 화학 결정질(crystalline form)과 관련된 청구항 중 "characterized

---

168) *See Bissell Homecare, Inc. v. Dyson, Inc.*, 2010 Markman 2384620, 2010 WL 2384620, *7 (W.D. Mich. 2010) ("for claims directed to a cyclonic vacuum cleaner, construing term 'central' in a limitation reciting 'in an upper central portion of the dirt separation housing' to mean closer to the center than to the edge.").

169) *See Union Carbide Chemicals & Plastics Technology Corp. v. Shell Oil Co.*, 308 F.3d 1167, 1177 (Fed. Cir. 2002) ("vacating and remanding jury verdict of noninfringement because district court erred in narrowly construing a composition claim that recited a combination of chemical constituents that were 'characterizable by an efficiency equation,' and then set forth that equation in the body of the claim, as a product-by-process claim that restricted the claimed composition to only those compositions made by actual use of the formula, instead the claim should have been construed that the equation only described the amount of the constituents, but the actual use of the equation to make the composition was not necessary.").

by an XRPD pattern as shown in any of FIGS …"은, 침해자의 주장인 "도면(FIGS)에 확인된 모든 피크값(peak) 및 대응하는 상대적 크기값(intensities)을 갖는 동일한 XRPD 패턴이 요구됨"은 적절하지 않고, 과학적으로 같은 결정질이라 할지라도 동일한 XRPD 패턴을 얻는 것은 불가능하므로, "X-Ray Powder Diffraction(XRPD)에 대한 참조로서 도면(FIGS)에서 확인될 수 있음"으로 해석하는 것이 타당하다고 판시하였다.[170)]

5) Circuit

i. 연방 항소법원(CAFC)

a. 연방 항소법원은 검색 장치(scanning device)와 관련된 청구항 중 "aesthetic correction circuitry for interactively introducing aesthetically desired alterations into said appearance signals to produce modified appearance signals"은, 용어 "회로(circuitry)"가 충분한 구조를 제공하기 때문에 기능식 청구항(means-plus function)이 아니고, 기능을 수행하는 소프트웨어가 아닌 명백하게 하드웨어로 그 의미가 제한"된다고 판시하였다.[171)]

b. 연방 항소법원은 청구항 "a first circuit for monitoring a signal …, a

---

170) *See Lundbeck v. Apotex Inc.*, 2019 WL 3206016, *3-*4 (D. Del. 2019) ("for claims directed to a crystalline form of a chemical and reciting 'characterized by an XRPD [pattern] as shown in [any of] FIG[S] …' construing the limitation to mean 'identifiable by reference to an x-ray powder diffraction pattern as shown in [any of] FIG[S] …' as proposed by the patentee, which construction permitted experimental error, and rejecting the accused infringer's proposed construction of having an XRPD pattern with all the peaks and corresponding relative intensities shown in the recited Figure[s]' since that construction required an exact match to the pattern but it is scientifically impossible to consistently obtain identical XRPD patterns even for the same crystalline form.").

171) *See Massachusetts Institute of Technology and Electronics For Imaging, Inc. v. Abacus Software*, 462 F.3d 1344 (Fed. Cir. 2006) ("in a claim directed to a scanning device, ruling, over the dissent of Judge Michel, that claim limitation reciting 'aesthetic correction circuitry for interactively introducing aesthetically desired alterations into said appearance signals to produce modified appearance signals' was not a means-plus-function limitation since the word 'circuitry' provided sufficient structure and further ruling that the scope of the limitation was 'clearly limited to hardware' and did not cover software implemented functions because the specification repeatedly described the circuit as being a hardware circuit.").

second circuit for generating a first control signal …, and a third circuit for generating a second control signal …"에 대하여, 용어 "circuit"은 충분히 구체적인 구조를 의미할 수 있기 때문에, 기능식 청구항이 아니라고 하였다.[172)]

c. 연방 항소법원은 청구항에 쓰인 "first interface circuit," "on-screen programming circuit," "programmed logic circuit," "second interface circuit," "first signal conditioning unit," "second signal conditioning unit," "computer-side interface," "user-side interface," "analog video overlay image generating circuit," and "analog video overlay circuit,"에 대하여, "용어 인터페이스(interface), 프로그래밍(programming), 논리(logic)와 같은 적절한 식별자들과 함께 쓰인 회로(circuit)는 당해 분야에서 구조적인 의미를 확인할 수 있으므로 기능식 청구항이 아니"라고 판시 하였다.[173)]

---

172) *See Linear Technology Corp. v. Impala Linear Corp.*, 379 F.3d 1311, 1320 (Fed. Cir. 2004) ("ruling that district court erred in construing claim limitations reciting a first circuit for monitoring a signal …, a second circuit for generating a first control signal …, and a third circuit for generating a second control signal … as means-plus-function limitations because the claim limitations did not use the term 'means,' and the recitation of the term 'circuit' and the functional operation recited as being performed by the specific circuit connoted sufficient structure.").

173) *See Apex Inc. v. Raritan Computer, Inc.*, 325 F.3d 1364, 1373–75 (Fed. Cir. 2003) ("vacating final judgment of no infringement and remanding because district erred in treating claim limitations as means-plus-function limitations where limitations at issue, including 'first interface circuit,' 'on-screen programming circuit,' 'programmed logic circuit,' 'second interface circuit,' 'first signal conditioning unit,' 'second signal conditioning unit,' 'computer-side interface,' 'user-side interface,' 'analog video overlay image generating circuit,' and 'analog video overlay circuit,' did not use the term 'means' and the party seeking to treat the limitations as means-plus-function limitations, the accused infringer in this case, failed to present sufficient evidence to show that by a preponderance of the evidence the claim limitations as a whole did not recite sufficient structure to overcome the presumption that § 112, ¶ 6 did not apply and the district court erred in relying on single words in the limitation rather than looking at the limitation as a whole and all of its adjective qualifiers stating at 1373, [T]he term 'circuit' with an appropriate identifier such as 'interface,' 'programming' and 'logic,' certainly identifies some structural meaning to one of ordinary skill in the art.").

ii. 연방 지방법원

a. 연방 지방법원은 용어 "circuit"은 충분한 함축적 구조를 가지고 있으므로 기능식 청구항이 아니라고 판시하였다.[174)]

6) Clear

i. 연방 항소법원(CAFC)

a. 연방 항소법원은 용어 "clear"는 "~너머에 있는 몸(bodies lying beyond)이 명백하게 보여지도록 투명(transparent)하거나 뚜렷한 산란(scattering) 없이 빛을 전송하는 특징을 갖는 것"을 의미한다고 판시하였다.[175)]

7) Code

i. 연방 항소법원(CAFC)

a. 연방 항소법원은 용어 "user interface code"는, 용어 "means"가 쓰이지 않았다는 점에서 기능식 청구항(means-plus function)이 아니라는 추정(presumption)을 발생시키고, 침해자는 이러한 추정을 번복(rebut)할 수 있는 증거가 요구되는 바, 본 침해 소송에서 침해자는 충분한 증거를 제시하지 못했으므로 본 용어 "user interface code"는 기능식 청구항이 아니라고 판시하였다.[176)]

---

174) *See Realtime Data, LLC v. Rackspace US, Inc.*, 2017 WL 2590195, *14-*15 (E.D. Tex. 2017) ("'circuit' had sufficient connotation of structure to not be a means-plus-function limitation.").

175) *See Terlep v. Brinkmann Corp.*, 418 F.3d 1379, 1382–84 (Fed. Cir. 2005) ("in view of prosecution history and specification, construing term 'clear' to mean transparent or having the property of transmitting light without appreciable scattering so that bodies lying beyond are seen clearly.").

176) *See In Zeroclick, LLC v. Apple, Inc.*, 891 F.3d 1003 (Fed. Cir. 2018) ("a panel of the Court reversed a district court holding that 'program' and 'user interface code' were nonce terms under Williamson … As an initial matter, none of the disputed terms uses the word 'means.' This triggers the presumption that § 112, ¶ 6 does not apply. It is thus up to TM to demonstrate that the words of the claim are not understood by persons of ordinary skill in the art to have a sufficiently definite meaning as the name for structure. … In the context of code or program or software, the structure at issue is the programmatic structure or the algorithm. The Court now considers whether TM has demonstrated that the words of the claim are not understood by persons of ordinary skill in the art to have a sufficiently definite meaning as the name for structure. …

ii. 연방 지방법원

a. 연방 지방법원은 용어 "code"는 임시로 만든(nonce) 용어가 아니므로 기능식 청구항(means-plus-function)으로 취급되어서는 안된다"고 판시하였다.[177]

b. 연방 지방법원은 청구항 "code for detecting the user input corresponding to the first navigation control" and "code for sending, in response to detecting the user input, navigation information to navigate to the second visual component" 중 용어 "code for"는 용어 "code"에 관한 구체적인 구조를 함축하고 있지 않은 점, 오직 코드(code)가 형성하는 특정 기능에 의해 정의되는 점, 및 명세서(specification)에 "means for"와 "code for"를 동일시(equate) 하고 있으므로, 기능식 청구항(means-plus function)이라고 판시하였다.[178]

The point is that the language of the claim does not negate the presumption that it would connote structure to one skilled in the art. The Court has undertaken the same review of each of the challenged claims and comes to the same conclusion : unlike in Diebold, the intrinsic record here is not sufficient for TM to rebut the presumption that § 112, ¶ 6 does not apply. The Court, therefore, holds that § 112, ¶ 6 does not apply to the disputed terms.").

177) *See SecurityProfiling, LLC v. Trend Micro America, Inc.*, 2018 Markman 4585279, 2018 WL 4585279, *2-*3 (N.D. Tex. 2018) ("term 'code' was not a 'nonce' term and therefore would not be treated as a means-plus-function limitation.").

178) *See Cypress Lake Software, Inc. v. ZTE (USA) Inc.*, 2018 WL 4035968, *9 (E.D. Tex. 2018) ("term 'code for' in limitations reciting 'code for detecting the user input corresponding to the first navigation control' and 'code for sending, in response to detecting the user input, navigation information to navigate to the second visual component' were, under the circumstances, means-plus-function limitation even though the term 'means for' was not recited since the term, in the manner it was used, did not connote sufficient structure as to what was the 'code,' it was 'defined only by the function that it performs,' and 'the specification equates 'code for' and 'means for' by using the same functional language as in the claims except that the specification recites 'means for' performing those functions, whereas the claims recite 'code for' doing so,' the court further giving no weight to a statement in the specification expressly stating that 'code for' was not intended to be a means-plus-function limitation, the court holding that the inventor's 'intent' in claim scope did not control, nor displace the court's legal determination on the question of law as to whether the term was or was not a means-plus-function limitation, the court noting that 'a patentee cannot 'opt-out' of the controlling precedent by stating that his 'intent' is for it not to apply,' further finding that one of the limitations was indefinite for failing to disclose an algorithm in the specification as corresponding structure, while the other limitation was not indefinite.").

c. 연방 지방법원은 청구항 "computer code for receiving …," "computer code for using …," "computer code for correlating …" 중 "computer code"는 기능식 청구항(means-plus function)이 아니라고 판시하였다.[179]

d. 연방 지방법원은 청구항 두 개의 어플리케이션을 형성하기 위한 "a first computer application operative" 중 "computer application"은, 청구항에 컴퓨터 어플리케이션(computer application)의 충분한 구조가 기재되어 있지 않기 때문에 기능식 청구항(means-plus function)으로 판단될 수 있고, 명세서(specification)에 컴퓨터 어플리케이션에 대한 알고리즘을 기재하지 않았기 때문에 불명확(indefinite)하다고 판시하였다.[180]

8) Collection

i. 연방 항소법원(CAFC)

a. 연방 항소법원은 장치 내의 소프트웨어와 관련된 청구항 "collection of data and operations"의 해석과 관련하여, 침해자의 주장인 "모든 동작이 소프트웨어와 코드와 함께 그룹화되어야 함"은 타당하지 않고, 전체 장치가 다양한 동작들과 데이터가 함께 수행하는 것이 허용되는 것을 의미한다고 판시하였다.[181]

---

179) *See Amdocs (Israel) Limited v. Openet Telecom, Inc.*, 2018 Markman 1699429, 2018 WL 1699429, *16-*18 (E.D. Va. 2018) ("term in limitations reciting 'computer code for receiving …,' 'computer code for using …,' 'computer code for correlating …' the term 'computer code' was not a means-plus-function limitation.").

180) *See Verint Systems Inc. v. Red Box Recorders Ltd.*, 2016 Markman 54688, 2016 WL 54688, *10 (S.D. N.Y. 2016) ("term 'computer application' in limitation reciting 'a first computer application operative' to perform two applications was a means-plus-function limitation since insufficient structure of the computer application had been recited in the body of the claim and ruling that the limitation was indefinite since the specification failed to disclose an algorithm for the computer application.").

181) *See TiVo, Inc. v. EchoStar Communications Corp.*, 516 F.3d 1290, 1308 (Fed. Cir. 2008) ("for claims directed to software in an apparatus device requiring a 'collection' of data and operations, rejecting accused infringer's contention that the all the operations had to be grouped together with the software code, instead the overall device only had to allow the various operations and data

b. 연방 항소법원은 머니 오더와 관련된 청구항 "a form set … comprising … at least one negotiable instrument sheet"의 해석과 관련하여, 단일의 페이퍼 머니 오더를 포함할 수 있다고 판시하였다.[182)]

9) Combining

i. 연방 항소법원(CAFC)

a. 연방 항소법원은 소나 디스플레이 시스템(sonar display system) 관련 청구항에 쓰인 용어 "combining"은 "두 개의 데이터 소스가 하나의 디스플레이로 합치는 것(merge)을 의미하는 것이지, 동일한 스크린에 두 개의 데이터 소스가 나란히 표시(side-by-side)되는 것이 요구되는 것은 아니라고 판시" 하였다.[183)]

10) Communication

i. 연방 지방법원

a. 연방 지방법원은 구문 "in communication with"는 "통신의(communication)의 가능성(capability)의 의미 보다 구체적인 의미인 "두 장치들 사이의 통신(two devices 'be in communication with each other')"을 의미한다고 판시하였다.[184)]

---

to come together.").

182) *See Paymaster Technologies, Inc. v. U.S.*, 180 Fed. Appx. 942 (Fed. Cir. 2006) (unpublished) ("in a patent claim directed to money orders, affirming construction of a claim reciting "a form set … comprising … at least one negotiable instrument sheet" as being broad enough to cover a single ply money order where the negotiable instrument sheet was only part of a single ply, and other forms were on the remaining portion of the sheet and rejecting government's argument that the claim had to exclude single ply money orders, i.e., it required multiple sheets since claim only required a set of forms, but that could include a set of forms on a single sheet of paper.").

183) *See Navico Inc., v. International Trade Commission*, Fed. Appx., 2017 WL 2558168, *6-*7 (Fed. Cir. 2017) (nonprecedential) ("Commission properly construed the term 'combining' in claims directed to a sonar display system and referring to image date, to require that the two sources of data be merged into a display and did not reach the two sources of data being displayed side-by-side on the same screen.").

184) *See Biscotti Inc. v. Microsoft Corp.*, 2016 Markman 6611487, 2016 WL 6611487, *4-*5 (E.D. Tex.

11) Complete

ⅰ. 연방 항소법원(CAFC)

a. 연방 항소법원은 카누(canoe) 몰딩 방법 중 "opening the mold assembly after coalescence of the third charge is completed …"의 청구항 해석과 관련하여, 특허권자의 주장인 "용어 'completed'는 한 공정이 끝나는 모든 때(at any time that a process was brought to an end)"는 타당하지 않고, 명세서에 기반하여 판단해 볼 때, "쓸모없는 부품이 생산되지 않도록, 몰드 조립(mold assembly) 전에 특정한 최적의 배열(certain optimum configuration)이 완성(achieved)되는 것"을 의미한다고 판시하였다.[185]

12) Composition

ⅰ. 연방 항소법원(CAFC)

a. 연방 항소법원은 용어 "pharmaceutical composition"은 "사람에게 무독성인 조성(composition)뿐만 아니라 유독성(toxic)인 조성도 포함한다고 판시"하였다.[186]

2016) ("term 'in communication with' required more than the capability of communication, it required that the two devices be in communication with each other.").

185) *See Old Town Canoe Co. v. Confluence Holdings Corp.*, 448 F.3d 1309, 1318 (Fed. Cir. 2006) ("in a process claim directed to a method of molding a canoe, rejecting patentee's attempt to use a dictionary definition of 'completed' as meaning at any time that a process was 'brought to an end' to argue that a claim reciting 'opening the mold assembly after coalescence of the third charge is completed …' and instead construing the term to mean that a certain optimum configuration had to be achieved before the mold assembly was opened since the written description described the process as being 'complete' when this optimum configuration had been achieved, and if the process was prematurely halted, as proposed by the patentee's construction, an unusable part would be produced.").

186) *See Mayne Pharma International Pty. Ltd. v. Merck Sharp & Dohme Corp.*, 927 F.3d 1232, 1241 (Fed. Cir. 2019) ("in an IPR, PTO did not err, under the BRI standard, to construe the term 'pharmaceutical composition' as being broad enough to include composition that were toxic and not limiting the scope to compositions that were non-toxic to humans, the Federal Circuit noting that extrinsic evidence showed that one of the examples in the specification of 'pharmaceutical composition' was toxic, the court noting that as a general matter 'few pharmaceuticals are free of

b. 연방 항소법원은 구문 "pharmaceutical composition for injection"은, 침해자가 주장하는 해석인 "의학적 효과와 무관한 모든 조성(composition)" 및 특허권자가 주장하는 해석인 "인간의 사용에 적절한 조성(composition)" 모두 타당하지 않고, "주입(injection)에 의한 의학적 조건들을 처리하는데 적절한 조성(composition)"이라고 판시하였다.[187]

13) Compound

i. 연방 지방법원

a. 연방 지방법원은 용어 "compound"는 "한 물질(substance)의 분자가 서로 다른 성분들(elements)의 원자들로 구성"되고 "해당 성분들은 물리적인 수단으로 분리될 수 없음"을 의미한다고 판시하였다.[188]

14) Computer

i. 연방 항소법원(CAFC)

a. 연방 항소법원은 명세서(specification)에 용어 "personal computer"은 인터넷에 대한 접속 및 이메일 교환 가능성이 작성되었다고 하여 용어 "personal computer"의 의미가 해당 기능만으로 제한된 컴퓨터로 한정되지 않으며, 보디 넓은 의미인 "한 개인의 사용을 위해 마이크로프로세서

---

toxic effects in some circumstances and dosages,' and therefore [b]ecause the specification is silent as to whether the claimed pharmaceutical composition is limited to being nontoxic, there is no basis to import such a limitation into the claim.").

187) *See Mitsubishi Chem. Corp. v. Barr Labs., Inc.*, No. 2010-1432, 2011 WL 3288394, *6 (Fed. Cir. Aug. 2, 2011) (nonprecedential) ("construing a 'pharmaceutical composition for injection' as meaning 'a composition that is suitable for treating medical conditions by injection' and rejecting patentee's proposed construction that would limit the claim to compositions suitable for use in humans, and rejecting the accused infringer's proposed construction that sought to have the claim just apply to any composition regardless of a lack of medicinal effect.").

188) *See BASF Agro B.V. v. Cheminova, Inc.*, No. 1:10CV274, 2011 WL 3473352, *6–*9 (M.D.N.C. Aug. 9, 2011) ("construing 'compound' to mean "a substance whose molecules consist of atoms of different elements. The elements cannot be separated by physical means.").

(microprocessor)를 중심으로 만들어진 컴퓨터"를 의미한다고 판시하였다.[189)]

b. 연방 항소법원은 청구항 "A machine having a memory which contains data representing a bubble hierarchy generated by the method of any of Claims 1 through 5"은 불명확하지 않고, "청구항들에 쓰여진 방법에 의해 확인된 버블 계층(bubble hierarchy)을 나타내는 데이터를 포함하는 메모리를 가지고 있는, 일반적 컴퓨터를 포함하는 모든 장치(any machine 'presumably including a known computer')"라고 판시하였다.[190)]

c. 연방 항소법원은 디지털 카메라와 관련된 청구항 "different data formats for different types of computer apparatus" 중 용어 "computer apparatus"의 연방 지방법원의 해석인 "동일한 종류의 컴퓨터, 예를 들면 하나의 IBM PC"은 적절하지 않고, "서로 다른 컴퓨터 시스템들, 예를 들면, IBM PC, Apple 컴퓨터, 및 다른 컴퓨터들"로 이해되어야 한다고 판시하였다.[191)]

---

189) *See In re Scroggie*, No. 2011-1016, 2011 WL 4342705, *3 (Fed. Cir. Sept. 16, 2011) (nonprecedential) ("PTO did not err in giving term 'personal computer' the broadest reasonable construction of 'a computer built around a microprocessor for use by an individual,' and properly found that the applicant did not act as his own lexicographer to define the term 'personal computer' to require the capability to access the Internet and exchange e-mail, while embodiments of a computer were described in the specification with that capability the intrinsic evidence did not show that the inventor had limited the term 'personal computer' to those embodiments.").

190) *See In re Warmerdam*, 33 F.3d 1354, 1361 (Fed. Cir. 1994) ("noting that claim limitation 'A machine having a memory which contains data representing a bubble hierarchy generated by the method of any of Claims 1 through 5' was not indefinite and covered any machine 'presumably including a known computer' that had a memory containing data representing a bubble hierarchy determined by any of the claimed methods.").

191) *See St. Clair Intellectual Property Consultants, Inc. v. Canon Inc.*, 2011 WL 66166, *3 (Fed. Cir. 2011) (nonprecedential) ("for claims directed to digital cameras, ruling that the district court erred in construing the term 'computer apparatus' in a limitation reciting 'different data formats for different types of computer apparatus' as covering different file formats used with the same type of computer, e.g., different file formats compatible for use on an IBM PC, and ruling that in view of the fact that the specification and prosecution history described that the invention sought to solve a problem of having compatible formats where the user could use an IBM computer or an Apple computer, and the problem was solved by using a mode of the invention that was directed to either

d. 연방 항소법원은 컴퓨터 안티바이러스 프로그램과 관련된 청구항에서, 연방 지방법원의 청구항 해석인 "용어 'computer system'은 개개인의 컴퓨터를 필요로 하나 네트워크 컴퓨터는 제외함"은, "명세서(specification)에 네트워크 컴퓨터를 제외한다는 제한은 기재되어 있지 않고, "system"의 하나 이상의 구성요소를 동반하는 사전정의에 기반해 볼 때 타당하지 않다."고 판시하였다.[192)]

ii. 연방 지방법원

a. 연방 지방법원은 명세서(specification)에 용어 "smart device" 옆에 괄호에 넣어서(in parentheses next to) 용어 "computing device"를 기재한 경우, 침해자의 주장인 "용어 'computing device"는 일반적인 의미에 기반하여 판단해 볼 때 용어 'smart device'를 의미할 수 없음"은 타당하지 않고, 각 용어 "smart device"와 "computing device"는 서로 교체할 수 있는(interchangeable) 의미"라고 판시하였다.[193)]

---

the IBM computer, the Apple PC, or some other computer, and the specification "uniformly describe[d] the solution to this problem as involving the selection of data formats that correspond to particular computer architectures,' required that the term 'computer apparatus' had to be construed to mean different computer systems, not just different file formats that could be used on the same computer system.").

192) *See Symantec Corp. v. Computer Associates Intern.*, Inc., 522 F.3d 1279, 1290–91 (Fed. Cir. 2008) ("vacating summary judgment of no infringement of a claim directed to a computer antivirus program that would scan a file stored on the computer for a virus before the file was capable of being opened by the computer's operating system, and ruling that district court erred in construing term 'computer system' to require an individual computer and exclude network computers, the court noting that nothing in the intrinsic evidence required limiting the claim to exclude networked computers and the dictionary definition for 'system' encompassed more than one component and there was a special definition for a 'stand alone' computer in the art as referring to a single computer.").

193) *See Perfect Company v. Adaptics Limited*, 2019 WL 700000, *3-*4 (W.D. Wash. 2019) ("inserting 'computing device' in parentheses next to 'smart device' in the specification showed that the terms were meant to be interchangeable and rejecting accused infringer's contention that the term 'computing device' could not mean 'smart device' based on the ordinary meaning of those terms since that construction did not account for how the terms were used in the specification, further noting that the patentee's proposed construction of 'computing device' to require certain structural

b. 연방 지방법원은 용어 "computer"는, 명세서에 기반하여 판단해 볼 때, 노트북(laptop)이나 데스크탑 컴퓨터로 한정되는 의미를 갖지 않고 휴대용 장치(hand-held device)를 포함할 수 있다"고 판시하였다.[194)]

c. 연방 지방법원은 용어 "computer"는, 침해자의 주장인 "해당 컴퓨터에 적절한 정보만을 제공하는 컴퓨터, 예를 들면 키오스크(kiosk)로 한정됨"은 적절하지 않고, 일반적인 의미로 이해될 수 있다고 판시하였다.[195)]

d. 연방 지방법원은 용어 "second computer"는 개인 컴퓨터(personal computer)로 이해될 수 있다고 판시하였다.[196)]

e. 연방 지방법원은 용어 "client computer"의 청구항 해석과 관련하여, 특허권자의 주장인 "용어 'client computer'는 해당 컴퓨터의 이용자(human user)를 포함함"은 타당하지 않고, 용어 'client'는 청구항 해석은 크게 의미를 갖지 않으므로 "서버로부터 데이터나 서비스를 요청하는 컴퓨터"로 해석하는 것이 타당하다고 판시하였다.[197)]

f. 연방 지방법원은 용어 "computer"는 "데이터를 수신, 처리, 및 제공하는

---

characteristics was too narrow, also ruling that based on the specification the 'computing device' had to have certain functional capabilities.").

194) *See Morpho Komodo LLC v. Blu Products Inc.*, 2016 WL 3976491, *6-*7 (E.D. Tex. 2016) ("refusing to limit scope of 'computer' to be a laptop or desktop computer, the court rejecting the accused infringer's contention that the patentee had disclaimed hand-held device from the scope of 'computer' based on statements in the specification.").

195) *See Portal Technologies LLC v. Yahoo! Inc.*, 2013 Markman 449263, 2013 WL 449263, *7-*8 (E.D. Tex. 2013) ("giving the term 'computer' its ordinary meaning and rejecting the accused infringer's attempt to limit "computer" to a computer configured to present only information that is appropriate for that computer, as that restriction was described in the patent as a characteristic of a kiosk, but the claim specifically used the broader term "computer", not "kiosk".").

196) *See Smartphone Technologies LLC v. Research in Motion Corp.*, 2012 WL 489112, *13 (E.D. Tex. 2012) (limiting scope of "second computer" to be a personal computer since the plain language of the claims, the specification, and the prosecution history supported the narrow scope.").

197) *See SSL Services, LLC v. Citrix Sys., Inc.*, No. 2-08-cv-158-TJW, 2011 WL 4378070, *9–*10 (E.D. Tex. Sept. 20, 2011) (rejecting patentee's contention that term "client computer" could include the human user of the computer, but instead limiting the term to being "a computer that request data or services from a server," the court ruling that the use of the term "client" in a patent incorporated by reference into the asserted patent had "little weight" in construing the term "client computer")

장치"를 의미한다고 판시하였다.[198]

g. 연방 지방법원은 명세서(specification)에 용어 "computer system"과 "electronic device"를 번갈아 가면서(interchangeably) 사용했기 때문에, 용어 "computer system"은 휴대 정보 단말기(PDA)와 같은 전자 장치(electronic device)를 의미할 수 있다고 판시하였다.[199]

h. 연방 지방법원은 용어 "computer system"과 관련하여, 명세서(specification)에 "클라이언트 컴퓨터와 서버 컴퓨터가 공동으로 운영될 수(collocated) 있음"이 기재되어 있다고 하더라도, 출원 경과 과정(prosecution history)에서 출원인이 "컴퓨터 시스템은 사용자 컴퓨터에 위치될 수 없다고 주장할 뿐, 클라이언트 기능들이 컴퓨터 서버에 위치되어야 하는지 여부를 강조하지 않았으므로, 컴퓨터 시스템이 클라이언트 컴퓨터와 서버 컴퓨터가 공동으로 운영될 수 있다는 청구항 해석은 적절치 않다."고 판시하였다.[200]

i. 연방 지방법원은 "용어들 "monitor computer," "remote computer," 및 "remote user computer"에 대하여 서로 다른 지리적 위치에 있을 것이 요구되지 않는다고 판시하였다.[201]

---

198) *See Biax Corp. v. Sun Microsystems, Inc.*, 2008 Markman 2811304, 2008 WL 2811304, *7 (E.D. Tex. 2008) (giving "computer" a broad definition as "a device that receives, processes, and presents data.")

199) *See SmartPhone Technologies LLC v. HTC Corp.*, 2013 Markman 1136972, 2013 WL 1136972, *13-*15 (E.D. Tex. 2013) (construing "computer system" to mean an "electronic device" such as a PDA, since the specification used the terms "computer system" and "electronic device" interchangeably")

200) *See Individual Network, LLC v. Apple, Inc.*, 2009 WL 81795, *3-*4 (E.D. Tex. 2009) (rejecting proposed construction of the term "computer system" to require client and server computers that were "collocated" even though the specification described an embodiment where the server and client functions were collocated, but that embodiment was just a preferred embodiment, and the prosecution history showed that the applicant only relied on the negative limitation that the computer system could not be located at the user's computer, but did not address whether the client functions had to be located at the server computer")

201) *See Helios Software, LLC v. Awareness Technologies, Inc.*, 2013 Markman 6701987, 2013 WL 6701987, *4-*5 (D. Del. 2013) (ruling that claim terms "monitor computer," "remote computer," "remote user computer" did not require computers that were in different geographic location")

15) Computer readable medium

i. 연방 지방법원

a. 연방 지방법원은 용어 "computer readable medium"에 대하여 특허권자의 주장인 "청구항의 유효성을 유지하기 위해 보다 좁은 의미로 해석되어야 함"은 타당하지 않고, 명세서(specification)에 기반하여 판단해 볼 때, "무선 신호 전송(wireless signal transmission)을 포함"할 수 있다고 판시하였다.[202]

b. 연방 지방법원은 인터넷 쿠키(internet cookies)와 관련된 청구항에서, 용어 "computer readable medium"은 "저장 장치(storage device)"로 이해될 수 있다고 판시하였다.[203]

16) Controller

i. 연방 항소법원(CAFC)

a. 연방 항소법원은 용어 "controller"의 청구항 해석 관련하여, 종속 청구항에 "일반적 목적의 중앙 처리부(a general purpose central processing unit)가 없다는 것을 기재하고 있으므로, 청구항 구별 원칙(claim differentiation Doctrine)에 의해 독립 청구항의 용어 "controller"는 중앙 처리부를 의미할 수 있다." 고 판시하였다.[204]

---

202) *See Oracle America, Inc. v. Google Inc.*, 2012 Markman 243263, 2012 WL 243263, *2-*4 (N.D. Cal. 2012) (adopting accused infringer's broader construction of "computer-readable medium" to include wireless signal transmission since the inventor acted as his own lexicographer and defined the term to include wireless signals, and rejecting that patentee's argument that a narrower construction should be adopted to preserve the claim's validity")

203) *See Netscape Communications Corp. v. ValueClick, Inc.*, 2009 Markman 3422918, 2009 WL 3422918, *13 (E.D. Va. 2009) (for claims directed to internet "cookies," construing term "computer readable medium" as being a "storage device")

204) *See Orenshteyn v. Citrix Systems, Inc.*, 2009 WL 2195134, *4 (Fed. Cir. 2009) (nonprecedential) (reversing summary judgment of noninfringement and ruling that the district court erred in construing the term "controller" to exclude a central processing unit of a general purpose computer where a dependent claim, as its sole dependent limitation expressly claimed that the system lacked a general purpose central processing unit, and therefore claim differentiation supported broadly construing "controller" in the independent claim to cover a central processing unit of a general

b. 연방 항소법원은 용어 "microcontroller"는 "컨트롤러에 의해 필요로 되는 모든 메모리가 칩 그 자체에 있는 것"을 의미한다고 판시하였다.[205)]

ii. 연방 지방법원

a. 연방 지방법원은 용어 "central controller"는 임시로 만든(nonce) 단어가 아니고 구체적인 구조를 함축하고 있으므로 기능식 청구항(means-plus function)이 아니라고 판시하였다.[206)]

17) Connected

i. 연방 항소법원(CAFC)

a. 연방 항소법원은 청구항 "the first and second pairs physically connect between the piece of BaseT Ethernet terminal equipment and the piece of central BaseT Ethernet equipment" 중 용어 "physically connect"는, 종속 청구항에 "physically connected"가 기재되어 있는 점에 비추어 볼 때, 청구항 차별원칙(Claim Differentiation Doctrine)에 기반하여 '연결될 가능성만을 의미하는 것이지 실제적으로 연결되는 것이 요구되지는 않는다'고 판시"하였다.[207)]

---

purpose computer, also finding that a portion of the specification described an embodiment of the invention with a central processing unit")

205) *See Gemalto S.A. v. HTC Corp.*, 2012 Markman 2505745, 2012 WL 2505745, *5-*7 (E.D. Tex. 2012), aff'd, 754 F.3d 1364, 1369-71 (Fed. Cir. 2014) (construing term "microcontroller" to require that all memory required by the controller was on the chip itself")

206) *See Virginia Innovation Sciences, Inc. v. Amazon.com, Inc.*, 2019 Markman 4259020, 2019 WL 4259020, *14 (E.D. Tex. 2019) (term "central controller" was not a nonce word but connoted specific structure to avoid means-plus-function treatment since the modifier "central" did not alter the well-known meaning of "controller")

207) *See Chrimar Holding Company, LLC v. ALE USA Inc.*, Fed. Appx., 2018 WL 2120618, *7 (Fed. Cir. 2018) (nonprecedential) (affirming ruling that term "physically connect" in limitation reciting "the first and second pairs physically connect between the piece of BaseT Ethernet terminal equipment and the piece of central BaseT Ethernet equipment" was only claiming a capability to be connected and was not claiming that the components were actually connected, where a dependent claim expressly claimed the components were physically connected, and therefore, claim

b. 연방 항소법원은 청구항 구문인 "a controller connected to said pump"에 대한 연방 지방법원의 해석인 "직접적으로 연결되는 것(directly joined, united or linked)이 요구됨"은 명세서(specification)에 간접적인 연결이 제시되어 있다는 점에서 타당하지 않다고 판시하였다.208)

c. 연방 항소법원은 대량 요리 오일 시스템과 관련된 청구항인 "piping network interconnecting said first and second containers, said filter unit and said first and second couplings"은 "모든 구성요소들이 직접적으로 서로 연결될 것이 요구되므로, 침해제품인 "필터가 다른 구성요소들과 연결되지 않고 오직 프라이어(fryer)에만 연결된 경우에는 비침해라고 판시"하였다.209)

d. 연방 항소법원은 용어 "connecting"의 청구항 해석과 관련하여, 명세서(specification)에, 용어 "attached"와 동의어(synonymous)로 기재한 점, 특허의 모든 도면들이 직접적인 연결만을 보여준 점, 및 발명의 문맥(context)에 기반하여 볼 때 간접적인 연결로 해석할 경우 다소 발명의 구현이 어려운 점에 기반하여 볼 때, 직접적인 연결이 요구되며 간접적인 연결은 포함하지 않는다고 판시하였다.210)

---

differentiation supported the broader construction")

208) *See Skedco, Inc. v. Strategic Operations, Inc.*, Fed. Appx., 2017 WL 1497202, *3-*4 (Fed. Cir. 2017) (nonprecedential) (vacating summary judgment of no infringement because the district erred in construing claim limitation reciting "a controller connected to said pump" to require something that was directly joined, united or linked to since the specification described indirect connections"); *See Douglas Dynamics, LLC v. Buyers Products Co.*, 717 F.3d 1336, 1342-43 (Fed. Cir. 2013) (over the dissent of Judge Mayer, reversing a summary judgment of no infringement and ruling district court erred in construing "connected to" to require a direct connection, the Federal Circuit noting that one of the preferred embodiments showed an indirect connection.")

209) *See Restaurant Technologies, Inc. v. Jersey Shore Chicken*, 2010 WL 28226, *7–*8 (Fed. Cir. 2010) (nonprecedential) (for claims directed to a bulk cooking oil system, ruling that the district court properly construed claim limitation reciting "piping network interconnecting said first and second containers, said filter unit and said first and second couplings" as requiring that all the components by directly connected to each other, and therefore accused product, which had all five recited components, did not infringe where its filter was not connected to the other recited components but only the fryer")

210) *See Searfoss v. Pioneer Consol. Corp.*, 374 F.3d 1142, 1149–50 (Fed. Cir. 2004) (affirming

e. 연방 항소법원은 구문 "connected over a wireless network"는 "무선 허브(wireless hub)를 통한 연결을 포함"한다고 판시하였다.[211]

f. 연방 항소법원은 음료 컨테이너 마개와 관련된 청구항 중 "a seal arm … 'connected to' the lid housing"은, 명세서(specification)에 기반하여 판단해 볼 때, 비영구적인(non-permanent) 연결도 포함한다."고 판시하였다.[212]

g. 연방 항소법원은 용어 "connected to"는 "두개의 연결된 영역들이 물리적으로 분리되어야만 한다"고 판시하였다.[213]

h. 연방 항소법원은 물 내에서의 필터 사용과 관련된 청구항 중 "tube operatively connected to said cap second surface"에 대하여, 연방 지방법

---

summary judgment of no infringement under doctrine of equivalents for a claim directed to a truck-bed cover because district court did not err in construing claim term "connecting" to require direct connection and not cover indirect connections, where the specification used the term "attached" as being synonymous with connected, and all figures of the patent showed a direct connection, plus a construction that covered indirect connections appeared somewhat nonsensical in the context of the invention, and therefore the accused product that did not have a direct connection was more than insubstantially different from the claimed connection and allowing the doctrine of equivalents to reach the accused product, which was itself separately patented, would vitiate the claim limitation for a direct connection)

211) *See AC Technologies S.A. v. Amazon.com, Inc.*, 2019 WL 138176, *6 (Fed. Cir. 2019) (PTO properly determined that a limitation reciting "connected over a wireless network" was broad enough to encompass a connection through a wireless hub")

212) *See Ignite USA, LLC v. CamelBak Products, LLC, Fed. Appx.*, 2017 WL 4548459, *3-*4 (Fed. Cir. 2017) (nonprecedential) (for claims directed to a beverage container lid, PTO did not err, under the "broadest reasonable construction" standard, in construing limitation reciting a seal arm "connected to" the lid housing to be broad enough to cover non-permanent connections, even though a permanent connection was the preferred embodiment, where portions of the specification, including the patent's figures, disclosed non-permanent connections and the prosecution history of the parent application provided additional evidence that non-permanent connections were contemplated to be within the scope of the claim language")

213) *See American Piledriving Equipment, Inc. v. Geoquip, Inc.*, 2011 WL 1045360, *5 (Fed. Cir. 2011) (relying on presence of "connected to" in claim limitation to rule that the two connected portions had to be physically separate; *See Regents of University of Minnesota v. AGA Medical Corp.*, 717 F.3d 929, 935-39 (Fed. Cir. 2013), aff'd, 717 F.3d 929, 935-39 (Fed. Cir. 2013) (affirming construction that claim limitation reciting that two disks were "affixed", "connected" and/or "joined" to each other required that the discs be physically separate, the court noting that the specification described the "present invention" as being two physically separate discs and that two separate discs was the "only" embodiment described")

원의 해석인 "튜브(tube)를 뚜껑에 물리적인 수단에 의해 부착하여 일체형 구조(unitary structure)를 형성함"은, 용어 "operatively connected"의 일반적인 의미 및 출원 경과 과정(prosecution history)에 이러한 제한을 주장하지 않은 점에 기반해볼 때 타당하지 않고, "필터링을 수행하기 위해 튜브는 뚜껑과 함께 어떤 방식으로든 동작하는 것("claim merely required the tube operate in some way with the cap to perform the filtering")이 단순히 요구"된다고 판시하였다.[214)]

i. 연방 항소법원은 용어 "operably coupled to"는, 용어 "operably"는 간접 연결(indirect coupling)에 대하여 기재한 점 및 종속 청구항이 "직접 연결(direct coupling)"에 대해 기재함에 따른 청구항 차별의 원칙(claim differentiation)에 기반하여 판단해 볼 때, 간접 연결을 포함한다고 판시하였다.[215)]

ii. 연방 지방법원

a. 연방 지방법원은 구문 "connector electrically connectable to"는 "무선 연결을 포함하지 않고, 커넥터(connector)가 분리될 수 있는 것이 요구되지 않는다"고 판시하였다.[216)]

---

214) *See Innova/Pure Water, Inc. v. Safari Water Filtration Systems, Inc.*, 381 F.3d 1111, 1118-20 (Fed. Cir. 2004) (vacating summary judgment of noninfringement and remanding because district court erred in construing limitation in a claim directed to a filter for use in bottle water reciting a "tube operatively connected to said cap second surface" as requiring "affixing the tube to the cap by some tenacious means of physical engagement that results in a unitary structure" because nothing in the plain meaning of "operatively connected," the specification, or the prosecution history supported restricting the claim to devices that had a connection that resulted in a unitary structure, and the district court erred by reading this requirement into the claims based on the specification's only disclosing methods of connections, such as welding or adhesives, that resulted in a unitary structure, claim merely required the tube operate in some way with the cap to perform the filtering)

215) *See Bradford Co. v. Conteyor North America, Inc.*, 603 F.3d 1262, 1270-71 (Fed. Cir. 2010) (ruling that term "operably coupled to" permitted indirect coupling based on claim differentiation and a dependent claim's express claiming of direct coupling and use of term "operably" suggested indirect coupling")

216) *See Blitzsafe Texas, LLC v. Honda Motor Co.*, Ltd., 2016 Markman 4762083, 2016 WL 4762083, *31-*32 (E.D. Tex. 2016) (term "connector electrically connectable to" did not cover a wireless connection, and did not require that the connector could be disconnected")

b. 연방 지방법원은 용어 "connected to"에 대해 "인터페이스 카드가 물리적으로 프린터 및 컴퓨터 모두에 부착(attach)되는 것은 물리적인 불가능성이 있기 때문에, 물리적인 연결이 요구되지 않는다"고 판시하였다.[217]

18) Constituting

i. 연방 항소법원(CAFC)

a. 연방 항소법원은 "특허권자가 "constituting"과 같은 연결어구(transitional phrase)를 작성하였을 때는, 법원은 개방형 청구항인지 폐쇄형 청구항인지 여부는 명세서(specification)에 기반하여 판단해야 한다고 판시하였다.[218]

ii. 연방 지방법원

a. 연방 지방법원은 바디 베개(body pillow)와 관련된 청구항 "the horseshoe shaped top constituting a semi-toroidal member having a diameter of about 25 to 26 inches" 중 용어 "constituting"은 특허권자의 청구항 해석 주장인 "including"으로 이해될 수 있거나 개방형 청구항으로 해석됨"은 타당하지 않고, 침해자의 주장 해석인 "establishing" 또는 폐쇄형 청구항으로 해석된다고 판시"하였다.[219]

---

217) *See Whetstone Electronics, LLC v. Xerox Corp.*, No. 6:10cv278, 2011 WL 3510750, *5 (E.D. Tex. Aug. 10, 2011) (rejecting argument that the claimed "interface card" had to be physically connected to the motherboard of a computer since a consistent application of "connected to" as requiring a physical connection would lead to a requirement that the interface card had to be physically attached to both the printer and the computer, a physical impossibility")

218) *See Lampi Corp. v. Am. Power Prods., Inc.*, 228 F.3d 1365, 1376 (Fed. Cir. 2000) (Where a patent uses a transitional phrase or word, like constituting, the court must look to the specification to determine whether open or closed language is intended.")

219) *See Leach v. Pharmedoc, Inc.*, 2019 WL 2453669, *14 (W.D. Okla. 2019) (for claims directed to a body pillow having a claimed shape, construing "constituting" as used in a limitation reciting "the horseshoe shaped top constituting a semi-toroidal member having a diameter of about 25 to 26 inches" as meaning "establishing" as proposed by the accused infringer, and that the term was closed and rejecting the patentee's contention that it should be broadly construed as "including" and therefore be open, the court finding that the specification described the invention as "actually constituting" the semi-toroidal member")

19) Contact

i. 연방 항소법원(CAFC)

a. 연방 항소법원은 용어 "metal-to-metal bearing contact"는 "두 개의 금속 표면들 사이에 직접적인 접촉은 요구되지 않으나, 한 금속에서 다른 금속으로 압축 또는 베어링으로 하중(load)이 전달되는 체중 부하 접촉(a weight bearing contact)은 포함되므로, 침해자의 제품인 "두 개의 금속 표면들 사이에 4인치의 목재 층(layer of wood)"은 직접침해는 아니나, 침해제품이 목재가 없는 금속간의 접촉과 구별될만한 차이가 없고 해당 접촉이 두 금속 표면들 사이의 하중을 전달하므로 균등 침해(Doctrine of Equivalent)라고 판시"하였다.[220)]

b. 연방 항소법원은 용어 "contact"의 일반적인 의미는 "접촉(touching)"을 의미하기 때문에, 구성 부품들 사이에 중간재(intermediary)와의 접촉, 즉, 간접 접촉(indirect contact)은 포함하지 않을 가능성이 있다고 판시"하였다.[221)]

---

220) *See Riles v. Shell Exploration and Production Co.*, 298 F.3d 1302, 1310 (Fed. Cir. 2002) (affirming district court's construction of claim term "metal-to-metal bearing contact" as not requiring direct touching of two metal surfaces but only requiring "a weight bearing contact" meaning that there was a load transferred in compression or bearing from one metal surface to another, and affirming the district court's finding that the record evidence did not support the jury's finding that accused method having a four-inch layer of wood between the two metal surfaces literally met the limitation, but sufficient evidence supported a finding of infringement under doctrine of equivalents because the four-inch layer of wood was only an insubstantial difference from a metal-to-metal contact without the wood since, despite the wood, a bearing contact was created that transferred the load between the two surfaces in the context of the invention which include a 700 foot length of pipe that")

221) *See TurboCare Div. of Demag Delaval Turbomachinery Corp. v. General Elec. Co.*, 264 F.3d 1111, 1124 (Fed. Cir. 2001) (applying ordinary meaning of term "contact" to mean touching, and therefore, construing term to require direct touching of specified components, so that indirect contact, i.e., contact with an intermediary between components parts would be an issue of equivalency, and refusing to accept that isolated use in specification of phrase "direct contact" when referring to pressure seals, components not related to claim limitation, implied that term "contact" when used in claim limitation meant "indirect contact" in deviation of the term's ordinary meaning")

20) Contain

i. 연방 항소법원(CAFC)

a. 연방 항소법원은 용어 "containing"가 청구항의 본문에 쓰일 때, 개방형(open-ended)로서 이해될 수 있다고 판시"하였다.[222)]

b. 연방 항소법원은 용어 "contain"의 일반적인 의미는 "~내부에 가지고 있는(to have within)"의 의미를 갖는다고 판시하였다.[223)]

21) Contiguous

i. 연방 항소법원(CAFC)

a. 연방 항소법원은 자동 초점 카메라에 층(layer)의 배치와 관련된 청구항 중 용어 "contiguous"와 관련하여, 특허권자의 청구항 해석 주장인 "두 개의 'contiguous' 층 사이에 간섭 층의 존재를 포함함"은 타당하지 않을 뿐만 아니라 연방 지방법원의 해석인 "층들이 실제적으로 접촉하거나 서로 옆에 있음" 또한 타당하지 않고, 용어 "contiguous"의 일반적인 사전적인 정의는 "옆에(next) 또는 중간에 유사한 것이 없는 인접한(adjoining)"의 의미를 나타내므로, "두개의 층(layers)을 갖는 침해 제품이 구멍(hole)이 있는 제3의 간섭 층을 포함하는 경우, 침해 여부를 판단하기 위해서는 두 개의 층들이 구멍이 있는 영역 내에서 충분히 "contiguous"한지 여부를 판단하는 것이 요구"된다고 판시하였다.[224)]

---

222) *See Mars, Inc. v. H.J. Heinz Co.*, L.P., 377 F.3d 1369, 1375-76 (Fed. Cir. 2004) (construing term "containing" when used in the body of a claim as being open-ended")

223) *See Ecolab, Inc. v. Paraclipse, Inc.*, 285 F.3d 1362, 1374 (Fed. Cir. 2002) ("The ordinary meaning of 'contain' is 'to have within'")

224) *See Honeywell Inc. v. Victor Co. of Japan, Ltd.*, 298 F.3d 1317, 1324-28 (Fed. Cir. 2002) (reversing summary judgment of noninfringement and remanding because district court erred in construing claim term "contiguous," when referencing the placement of layers in an apparatus for an auto focus camera, as requiring that the layers touch each other where the inventor in the prosecution history expressly defined the term broadly to mean that the layers actually touched or were near each other, however, further rejecting the patentee's argument that the term "contiguous" could permit the presence of an intervening layer between the two "contiguous"

22) Continuously

i. 연방 항소법원(CAFC)

a. 연방 항소법원은 청구항의 특정 동작이 연속(continuously)하여 수행하는 것이 요구되는 경우에도, 배심원(jury)은 침해 제품이 특정 시점에서의 동작이 금지되는 "guard"가 있을지라도 침해 여부를 고려할 수 있다고 판시하였다.[225)]

b. 연방 항소법원은 음경 섬유증(penile fibrosis)을 치료하는 방법 중 청구항 "administering a cyclic guanosine 3', 5'monophosphate (cGMP) type 5 phosphodiesterase (PDE5) inhibitor according to a continuous long-term regimen to an individual with at least one of a penile tunical fibrosis and corporal tissue fibrosis; arresting or regressing the at least one of the penile tunical fibrosis and corporal tissue fibrosis, wherein the PDE5 inhibitor is administered at a dosage up to 1.5 mg/kg/day for not less than 45 days" 중 구문 "continuous long-term regimen"은 "환자의 몸 내에 해당 약의 일정한 비율이 있을 것이 요구되지 않고, 치료 기간 동안에 매일 섭취되는 약을 나타낸다."고 판시하였다.[226)]

---

layers because the ordinary dictionary definition of contiguous defined it as being "next or adjoining with nothing similar intervening," therefore, accused product with two layers have a third intervening layer of material containing holes could potentially meet the claim limitation if in the areas of the holes the two layers were close enough to be "contiguous" and on remand the district court was to determine what was close enough)

225) *See* Elbit Systems Land and C4I Ltd. v. Hughes Network Systems, LLC, 927 F.3d 1292, 1296-97 (Fed. Cir. 2019) (affirming denial of accused infringer's JMOL seeking to overturn jury's infringement verdict since the verdict was supported by substantial evidence, including testimony from the patentee's technical expert, also finding that while the claim required a certain operation be done continuously, the jury could find that the accused product met that limitation even though it had a "guard" that prohibited the operation to be done at certain times where the evidence showed the guard was disabled during the relevant time in the process")

226) *See* Los Angeles Biomedical Research Institute at Harbor-UCLA Medical Center v. Eli Lilly and Company, 849 F.3d 1049, 1062-63 (Fed. Cir. 2017) (for claims directed to a method for treating penile fibrosis, a condition that can be a cause of erectile dysfunction, by administering a certain dosage of a drug every day for not less than 45 days, and reciting "administering a cyclic

ii. 연방 지방법원

a. 연방 지방법원은 청구항 "continuously proportioning said brake amperage output signal in accordance with both said deceleration and said inclination signals" 중 용어 "continuously"는 "감속(deceleration) 및 경사(inclination) 신호들이 수신되는 전체 시간(the entire time)을 의미한다고 판시하였다.[227]

23) Conventional

i. 연방 항소법원(CAFC)

a. 연방 항소법원은 컴퓨터 주변 장치와 관련된 청구항 중 "an input/output port normally connectible to a conventional computer input/output port"는 "1988년 출원 당시 사용되었던 컴퓨터 I/O 포트에 연결할 수 있는 주변 장치를 의미하기 때문에, 침해 제품인, 평면형 표면 전극을 갖는 플래시 메모리와 스마트 카드는, 1998년 출원 당시 사용되었던 컴퓨터 I/O 포트에 연결될 수 없기 때문에 비침해라고 판시"하였다.[228]

---

guanosine 3', 5'monophosphate (cGMP) type 5 phosphodiesterase (PDE5) inhibitor according to a continuous long-term regimen to an individual with at least one of a penile tunical fibrosis and corporal tissue fibrosis; arresting or regressing the at least one of the penile tunical fibrosis and corporal tissue fibrosis, wherein the PDE5 inhibitor is administered at a dosage up to 1.5 mg/kg/day for not less than 45 days," ruling that the phrase "continuous long-term regimen" did not require that a constant level of the drug be in the patient's system, but instead "continuous" was referring to the drug being taken every day during the treatment period, the court noting that the overlap with the dosage limitation in the wherein clause reciting "is administered at a dosage up to 1.5 mg/kg/day for not less than 45 days" did not require reading in a "constant level" limitation as urged by the petitioner/accused infringer where the "constant level" requirement was not mandated by the specification")

227) *See* Cequent Performance Products, Inc. v. Hopkins Manufacturing Corporation, 2017 WL 371230, *12-*13 (E.D. Mich. 2017) (construing "continuously" in limitation reciting "continuously proportioning said brake amperage output signal in accordance with both said deceleration and said inclination signals" to mean "the entire time" that the claimed deceleration and inclination signals are being received and rejecting patentee's broader proposed construction of "adjusted without interruption," but not requiring the "entire term" aspect")

b. 연방 항소법원은 용어 "screen printing"에 대하여, 명세서(specification)에 용어 "screen printing"이 "'conventional' 스크린 프린팅 기술"이라고 기재되어 있으므로, 출원 당시 잉크젯 프린터는 "conventional printing process"가 아니므로 제외된다고 판시하였다.229)

c. 연방 항소법원은 명세서(specification)에 전화 통신망을 통해 통신하는 "conventional fax machines"만 기술되어 있기 때문에, 용어 "facsimile protocol"는 "팩스로 전달된 데이터를, 인터넷을 통해 컨텐츠를 전달하기에 적절한 포맷으로 변경하는 시스템은 포함하지 않고, 전화 통신망을 통한 데이터 전송으로 한정해석된다"고 판시하였다.230)

d. 연방 항소법원은 청구항에 작성된 "regularly received television signal"에 대하여, 명세서(specification)에 'regularly received television signal"과 비디오 데이터가 함께 기술되어 있고, 1985년 출원 당시 비디오 데이터는 아날로그 또는 디지털 포맷일 수 있기 때문에 연방 지방법원의 해석인 "1985년 출원 당시 아날로그 신호가 텔레비전 신호가 전송되는 정규적인

---

228) *See PC Connector Solutions LLC v. SmartDisk Corp.*, 406 F.3d 1359, 1363 (Fed. Cir. 2005) (affirming summary judgment of no infringement after affirming construction of claim limitations directed to a computer peripheral device reciting "an input/output port normally connectible to a conventional computer input/output port," and a "standard input/output port" that is "traditionally connectable to a computer" as requiring that the peripheral device to be connectable to a computer I/O port that was in common use at the time of filing in 1988, where accused products used flash memories and smart cards with flat planar surface contact electrodes at the I/O interface that could not be connected to a vintage 1988 computer I/O port")

229) *See Kopykake Enterprises, Inc. v. Lucks Co.*, 264 F.3d 1377, 1382-83 (Fed. Cir. 2001) (affirming noninfringement judgment because district court correctly construed limitation "screen printing" as excluding printing by ink jet printers since specification redefined term "screen printing" to mean any "conventional" screen printing technique or other "conventional printing process" of applying a pictorial images to an edible base shapes and at the time the application was filed ink jet printers were not such a "conventional printing process")

230) *See Catch Curve, Inc. v. Venali, Inc.*, 2010 WL 270889, *3-*4 (Fed. Cir. 2010) (nonprecedential) (construing term "facsimile protocol" to be limited to transferring data over telephone switched networks and not covering a system that converted the faxed data into a format suitable for delivering the content over the internet since the specification only described communications over conventional fax machines that communicated over telephone networks")

방법이기 때문에, 해당 구문은 아날로그 신호로 한정함"은 타당하지 않다"고 판시하였다.[231]

24) Cooperate with

i. 연방 항소법원(CAFC)

a. 연방 항소법원은 평면 화면 TV 실장 장치와 관한 청구항과 관련하여, 명세서(specification)에 "the spine 'cooperated with' the side panels in supporting the TV"로 기재되어 있기 때문에, "spine"은 "옆판(side panels)과 분리된 구성요소를 의미한다."고 판시하였다.[232]

b. 연방 항소법원은 타이어와 함께 동작하는 호스(hose)와 관련된 청구항과 관련하여, 용어 "cooperating with"의 사전적인 정의가 간접 연결을 포함한다고 할지라도, 명세서(specification)에 오직 직접 연결만을 개시하고 간접 연결의 가능성을 기술하지 않았으므로, 직접 연결로 한정 해석해야 한다고 판시"하였다.[233]

---

231) *See SuperGuide Corp. v. DirecTV Enterprises, Inc.*, 358 F.3d 870, 880 (Fed. Cir. 2004) (ruling, over the dissent of Judge Michel in his concurring opinion, that district court erred in construing claim limitation "regularly received television signal" to be limited to analog signals, and therefore excluding digital television signals, based on the allegation that in 1985, when the application was filed, analog signals were the regular way television signals were transmitted, rather the Federal Circuit ruled that the specification identified the "regularly received television signal" with video data, and in 1985 video data could be in analog or digital format, further the court noted that even though there was conflicting evidence of the state of the art "patentees were at least aware that digital television signals could be broadcast in the future")

232) *See In Re : LF Centennial Limited Formerly Whalen Furniture Manufacturing, Inc.*, 2016 WL 3545686, *3 (Fed. Cir. 2016) (nonprecedential) (in an IPR proceeding, PTO erred in constructing the term "spine" in relation to a flat screen television mounting apparatus to be broad enough to include a leg or side panel since the term "spine" itself connoted a supporting structure that was centrally located, rather than being on the side and specification and patent figures described and showed the spine as being distinctly separate from the side panels or legs, the court noting that the specification's statement the spine "cooperated with" the side panels in supporting the TV showed that the spine was a separate component from a side panel, reversing anticipation and obviousness rejections")

233) *See Sealant Systems Intern., Inc. v. TEK Global, S.R.L.*, 616 Fed. Appx. 987, 991-994 (Fed. Cir.

25) Coordinate

i. 연방 항소법원(CAFC)

a. 연방 항소법원은 비디오 게임 컨트롤러와 관련된 청구항 "a pulse … a width of said pulse representing a coordinate position of said joystick device"의 해석과 관련하여, 상당한 수준의 상세함을 나타내는 용어 "coordinate"가 기재되었기 때문에, 단순히 조이스틱 위치의 일부 정보가 아닌 완벽한 정보가 요구된다고 판시하였다.[234)]

26) Correlating

i. 연방 지방법원

a. 연방 지방법원은 액체 샘플에서 피분석물의 농도를 빠르게 판단하는 방법과 관련된 청구항 "correlating the electrooxidized electroactive reaction product to the concentration of glucose in the blood sample" 중 용어 "correlating"은, 침해자의 청구항 해석인 "피 샘플에 있는 글루코스(glucose)의 농도를 정확하게 판단함(determining)은 적절하지 않고, "전기적으로 산화된(electrooxidized) 반응 물질과 피의 글루코스(glucose)의 농도 사이에 관계(relationship)를 이용함"을 의미한다고 판시하였다.[235)]

2015) (nonprecedential) (claim term "cooperating with" in relation to a hose working with a tire required a direct connection of the hose with the tire since the specification only showed a direct connection and did not suggest that any type of indirect was possible, therefore this was a scenario where the scope of the claim was limited to the disclosed embodiment even though a dictionary definition of "cooperating with" would support an indirect connection")

234) *See Fenner Inv., Ltd. v. Microsoft Corp.*, 2009 WL 1562866, *6–*7 (E.D. Tex. 2009), aff'd without opn., 2010 WL 891302, *1 (Fed. Cir. Mar. 15, 2010) (nonprecedential) (in a claim directed to video game controllers, ruling that claim limitation reciting "a pulse … a width of said pulse representing a coordinate position of said joystick device" required complete information about the position of the joystick and not just some information about the joystick's position since the term "coordinate" introduced a higher level of detail, the court further noting that the patent's abstract and summary of invention further supported its construction")

235) *See Roche Diagnostics Operations, Inc. v. Abbott Diabetes Care*, 2009 WL 3296221, *7 (D. Del. 2009) (for claim directed to methods for rapidly determining the concentration of an analyte in

27) Correspond to

i. 연방 항소법원(CAFC)

a. 연방 항소법원은 구문 "corresponds to"는 "~와 동일한(equates to)"로 한정되지 않고, 청구항에 개시된 실시예들 중 어느 하나로 해석될 수 있다고 판시"하였다.[236)]

ii. 연방 지방법원

a. 연방 지방법원은 리벳 디스펜서(rivet dispensing machine)와 관련된 청구항 "shape corresponding to the transverse section of the greatest diameter of the pieces" 중 용어 "corresponding"은 "꼭 맞는(tight fit)"의 의미는 적절하지 않고 "호환될 수 있는 (compatible with)"의 의미를 갖기 때문에, "the shape of the hollow center of the tube is compatible with the greatest diameter of the pieces"로 해석될 수 있다고 판시"하였다.[237)]

b. 연방 지방법원은 포유동물의 근육을 증가시키는 방법과 관련된 청구항 "A method for increasing the muscle performing capacity …

---

a liquid sample using small sample volumes, construing term "correlating" in claim limitation reciting "correlating the electrooxidized electroactive reaction product to the concentration of glucose in the blood sample" as proposed by the patentee to mean "using a relationship between the electrooxidized reaction product and the concentration of glucose in blood" and rejecting accused infringer's proposed construction of "accurately determining the concentration of glucose in the blood sample")

236) *See Respironics, Inc. v. Invacare Corp.*, 2008 WL 5216019, *12 (Fed. Cir. 2008) (nonprecedential) (construing term "corresponding to" as meaning more than "just equal to"); *See Broadcom Corp. v. Emulex Corp.*, 732 F.3d 1325, 1332-33 (Fed. Cir. 2013) (ruling that "corresponds to" is not limited to "equates to" and noting that such a limiting construction would read out one of the disclosed embodiments in the claim, and therefore was improper")

237) *See Ateliers de la Haute-Garonne v. Broetje Automation-USA Inc.*, 2011 Markman 722937, 2011 WL 722937, *6-*7 (D. Del. 2011) (for claims directed to a rivet dispensing machine refusing to narrowly construe term "corresponding" in limitation reciting "shape corresponding to the transverse section of the greatest diameter of the pieces" as requiring a "tight fit," the court finding that the "tight fit" contention sought to improperly read in a limitation from the figures and instead construing the term to mean "compatible with" and hence construed the limitation to mean "the shape of the hollow center of the tube is compatible with the greatest diameter of the pieces")

comprising administering daily to said mammals … at least 0.2 [grams of] creatine [per kilogram] of body weight and not less than an amount corresponding to 15 [grams of] creatine in a 70[kilogram] mammal" 중 용어 "corresponding to"는 "비율(ratio)"을 나타내는 것이지, 절대적인 양을 의미하는 침해자의 주장인 "적어도 70킬로그램의 중량의 포유류들에게 적어도 15g의 크레아틴을 투여함을 의미함"은 타당하지 않다고 판시하였다.[238)]

c. 연방 지방법원은 청구항 "storing customized media corresponding to the customized media list" 및 "delivering customized media corresponding to the customized media list" 중 용어 "corresponding"의 의미와 관련하여, 침해자의 주장인 "전체 미디어 리스트가 요구됨"은 타당하지 않고, 미디어 리스트 중 일부(subset)를 저장 및 전달할수 있다"고 판시하였다.[239)]

28) Coupled

i. 연방 항소법원(CAFC)

a. 연방 항소법원은 용어 "electrically coupled"는 "간접적인 전기적 연결을 포함한다"고 판시하였다.[240)]

---

238) *See Original Creatine Patent Co., Ltd. v. MET-Rx USA, Inc.*, 2009 Markman 1146445, 2009 WL 1146445, *6 (E.D. N.Y. 2009) (construing term "corresponding to" in a claim reciting "A method for increasing the muscle performing capacity … comprising administering daily to said mammals … at least 0.2 [grams of] creatine [per kilogram] of body weight and not less than an amount corresponding to 15 [grams of] creatine in a 70[kilogram] mammal" as reciting a ratio and rejecting accused infringer's contention that the claim meant an absolute amount, i.e., "administering said creatine only to mammals of at least 70 kg body weight, in an amount not less than 15g.")

239) *See Individual Network, LLC v. Apple, Inc.*, 2009 Markman 81795, 2009 WL 81795, *6–*7 (E.D. Tex. 2009) (for limitations reciting "storing customized media corresponding to the customized media list" and "delivering customized media corresponding to the customized media list" rejecting accused infringer's argument that "corresponding" in this instance required the full media list, but could cover storing or delivering a subset of the media list")

240) *See Mems Technology Berhad v. Int'l. Trade Comm'n*, No. 2010-1018, 2011 WL 2214091, *7–*8 (Fed. Cir. June 3, 2011) (nonprecedential) (ruling that "electrically coupled" was broad enough to

b. 연방 항소법원은 용어 "operably coupled to"는, 용어 "operably"는 간접 결합(indirect coupling)을 의미하고, 청구항 차별의 원칙(claim differentiation)에 기반하여 볼 때 종속 청구항이 직접 결합(direct coupling)을 기술하고 있으므로, 간접 결합을 포함"한다고 판시하였다.[241)]

c. 연방 항소법원은 용어 "coupled"는, 명세서(specification)에 기반하여 판단해 볼 때, 기계적 또는 물리적 연동(coupling)으로 한정되지 않고, 전기적인 연동을 포함한다고 판시"하였다.[242)]

d. 연방 항소법원은 전기 회로의 선행기술과 관련한 소송에서, 한 선행 기술이 "제1회로가 카운터로 정보를 전달한 이후, 디지털 아날로그 변환기의 인풋값에 다른 데이터를 전달함"을 개시한 경우, 제1회로와 디지털 아날로그의 배치는 분리됨(decoupled)을 의미한다고 판시하였다.[243)]

e. 연방 항소법원은 용어 "rigidly coupled"는 "두 개의 구성요소 사이에 상대적인 움직임이 없는 'fixedly secured'의 의미를 내포할 수 있다고 판시하였다.[244)]

---

cover indirect electrical connections since the ordinary meaning of the term, as supported by the patentee with expert testimony, covered direct and indirect connections, nothing in the specification or prosecution history disclaimed indirect connections, and extrinsic evidence of other judicial opinions showed "coupled" could include indirect connections")

241) *See Bradford Co. v. Conteyor North America, Inc.*, 603 F.3d 1262, 1270–71 (Fed. Cir. 2010) (ruling that term "operably coupled to" permitted indirect coupling based on claim differentiation and a dependent claim's express claiming of direct coupling and use of term "operably" suggested indirect coupling")

242) *See Johnson Worldwide Associates, Inc. v. Zebco Corp.*, 175 F.3d 985, 992 (Fed. Cir. 1999) (claim term "coupled" would not be restricted to a mechanical or physical coupling based on an inference from the written description, but could include electrical coupling as there was nothing in the specification or prosecution history to clearly limit couple from its broad meaning of connecting")

243) *See Power Integrations, Inc. v. Fairchild Semiconductor International, Inc.*, 843 F.3d 1315, 1329 (Fed. Cir. 2016) (affirming denial of JMOL seeking to overturn jury verdict that claims were not anticipated because substantial evidence supported the jury's verdict where the prior art failed to teach a limitation of a first circuit "coupled" to a digital-to-analog converter (DAC), as the prior art had a first circuit send information to a counter, which then sent different data to the input of a DAC, and this arrangement "decoupled" the first circuit from the DAC")

244) *See Black & Decker, Inc. v. Positec USA, Inc.*, Fed. Appx., 2016 WL 2898012, *3-*5 (Fed. Cir. 2016) (nonprecedential) (in view of specification, and applying the Philips standard, term "fixedly

ii. 연방 지방법원

a. 연방 지방법원은 드론 관련 청구항 중 용어 "electronically coupled"는, 전기적으로 연결된(electrically connected)으로 해석될 수 있다고 판시하였다.[245)]

b. 연방 지방법원은 용어 "releasably coupled"는, 특허권자의 주장인 간접 연결을 포함함은 타당하지 않고, 고정된 부분을 풀 수 있는 구조적인 부품들의 직접적인 연결이 요구된다고 판시"하였다.[246)]

c. 연방 지방법원은 용어 "coupled"는 "명세서(specification)에 기반하여 판단해 볼 때, 두 개의 분리되고 구별되는 부분(pieces)이 요구된다고 판시"하였다.[247)]

d. 연방 지방법원은 호스트 장치와 주변 장치를 연결하는 인터페이스와 관련된 청구항 "a plurality of signal lines coupling said host platform to said peripheral device" 중 용어 "coupling"은 직접 연결(direct coupling)이 요구되나, 해당 연결이 명세서(specification)에 기반하여 판단해 볼 때 전기

---

secured" meant no relative movement between the two components, i.e., "rigidly coupled," and therefore prior art that prevented rotational movement, but permitted axially movement and wobbling between the two components did not meet the limitation")

245) *See Traxxax, v. Hobbico, Inc.*, 2017 WL 4347709, *15 (E.D. Tex. 2017) (for claims directed to a propeller-driven remote-controlled flying vehicles, i.e., a drone, construing term "electrically coupled" to mean "electrically connected" and refusing to limit its scope, as urged by the accused infringer, to require a rigid metal conductor, the court noting that a "rigidly coupled" limitation was at one point in the application claims but had been deleted, and therefore should not be read back into the claim, the court also noting that to the extent the specification described using solder to make a "rigid metal conductors", it did so using the permissive language of "may")

246) *See Flexuspine, Inc. v. Globus Medical, Inc.*, 2016 Markman 3536709, 2016 WL 3536709, *12-*13 (E.D. Tex. 2016) (rejecting patentee's contention that term "releasably coupled" was broad enough to include indirect connections, but rather required a direct connection of the structural parts that could be released")

247) *See Effective Exploration, LLC v. Classic Operating Co.*, LLC, 2015 Markman 5012139, 2015 WL 5012139, *22-*23 (E.D. Tex. 2015) (refusing to limit the scope of "coupled" to require joining two separate and distinct pieces where the specification described a continuous well bore having transition regions that were "coupled" together and therefore the accused infringer's proposed "separate and distinct" construction would read out the preferred embodiment")

적 연결일 필요는 없다"고 판시하였다.[248]

e. 연방 지방법원은 청구항 "a microprocessor operating according to a first clock, coupled to said updatable switchable" 중 용어 "coupled"는 도면(figure)에 기반하여 판단해 볼 때, 직접 및 간접 연결을 포함한다고 판시" 하였다.[249]

f. 연방 지방법원은 전기 회로와 관련된 청구항 중 "electronically coupled"는 "중간 회로(intervening circuitry)를 통해 일 구성요소에서 다른 구성요소로 직접 또는 간접적으로 전기적 신호가 흐르도록 배열함"을 의미한다고 판시하였다.[250]

D.

1) "Database"

ⅰ. 연방 항소법원(CAFC)

a. 연방 항소법원은 용어 "database"는 "저장 및 검색될 수 있는 특정한 구조와 데이터의 집합(a collection of data with a given structure that can be stored and

---

248) *See OPTi, Inc. v. Advanced Micro Devices, Inc.*, 2009 WL 2424029, *8 (E.D. Tex. 2009) (in claims directed to an interface for connecting a host device to a peripheral device, construing the term "coupling" in the limitation reciting "a plurality of signal lines coupling said host platform to said peripheral device," as requiring a direct coupling, but not requiring that the coupling be an electrical coupling based on the court's analysis of the specification that a direct connection was required for multiplexing, the purpose of the claim")

249) *See Negotiated Data Solutions, LLC v. Dell, Inc.*, 2009 WL 186180, *5 (E.D. Tex. 2009) (construing term "coupled" in claim limitation reciting "a microprocessor operating according to a first clock, coupled to said updatable switchable," as including direct and indirect connections and rejecting accused infringer's argument that the term should be limited to direct connections in view of patent figure showing indirect connections between the microprocessor and the switchable")

250) *See GSK Technologies Inc. v. Eaton Elec. Inc.*, 2008 WL 906713, *5 (E.D. Tex. 2008) (in a claim directed to an electrical circuit construing term "electrically coupled" to mean "arranged so that electrical signals may be passed either directly, or indirectly via intervening circuitry, from one component to another")

retrieved)"을 의미한다고 판시하였다.[251)]

b. 연방 항소법원은 부동산을 목록화하는 방법과 관련된 청구항 "creating a data-base of the available real estate properties" 중 용어 "database"는 "특별한 포맷을 갖는 데이터베이스일 필요는 없다"고 판시하였다.[252)]

c. 연방 항소법원은 "informational database"는 "접속될 수 있는 컴퓨터화된 정보의 모음을 의미할 뿐만 아니라, 검색 기능을 수행하는 의미도 포함" 할 수 있다고 판시하였다.[253)]

ii. 연방 지방법원

a. 연방 지방법원은 용어 "database"는 "데이터 저장 및 검색을 제공하고, 또한, 기록(record)별로 정보를 저장하고 각각의 기록은 하나 또는 그 이상의 필드에 나누어지는 전자 정보 저장 시스템을 의미"한다고 판시하였다.[254)]

---

251) *See Myspace, Inc. v. Graphon Corp.*, 2012 WL 716435, *4 (Fed. Cir. 2012), aff'd, 672 F.3d 1250, 1256-57 (Fed. Cir. 2012) (rejecting patentee's proposed construction that would limit "database" to relational databases and instead affirming district court construing the term to mean "a collection of data with a given structure that can be stored and retrieved," further affirming summary judgment that the claims were invalid in view of a prior art system called the "mother of all bulletin boards")

252) *See Move, Inc. v. Real Estate Alliance Ltd.*, 2011 WL 995939, *2 (Fed. Cir. 2011) (nonprecedential) (ruling that claim to a method for listing real estate properties and having the step of "creating a data-base of the available real estate properties" required at least two real estate properties to be listed in the database in view of the plain meaning of "of," and did not refer to just the data structure of database that would later be populated with data for real estate properties, and further ruling that the term "database" did not require any particular format of a database, including a sequential list database with no tables or fields")

253) *See Finisar Corp. v. DirecTV Group, Inc.*, 523 F.3d 1323, 1330-31 (Fed. Cir. 2008) (ruling that district court erred by giving a broad construction to the term "informational database" as merely meaning "a collection of computerized information which can be accessed" since that construction failed to account for the functions of searchability and retrievability that the specification described as being necessary functions of the database and were suggested by other claim limitations")\

254) *See Express Mobile, Inc. v. Svanaco, Inc.*, 2018 WL 746472, *9-*10 (E.D. Tex. 2018) (construing "database" to mean "an electronic information storage system offering data storage and retrieval and that stores information on a record-by-record basis, each record divided into one or more fields")

2) Data processor

i. 연방 지방법원

a. 연방 지방법원은 용어 "data processor"는 "데이터를 모으고 전송하거나 데이터를 추가, 변경 및 연관시킴으로써 데이터를 처리하는 장치"로 이해될 수 있다고 판시하였다.[255)]

3) Defining

i. 연방 항소법원(CAFC)

a. 연방 항소법원은 청구항 "a processing vessel defining a process chamber therewithin"은, 특허권자의 해석 주장인 "처리실(processing chamber)이 공업용 처리관(processing vessel)의 내부의 작은 영역일 수 있음"은 타당하지 않고, "공업용 처리관의 전체 내부가 처리실로 구성됨"이라고 판시하였다.[256)]

4) Desired

i. 연방 지방법원

a. 연방 지방법원은 청구항 "readministering the dose at an interval required to obtain a desired level and duration of behavioral inhibition" 중 용어 "desired level"은 일부 치료상의 이익을 달성하는 것을 의미하는 것이지, 득허권자의 수장해석인 "한 의사가 목표를 설정하기 위해 선택하고, 전체

---

255) *See Bed Bath & Beyond Inc. v. Sears Brands, LLC*, 2010 WL 4291505, *6 (D.N.J. 2010) (for claims directed to a gift registry system, construing term "data processor" to mean a "device that processes data by collecting and routing the data, or by adding, modifying, and associating the data" based on the functions performed by the device as described in the claims and specification")

256) *See Semitool, Inc. v. Dynamic Micro Systems Semiconductor Equipment GmbH*, 444 F.3d 1337, 1346 (Fed. Cir. 2006) (ruling that the express language of claim limitation reciting "a processing vessel defining a process chamber therewithin" meant that the entire interior of the processing vessel constituted the "processing chamber" and rejecting the patentee's argument that the processing chamber could be a smaller portion of the interior area")

적으로 주관적인 결과를 달성하는 모든 레벨" 및 침해자의 주장 해석인 "개선(improvement)의 모든 레벨"은 타당하지 않다고 판시하였다.[257)]

5) Detecting

i. 연방 지방법원

a. 연방 지방법원은 알람 시스템을 감지하는 움직임과 관련된 청구항 "a detector adapted to detect movement of said object"은 단순히 한 객체의 움직임을 감지함이 요구될 뿐이지 초기 위치로부터 움직임을 감지할 필요는 없다고 판시하였다.[258)]

b. 연방 지방법원은 용액 샘플의 농도를 빠르게 판단하는 방법과 관련된 청구항 "detecting the blood sample in the capillary chamber" 중 용어 "detecting"은 "~의 존재를 발견(discovering) 또는 확인(ascertaining)함"의 의미를 내포한다고 판시하였다.[259)]

---

257) *See Shire LLC v. Teva Pharmaceuticals USA Inc.*, 2012 Markman 975694, 2012 WL 975694, *3 (D. Del. 2012) (rejecting both parties' proposed construction of "desired level" in claim limitation reciting "readministering the dose at an interval required to obtain a desired level and duration of behavioral inhibition" and construing "desired" to be achieving some therapeutic benefit, and rejecting the patentee's proposed construction of any level that a doctor chose to set goals and evaluate outcomes for being wholly subjective, and rejecting the accused infringer's proposed construction of "any level" of improvement as reading out "desired")

258) *See Script Security Solutions L.L.C. v. Amazon.com, Inc.*, 2016 WL 3959804, *3-*4 (E.D. Tex. 2016) (Bryson, J., sitting by designation) (for claims directed to motion detecting alarm system, claim limitation "a detector adapted to detect movement of said object" merely required detecting any movement of an object, and did not require detecting movement from an initial position, the court finding that the plain language did not impose such a requirement and while the specification described some embodiments as detecting movement from an initial position, not all of the claims of the patent had to claim such capability, and indeed as some of the other claims expressly claimed that feature, thus the absence of similar language in the disputed claim, which was more general, showed that detecting did not require detecting movement from an initial position, also refusing to find that a statement that the "present invention relates generally to" operated as a disclaimer to limit the claim's scope")

259) *See Roche Diagnostics Operations, Inc. v. Abbott Diabetes Care*, 2009 WL 3296221, *5 (D. Del. 2009) (for claim directed to methods for rapidly determining the concentration of an analyte in a liquid sample using small sample volumes, construing term "detecting" in claim limitation

6) Determine

ⅰ. 연방 항소법원(CAFC)

a. 연방 항소법원은 "determining whether an item was in inventory"의 청구항 해석과 관련하여, 용어 "determining"의 일반적인 의미(plain meaning)에 기반하여 볼 때, 매도인(vendor)뿐만 아니라 소비자(customer)도 물품 목록(inventory)에 무엇이 있는지 판단할 수 있다고 판시"하였다.[260)]

b. 연방 항소법원은 청구항 "electronic sensing means for determining when the ignition system of the engine delivers an electronic pulse to fire each spark plug"의 해석과 관련하여, 언제 전기적 펄스(electronic pulse)가 점화 시스템(ignition system)으로부터 전달되는지를 판단(determining)하는 것은, 명세서(specification)에 기반하여 판단해 볼 때, 전기적 펄스를 직접적으로 감지할 필요는 없고, 중간의 일 센서(예 : 캠축 센서(camshaft sensor))를 이용한 간접적인 판단(determining)도 포함"할 수 있다고 판시하였다.[261)]

---

reciting "detecting the blood sample in the capillary chamber" as meaning "discovering or ascertaining the presence of" in rejecting accused infringer's contention that the term should be limited to using a DC voltage potential and a delay period based on the description of the preferred embodiment, the court finding that the specification did not limit the scope of the limitation to the described preferred embodiment, and claim differentiation further supported construing the claim more broadly since other claims expressly claimed the delay period")

260) *See ePlus, Inc. v. Lawson Software, Inc.*, 700 F.3d 509, 520 (Fed. Cir. 2012) (where method claim required "determining" whether an item was in inventory, rejecting accused infringer's contention that substantial evidence did not support jury's finding of infringement because only a vendor could "determine" what was in its inventory since the evidentiary argument was in reality a re-argument of the scope of the term "determining" and the plain meaning of "determining" was broad enough to cover an indirect determination by a customer who made an inquiry to the vendor regarding item availability")

261) *See Budde v. Harley-Davidson, Inc.*, 250 F.3d 1369, 1378 (Fed. Cir. 2001) (vacating noninfringement judgment because district court erred in concluding specification did not disclose any corresponding structure for claim "electronic sensing means for determining when the ignition system of the engine delivers an electronic pulse to fire each spark plug" where specification disclosed the use of a sensor on the camshaft as providing the signal that could perform that function, the district court's construction that the sensed signal had to come directly from the ignition system, i.e., had to be "sensed," thereby precluding consideration of the camshaft sensor, improperly read an additional functional limitation into the claimed function··· Contrary to the

ii. 연방 지방법원

a. 연방 지방법원은 공급자와 소비자 사이에 거래를 활성화하는 장치 및 방법 청구항 “determining at least one performance metric reflective of the accuracy of said at least one prediction” 중 용어 “determining”은 계산함(calculating)의 의미를 갖고, 계산이 시스템에 의해 자동적으로 행해질 필요는 없다고 판시”하였다.[262)]

b. 연방 지방법원은 청구항 “field activated apparatus determines that no other anti-collision” 중 용어 “determine”는 명세서(specification)에 용어 “determine”을 재정의하지 않았기 때문에 감지함(sensing)의 의미를 내포할 수 없다고 판시하였다.[263)]

c. 연방 지방법원은 컴퓨터 시스템의 전력 소비를 관리하는 기술과 관련된 청구항 중 “determining certain parameters”과 관련하여, 관련 알고리즘을 개시하지 않았다고 해서 불명확하지 않을 뿐만 아니라 기능식 청구항(means-plus-function)도 아니라고 판시하였다.[264)]

---

view of the district court, ‘determining’ when pulses are delivered to fire the spark plugs does not require direct detection of those pulses. Such a determination can be done indirectly …”)

262) *See GWIN, Inc. v. Don Best Sports*, 2008 WL 379690 (E.D. Tex. 2008) (in claims directed to a method and apparatus for facilitating transactions between prediction suppliers and prediction consumers construing term “determining” in claim limitation reciting “determining at least one performance metric reflective of the accuracy of said at least one prediction” to mean “calculating” but not to require the calculation be automatically done by the system”)

263) *See RFID Tracker Ltd. v. Wal-Mart Stores Inc.*, 2008 WL 382317 (E.D. Tex. 2008) (refusing to construe “determine” as meaning “sensing” in claim limitation “field activated apparatus determines that no other anti-collision” based on a single statement in the specification since the court held that the statement did not redefine the term”)

264) *See Semcon IP Inc. v. Amazon.com, Inc.*, 2019 WL 2090006, *23 (E.D. Tex. 2019) (for claims directed to technology for managing a computer system's power consumption by dynamically adjusting the processor's operating frequency and voltage, ruling that claim limitation reciting “determining” certain parameters were not indefinite for allegedly not disclosing an algorithm, the court finding that the limitations were not means-plus-function limitations, and therefore indefiniteness for failing to disclose an algorithm was not implicated, instead, the sufficiency of the disclosure had to be judged in the context of written-description support and enablement, it was not a matter of claim construction”)

7) Device

i. 연방 항소법원(CAFC)

a. 연방 항소법원은 용어 “memory device”와 관련된 특허출원의 등록 가능성 여부에 관한 소송에서, 명세서(specification)에 용어에 대한 한정이 기재되어 있지 않고 특허 출원인이 보다 더 한정되는 용어를 작성할 수 있음에도 하지 않았으므로, 단일칩(single chip)으로 한정되지 않고 진보성 위반으로 등록될 수 없다고 판시하였다.[265)]

b. 연방 항소법원은 용어 “security devices” 및 “network communication device”는, 두 장치들이 물리적으로 분리되어만 특정 기능을 수행할 수 있고 명세서(specification)에 기반하여 볼 때, 두 장치들은 물리적으로 분리될 것이 요구된다고 판시하였다.[266)]

ii. 연방 지방법원

a. 연방 지방법원은 모바일 뱅킹과 관련한 청구항에서 용어 “device”는 단순히 소프트웨어 일수 없고, 물리적인 장치이어야만 한다고 판시”하였다.[267)]

---

265) *See In re Rambus Inc.*, 694 F.3d 42, 47 (Fed. Cir. 2012) (after noting that the PTO should construe the claim terms the same as the district court because it was reexamining an expired patent, affirming anticipation rejection since the court affirmed the PTO's construction that “memory device” was not limited to a single chip, even though it did not cover a “memory stick” and rejecting patentee's argument that the disclosure in the specification of an embodiment of a memory device being only a single chip did not limit the claim term as the specification did not contain an language limiting the scope of the term to that embodiment and the patentee could have claimed the term more narrowly as it had expressly claimed single chip embodiment in other claims in a related patent”)

266) *See Secure Web Conference Corp. v. Microsoft Corp.*, Fed. Appx., 2016 WL 626492, *2-*6 (Fed. Cir. 2016) (nonprecedential) (term “security devices” properly construed to require a something that was physically separate from “microprocessor based devices” in view of the intrinsic evidence only describing the security device as being separate from the microprocessor, also finding that a “network communication device” had to be physically separate from the “security device” in view of the plain language of the claim that recited a certain functional capability that was only needed if the two devices were physically separate, affirming stipulated judgment of noninfringement”)

267) *See St. Isidore Research, LLC v. Comerica Incorporated*, 2016 WL 4988246, *19-*21 (E.D. Tex. 2016) (for claims directed to mobile banking, ruling that term “device” could not be just software,

b. 연방 지방법원은 용어 “hand-held device”의 청구항 해석과 관련하여, 출원인이 선행 기술과의 차이점으로 손에 들고 쓰는(hand-held) 기술에 의존한 점에 기반하여, 용어 “hand-held device”의 일반적인 의미로 한정 해석하여야 한다고 판시하였다.[268]

8) Different

i. 연방 항소법원(CAFC)

a. 연방 항소법원은 핸드폰에 이용되는 칩과 관련된 청구항 “a second wireless communication different from the first wireless communication” 중 용어 “different”는 특허권자의 청구항 해석인 “두 개의 무선 통신 사이에 일부 다른 점이 있음”은 타당하지 않고, 명세서(specification)에 기반하여 판단해 볼 때 “제1 무선 통신과 제2 무선 통신은 서로 다른 통신 방법을 가짐”이라고 판시하였다.[269]

b. 연방 항소법원은 플라스틱 사출 성형 시스템과 관련된 청구항 “the second injected plastic have “differing characteristics” from first injected plastic”의 해석과 관련하여, 명세서(specification)에 기반하여 판단해 볼 때 ITC(International Trade Commission)의 청구항 해석인 “제2의 사출된 플라스틱과 제1 플라스틱은 서로 다른 분자구조를 가짐(예 : 서로 다른 종류의 플라

---

it had to be a physical apparatus”)

268) *See Intellectual Ventures II LLC v. FedEx Corporation*, 2017 WL 5896180, *35 (E.D. Tex. 2017) (term “hand-held device” was a limitation of the claim and would be given its plain and ordinary meaning, especially where the inventor relied on the hand-held characteristic to distinguish over the prior art, also noting that the patentee had conceded that “hand-held device” is a “device that is held by a user in their hand (i.e., a single hand)” and did not cover a laptop”)

269) *See Kyocera Wireless Corp. v. International Trade Com'n*, 545 F.3d 1340, 1347-49, (Fed. Cir. 2008) (for claims directed to chips used in cell phones, affirming ITC's construction of the term “different” in claim limitation reciting “a second wireless communication different from the first wireless communication” to mean devices having different methods of communication, and rejecting patentee's proposed construction that any differences would meet the claim limitation, in view of the context of the specification showing that the two devices had different methods of communications”)

스틱 물질)"은, 명세서(specification) 및 청구항 히스토리에 기반하여 볼 때 타당하지 않다고 판시하였다.[270)]

c. 연방 항소법원은 삼성 전자와 관련된 소송에서, 변조방식과 관련하여 작성된 "different types"의 해석과 관련하여, 출원인이 청구항 히스토리 중 "독립 청구항 1항은 서로 다른 변조 기술, 예를 들면, FSK(동기 신호 변조: Frequency Shift Keying Modulation) 방식 및 QAM(직교 진폭 변조: Quadrature Amplitude Modulation) 방식을 의미함"으로 주장한 점에 비추어 볼 때, 침해자의 주장인 "같은 모듈 방식을 수행하면서 서로 다른 진폭을 가지는 주파수가 적용됨"은 타당하지 않다고 판시"하였다.[271)]

---

270) *See Sorensen v. International Trade Com'n*, 427 F.3d 1375, 1379 (Fed. Cir. 2005) (ruling that, in a claim directed to a two-shot plastic injection molding system, the ITC erred in construing claim limitation requiring that the second injected plastic have "differing characteristics" from first injected plastic as requiring that the second plastic have a different molecular structure from first plastic, i.e., being made from a different plastic-type material, and not encompassing a second plastic that differed from the first plastic only in terms of colors because nothing in the specification or prosecution history showed a clear and unambiguous disavowal of different colors satisfying the "differing characteristic" limitation where the specification stated that the same material could be used for both injections, and provided examples of differing degrees of transparency from same material as satisfying the "differing characteristic" aspect, and while the applicant added the "differing characteristic" language to distinguish over prior art, nothing showed that the applicant clearly disavowed a broad scope of "differing characteristics" in the prosecution history")

271) *See Rembrandt Wireless Technologies, LP v. Samsung Electronics Co., Ltd.*, 853 F.3d 1370, 1376-77 (Fed. Cir. 2017) (relying on statement in prosecution history of parent application made when disputed claim limitation reciting that modulation methods be of "different types" was first introduced to construe the term and to reject the accused infringer's proposed broad construction and ruling that the applicant's statement that "the language of independent claim 1 has been clarified to refer to two types of modulation methods, i.e., different families of modulation techniques, such as the FSK family of modulation methods and the QAM family of modulation methods" showed, with the use of "i.e." that "different types" referred to families of modulation methods and not merely the same modulation method applied to frequencies having different amplitudes as proposed by the accused infringer, the court noting that the use of "i.e.," in this circumstance gave definitional weight to the statement in the prosecution history")

9) Diminished

ⅰ. 연방 지방법원

a. 연방 지방법원은 청구항 “A method for providing a therapeutic blood plasma concentration of venlafaxine over a twenty four hour period with diminished incidences of nausea and emesis …” 중 용어 “diminished incidences”와 관련하여, 침해자의 주장해석인 “몇몇 환자들은 메스꺼움(nausea) 및 구토(emesis)를 피하기 위해 중단할 것이 요구됨”은 타당하지 않고, “오직 환자들 사이에 메스꺼움 및 구토의 줄어든 정도 및/또는 빈도가 요구됨”이 타당하다고 판시하였다.[272)]

10) Direct 또는 Directly

ⅰ. 연방 항소법원(CAFC)

a. 연방 항소법원은 방수 가죽과 관련된 청구항 “directly pressing a semi-permeable membrane”의 해석과 관련하여, 특허권자의 청구항 해석 주장인 “균일한 시트를 생성하기 위해 균일한 압력(uniform pressure)을 가함”은 명세서(specification)에 단순히 ‘막(membrane)이 가죽에 직접적으로 적용됨(applied directly to the leather)’에 대해 개시되어 있을 뿐 구체적인 적용의 정도나 균일성의 형태를 기술하지 않았으므로 타당하지 않고, 특허심판원의 청구항 해석인 “접착제 이외의 중간 물질이나 층 없이 적용됨”이 적절하다고 판시하였다.[273)]

---

272) *See Wyeth v. Impax Laboratories, Inc.*, 526 F. Supp. 2d 474 (D. Del. 2007) (in a method claim reciting “A method for providing a therapeutic blood plasma concentration of venlafaxine over a twenty four hour period with diminished incidences of nausea and emesis …” adopting patentee's proposed construction of the term “diminished incidences” as only requiring a reduced degree and/or frequency of nausea and emesis among patients, and rejecting accused infringer's proposed construction that required that a certain number of patients must cease to suffer from any nausea and emesis based upon the court's conclusion that had the inventors meant to claim a reduced number of patients suffered nausea it could have done so with other language”)

273) *See Outdry Technologies Corporation v. Geox S.p.A.*, 859 F.3d 1364, 1367-68 (Fed. Cir. 2017)

b. 연방 항소법원은 자동 전자식 송장 및 지불 시스템과 관련된 청구항 "transmit the customer payment instructions from the customer directly to said invoicer …" 중 용어 "directly"는 "고객이 제3자를 통하지 않고 'invoicer'에게 대금지급 지시서(payment instructions)를 송신하여야 하기 때문에, 침해 회사(accused utility company)는 침해 회사와 독립적인 제3의 대리인(agent)을 이용하고 있기 때문에 본 특허의 비침해라고 판시"하였다.[274)]

c. 연방 항소법원은 용어 "directly responsive"의 청구항 해석과 관련하여, 출원과정에서의 최광의 해석(Broadest reasonable construction)에 기반하여 판단해 볼 때, 특허 출원인의 청구항 해석인 "일대일 관련성 또는 연속적 관계가 요구됨"은 용어 "directly"의 사전적인 정의에 기반하여 판단해 볼 때 타당하지 않다고 판시하였다.[275)]

d. 연방 항소법원은 물리적 접촉(physical contact) 대비 추가로 용어 "directly"

(in an IPR proceeding, for claims directed to a method of waterproofing leather, PTO properly rejected patentee's construction of "directly pressing" a semi-permeable membrane to require applying a "uniform pressure" to create a uniform sealed sheet since the specification simply described that the membrane was "applied directly to the leather" and did not note any specific degree of application or that any form of uniformity was required and thus the Board's construction of to apply "without any intervening materials or layers other than the recited adhesive" was proper, and the patentee's proposed narrow construction was not supported by the intrinsic evidence")

274) *See Emergis Technologies, Inc. v. PNM Resources*, 2008 WL 249336 (Fed. Cir. 2008) (nonprecedential) (in a claim directed to an automated electronic invoicing and payment system affirming construction of the term "directly" in a limitation reciting "transmit the customer payment instructions from the customer directly to said invoicer …" as requiring that the customer send the payment instructions to the invoicer without reliance on or through a third party provider, and ruling that where accused utility company used an agent, who was independent from the utility company, the agent was a third party, therefore affirming the summary judgment of no infringement")

275) *See In re Trans Texas Holdings Corp.*, 498 F.3d 1290, 1299 (Fed. Cir. 2007) (noting that because the PTO had to apply the broadest reasonable construction during reexamination, dictionary definitions of "directly" that did not require a one-to-one correspondence negated applicant's argument that term "directly responsive" required a one-to-one correspondence or continuous relationship")

가 기재된 경우, 더 좁은 권리범위로 해석되지는 않는다고 판시하였다.276)

e. 연방 항소법원은 용어 "directly behind"는, 명세서에 두 개의 다른 구성들 사이에 결합되는(mounted) 것에 대해 기술되어 있을 뿐 접촉(contact)에 대해서는 언급되어 있지 않으므로, 특허권자의 청구항 해석인 "접촉을 의미함"은 타당하지 않다고 판시하였다.277)

ii. 연방 지방법원

a. 연방 지방법원은 삼성전자와 관련된 청구항 "outputting a force directly on said touch input device" 중 용어 "directly"는 "중간 구조 없이"를 의미한다고 판시하였다.278)

11) Display

i. 연방 지방법원

a. 연방 지방법원은 용어 "displaying"의 해석은, "한 장치에 페이지를 전송하는 행위"는 적절하지 않고, "디스플레이 장치에 보여줌(showing)"의 의미를 갖는다고 판시하였다.279)

---

276) *See Power Mosfet Technologies, L.L.C. v. Siemens AG*, 378 F.3d 1396, 1410 (Fed. Cir. 2004) ("Here, the addition of the term 'directly' to an existing requirement of physical contact imposes no additional restrictions on the phrase. Whether the alternating semiconductor 'contact[s] ⋯ directly to form a second interface,' or merely 'contact[s] ⋯ to form a second interface," a physical boundary must be formed.'")

277) *See Sandt Technology, Ltd. v. Resco Metal and Plastics Corp.*, 264 F.3d 1344, 1354 (Fed. Cir. 2001) (rejecting patentee's construction of term "directly behind" as requiring contact between plates where the specification only stated piece was mounted between two other pieces and never mentioned anything regarding contact")

278) *See Immersion Corp. v. Samsung Electronics America, Inc.*, 2018 WL 5005791, *8-*11 (E.D. Tex. 2018) (finding persuasive a construction of the term "directly" given in a prior case in a limitation reciting "outputting a force directly on said touch input device" and construing it to mean without intervening structure")

279) *See Ebay Inc. v. Kelora Systems, LLC*, 2012 Markman 1835722, 2012 WL 1835722, *6-*7 (N.D. Cal. 2012) (construing "displaying" to mean showing on a display device and rejecting construction

b. 연방 지방법원은 청구항 "displaying resulting image data to a computer screen"의 해석과 관련하여, 특허권자의 주장 해석인 "이미지를 컴퓨터 화면에 전송함이 요구될 뿐, 화면에 해당 이미지를 실제적으로 표시할 것이 요구되지는 않음"은, 용어 "displaying"의 일반적인 의미에 비추어볼 때 타당하지 않으므로 이미지가 실제로 컴퓨터 화면에 보여질 것이 요구된다고 판시하였다.[280)]

12) Distal

i. 연방 지방법원

a. 연방 지방법원은 임플란트 내에 틈(aperture)의 위치와 관련된 청구항 "most distal end of the implant"의 불명확성과 관련하여, 명세서(specification)에 언제 틈이 끝에서부터 가장 떨어진('most distal') 것으로 간주되는 지에 대한 객관적인 경계를 기술하지 않았기 때문에 불명확한 표현이라고 판시하였다.[281)]

b. 연방 지방법원은 용어 "first end portion" 및 "second end portion"은 별도

---

of the act of sending a page to a device for viewing in view of claim differentiation and that claims using "outputting" were deleted in favor of claims using "display")

280) *See Infernal Technology, LLC v. Electronic Arts Inc.*, 2016 Markman 5415429, 2016 WL 5415429, *18 (E.D. Tex. 2016) (construing phrase "displaying resulting image data to a computer screen" to mean that the image was shown on a computer screen and rejecting the patentee's broad proposed construction that merely required transmitting the image to a computer screen but not actually displaying the image on the screen, the court finding that the plain meaning of "displaying" and statements in the prosecution history that the image was "displayed upon" the computer screen, supported requiring that the image be shown on the computer screen and not just sent to the computer screen")

281) *See Arthrex, Inc. v. Smith & Nephew, Inc.*, 2016 Markman 4211504, 2016 WL 4211504, *42 (E.D. Tex. 2016) (term "most distal end of the implant" in referring to the location of an aperture in the claimed implant was indefinite since the specification failed to provide objective boundaries to know when the aperture should be deemed to be in the "most" distal end, where the specification disclosed both an eyelet and a horseshoe shaped structure for the aperture, but failed to disclose "how far away the eyelet can be from the 'absolute end,' while still being at the 'most distal end,'" and rejecting patentee's attempt to recast the claim as only requiring the "most distal end portion")

의 해석이 요구되지 않는다고 판시하였다.[282)]

13) Dosage form

i. 연방 지방법원

a. 연방 지방법원은 용어 "dosage form"과 관련된 청구항 해석 주장인 "작용제(agonist) 및 길항제(antagonist)가 산재하는(interdisposed) 구조적 요소가 요구됨"은 타당하지 않고, 일반적인 의미인 "의약품의 물리적인 형태"를 의미한다고 판시하였다.[283)]

b. 연방 지방법원은 재발 경감 다발성 경화증(Relapsing-Remitting multiple sclerosis (RRMS))을 치료하는 방법 청구항 중 용어 "daily dosage of 0.5 mg"는 특허권자의 주장해석인 "수일에 걸쳐 진행되는 투약 계획(regimen)의 일부로서 행해지는 일일 투여량(daily dosage)"은 타당하지 않고, "누군가가 주어진 날에 섭취하는 약의 양, 다시 말해, 하루 투여량(a single day dosage)을" 내포할 수 있다고 판시하였다.[284)]

---

282) *See Stone Basket Innovations LLC v. Cook Medical LLC*, 2016 Markman 1182926, 2016 WL 1182926, *5-*7 (E.D. Tex. 2016) (ruling that terms "first end portion" and "second end portion" did not require construction, and rejecting accused infringer's proposed construction that the first end had to correspond to a distal end, while the second end had to correspond to a proximal end as that construction would read out every disclosed embodiment")

283) *See King Pharmaceuticals, Inc. v. Purdue Pharma, L.P.*, 2010 WL 2505728, *7-*8 (W.D. Va. 2010) (construing "dosage form" according to its ordinary meaning to mean "the physical form of a drug product" and rejecting the contention that "dosage form" should include the structural requirement that agonist and antagonist are interdispersed)

284) *See Warner Chilcott Co., LLC v. Amneal Pharmaceuticals, LLC*, 2014 Markman 1391536, Novartis Pharmaceuticals Corporation v. Accord Healthcare Inc., 2019 WL 2371914, *5 (D. Del. 2019) (for method claims addressed to treating Relapsing-Remitting multiple sclerosis (RRMS) by administering a certain drug composition, fingolimod, construing term "daily dosage of 0.5 mg" to mean "the amount of drug that someone takes in a given day" and refusing to limit the "daily dosage" to the daily dosage taken as part of a multi-day regimen as urged by the patentee, the court noting that it agreed "with Defendants that the claim's 'plain language recites a method of treating RRMS comprising administering a 'daily dosage of 0.5 mg," and may include a single day dosage")

14) Drive

i. 연방 항소법원(CAFC)

a. 연방 항소법원은 청구항 "transmitting a force applied to the dial to the lever after the lever and the dial have been operably connected to drive the lever to a position" 중 용어 "drive"는, 사전적인 정의, 명세서(specification), 및 출원 히스토리에 기반하여 판단해 볼 때 "밀다(push)"의 의미로 해석되어야 한다고 판시"하였다.[285)]

E.

1) Each

i. 연방 항소법원(CAFC)

a. 연방 항소법원은 청구항 "elongated operator bodies, with each of the operator bodies being operably coupled with a respective one of said gripper, knotter, cutting element and cover" 중 용어 "each" 및 "a respective one"은 "각각의 operator body가 네 개의 기능들(예: 잡는 도구(gripper), 결속(knotter), 자르는 도구(cutting element), 및 덮개(cover)) 중 오직 하나의 기능만 수행할 필요는 없고, 'operator body'는 하나 또는 그 이상의 기능을 수행할 수 있다고 판시"하였다.[286)]

---

285) *See Masco Corp. v. U.S.*, 303 F.3d 1316, 1323-26 (Fed. Cir. 2002) (affirming district court's construction of term "drive" in limitation "transmitting a force applied to the dial to the lever after the lever and the dial have been operably connected to drive the lever to a position" in a claim directed to a lock as meaning to push since dictionary definitions defined "drive" as "to push, propel, or press onward forcibly" and the specification implicitly equated "to drive" with "to push" and the prosecution history confirmed this definition since the applicant distinguished over a prior art reference by amending term "move" to "drive" which distinguished the pushing action of the claimed invention from the pulling action of the prior art")

286) *See Accent Packaging, Inc. v. Leggett & Platt, Inc.*, 707 F.3d 1318, 1325-26 (Fed. Cir. 2013) (ruling that the presence of "each" and "a respective one" in claims reciting "elongated operator bodies, with each of the operator bodies being operably coupled with a respective one of said gripper, knotter, cutting element and cover" did not require four separate operator bodies such that

b. 연방 항소법원은 삼성전자와 애플간의 소송 중, "a plurality of modules … each have a different predetermined algorithm" 중 용어 "each"의 해석과 관련하여, 연방 지방법원의 해석인 "서로 다른 알고리즘을 갖는 적어도 두 개의 모듈만이 요구됨"은 타당하지 않고, "제품 내의 모든 모듈이 서로 다른 알고리즘을 가질 것이 요구된다."고 판시하였다.[287]

c. 연방 항소법원은 숫자 키를 이용하여 단어를 입력하는 방법 청구항 "matching said binary code with one or more pre-programmed codes, each pre-programmed code being representative of a syllabic element"은 "미리 프로그램화된 코드는 오직 음절 요소(syllabic element)로 구성될 수 있기 때문에, 침해 주장된 시스템은 비 음절 요소를 포함하고 있기 때문에 비침해라고 판시"하였다.[288]

d. 연방 항소법원은 청구항 "means for processing said information to generate a screen identification ("ID") from said first image, said ID being generated as a function of the number, location, and length of each field

---

each individual operator body performed only one of the four recited functions, i.e., grip, knot, cut and cover, rather the operator bodies could perform one or more of the functions, the Federal Circuit noting that the district court's construction requiring each operator body perform only one of the functions read out the preferred embodiment which showed two operator bodies each performing two of the four functions")

287) *See Apple Inc. v. Samsung Electronics Co., Ltd.*, 695 F.3d 1370, 1377-79 (Fed. Cir. 2012) (in a limitation requiring that a "plurality" of modules "each" have a different predetermined algorithm ruling that the district court erred in refusing to construe "each" as meaning that every module in the product had to have a different algorithm, but only requiring there be at least two modules that had different algorithms, the Federal Circuit noting that the claim language was not referring to a subset of modules for "each" to modify, but "each" referred to every member of the plurality, i.e., all the modules, and this requirement could not be trumped by the open "comprising" language of the preamble")

288) *See Board of Regents of the University of Texas System v. BENQ America Corp.*, 533 F.3d 1362, 1372 (Fed. Cir. 2008) (in a claim directed to a method of entering words using a numeric keys construing claim limitation "matching said binary code with one or more pre-programmed codes, each pre-programmed code being representative of a syllabic element" as requiring that the pre-programmed codes could consist only of "syllabic elements", and therefore accused systems that had a majority of non-"syllabic elements," as that term was construed by the court, did not infringe even though claim had the open transition term "comprising")

in said first image said ID uniquely identifying said first image" 중 용어 "each field"는 "명세서(specification)에 제시된 기존 발명들의 문제점들을 모두 해결하기 위해서는 보다 넓은 해석인 "임의의/어떤(any)"의 의미가 아니라 "모든(all)"의 의미를 내포하여야 한다."고 판시하였다.[289]

e. 연방 항소법원은 청구항 "a wire chafing stand comprising a first rim of wire steel … having at least two wire legs with each wire leg having two upright sections … and … a plurality of offsets located either in said upright sections of said wire legs"과 관련하여, 특허 심판원의 해석인 "본 청구항은 오픈형 전제부 용어 'comprising'이 쓰였기 때문에, 오프셋을 가지는 적어도 두 개의 다리(wire legs)를 개시하는 한 오프셋이 없는 다리의 존재 또한 의미할 수 있음"은 타당하지 않고 "각각의(each) 다리(wire legs)는 오프셋을 포함해야만 하기 때문에 특허 심판원의 진보성 위반 거절은 부당하다고 판시"하였다.[290]

f. 연방 항소법원은 청구항 "each successive iteration including the steps of

---

289) *See ResQNet.com, Inc. v. Lansa, Inc.*, 346 F.3d 1374, 1379–80 (Fed. Cir. 2003) (construing term "each field" in limitation reciting "means for processing said information to generate a screen identification ("ID") from said first image, said ID being generated as a function of the number, location, and length of each field in said first image said ID uniquely identifying said first image" as requiring the processing of each and every (all) fields in identifying an incoming screen and not just some of the fields based on an identification in the written description of three problems in the prior art allegedly solved by the claimed invention and adopting narrower construction of claim term because that construction resulted in an invention that solved all three problems, including properly updating screen ID information, where a broader construction that "each" could mean "any" would only solve two of the three problems and not solve the updating screen ID information problem, and the patentee relied on the ability of updating the screen ID information to distinguish over the prior art")

290) *See In re Skvorecz*, 2009 WL 2780366, *3 (Fed. Cir. 2009) (in a claim reciting "a wire chafing stand comprising a first rim of wire steel … having at least two wire legs with each wire leg having two upright sections … and … a plurality of offsets located either in said upright sections of said wire legs," reversing anticipation rejection because Board erred in construing the term "comprising" as permitting the presence of wire legs that lacked the recited offsets so long as there were at least two other wire legs that had the recited offsets as that construction read out the requirement that "each" wire leg have the recited offset")

[1-5]"의 해석과 관련하여, 특허권자의 주장인 "명세서(specification)에 반복(iteration)의 각 단계 동안 오직 단계 5만 실제적으로 다시 계산된다고 개시되어 있으므로, 각 반복 동안 단계 5만 행해지는 것으로 이해되어야 함"은, 청구항 언어는 있는 그대로(on its face) 이해되어야 하기 때문에 타당하지 않고, "각 반복 동안 단계 1-5가 모두 수행되어야만 하는 것으로 이해되어야 하기 때문에, 비침해라고 판시"하였다.291)

g. 연방 항소법원은 복수의 출력 장치들에 정보를 전송하는 장치와 관련된 청구항 "each user device subscribed to that service is associated with a device-specific style" 및 "creating a device-specific formatted output for each user device"은 "각각의 디바이스 종류에 따라 특정한 구체적인 포맷일 것이 요구되기 때문에, 침해 주장된 방법은 디바이스 종류와 관계없이 이메일 포맷으로 데이터를 출력하기 때문에 비침해라고 판시"하였다.292)

h. 연방 항소법원은 현미경 슬라이드에 실장된 샘플을 처리하는 방법 청구항 "providing a plurality of slide supports on a platform, each support

291) *See Lucent Technologies, Inc. v. Gateway, Inc.*, 525 F.3d 1200, 1213-16 (Fed. Cir. 2008) (for claim limitation reciting "each successive iteration including the steps of [1-5]" to require that "all of the steps following this clause [steps 1-5] must each be performed in forming each pulse" and rejecting patentee's argument that because the specification only showed that step 5 was actually recalculated during each step of the iteration, with the described method using the same values for steps 1-4, the claim should be construed to only require that step 5 be done on each iteration, the court ruling that the claim language was plain on its face, and the court would not rewrite the claim even though that plain meaning required a construction that read out the only described embodiment—affirming summary judgment of no infringement where accused process did not perform all of the steps during each individual iteration)

292) *See MicroStrategy Inc. v. Business Objects, S.A.*, 429 F.3d 1344, 1351-52 (Fed. Cir. 2005) (In a method claim directed to a device for broadcasting information to multiple output devices, e.g., pagers, facsimiles, printers, cell phones, PDA, and e-mail, and formatting output to be compatible for the devices, construing a claim limitation reciting "each user device subscribed to that service is associated with a device-specific style" and "creating a device-specific formatted output for each user device" as requiring specific formats particular to each individual device type, and therefore accused method that sent all output data in e-mail format, regardless of the type of device that received the output data, did not infringe")

being comprised of a heating element that underlies at least one microscope slide…"과 관련하여, "각각의 슬라이드 받침대(slide support)마다 개별적인 발열체(heating element)가 요구되지 않고, 명세서(specification)에 기반하여 판단해 볼 때, 여러 개의 받침대와 관련된(associated with) 단일 발열체를 내포할 수 있다"고 판시하였다.[293)]

2) Either

ⅰ. 연방 항소법원(CAFC)

a. 연방 항소법원은 청구항 "means under operator control for selecting either a greater magnitude or highest frequency search, where by either strongest signal or fastest signal target identification is provided" 중 용어 "or" 및 "either"의 청구항 해석과 관련하여, 컴퓨터 관련 분야에서 구별되어 쓰이는 해석(예 : or (하나(one), 나머지 것(the other), 또는 모두(both))와 exclusive or (모두는 포함하지 않고, 하나 또는 나머지 것)을 구별함)은 타당하지 않고, 명세서(specification)에 일반적인 의미와 달리 쓰이는 것에 대해 개시되어 있지 않은 점에 기초하여 볼 때 일반적인 의미인, 하나 또는 나머지 것(one or the other, but not both)을 의미한다고 판시하였다.[294)]

---

293) *See Dako Denmark A/S v. Leica Biosystems Melbourne Party Ltd.*, Fed. Appx., 2016 WL 7030362, *7 (Fed. Cir. 2016) (nonprecedential) (in an IPR, for claims directed to a method for processing samples mounted on microscope slides and reciting the step of "providing a plurality of slide supports on a platform, each support being comprised of a heating element that underlies at least one microscope slide …," ruling that the Board properly construed the claim to not require individual heating elements for each individual support, as urged by the patentee, and affirming a finding of anticipation by a prior art reference that used a single heating element associated with several supports, the Federal Circuit noting that the specification of the patent disclosed an embodiment with one heating unit heating several supports")

294) *See Kustom Signals, Inc. v. Applied Concepts, Inc.*, 264 F.3d 1326, 1331-32 (Fed. Cir. 2001) (term "or" and "either" as used in claim limitation "means under operator control for selecting either a greater magnitude or highest frequency search, where by either strongest signal or fastest signal target identification is provided" construed to mean one or the other, but not both, based on application of the ordinary meaning of the term "or" as defined in the dictionaries, rejecting

3) Effective

i. 연방 항소법원(CAFC)

a. 연방 항소법원은 "a Lewis acid inhibitor in an amount effective to prevent degradation by a Lewis acid" 중 용어 "amount effective" 의 해석과 관련하여, 연방 지방법원의 해석인 "출원일로부터 1년 전에 130ppm의 물을 포함하는 제품을 팔고 있었기 때문에, 131ppm을 초과하는 억제제(inhibitor)가 요구됨"은 타당하지 않고, 명세서(specification) 및 출원 경과과정에서 출원인이 용어 "effective amount"의 일반적인/관습적인 의미(customary meaning)와 다르게 해석되도록 의도한 바가 없기 때문에 보다 더 넓게 해석되어야 한다고 판시"하였다.[295)]

b. 연방 항소법원은 구문 "therapeutically effective amount"의 해석과 관련하여, 연방 지방법원의 해석인 "구체적으로 적혈구용적 비율(hematocrit rate)을 증가시킨 양이 요구됨"은 "명세서(specification)에 적혈구용적 비율의 증가를 비롯하여, 확인된 모든(any or all) 생물학적 효과들을 산출할 수 있는 DNA product을 개시한 점에 비추어 볼 때 타당하지 않다"고 판시하였

---

computer dictionary definition distinguishing between "or" (one or the other or both) and "exclusive or" (one or the other but not both) since nothing in the description indicated that this divergent meaning from the ordinary meaning was intended, the written description never taught using both the strongest and fastest target, but disclosed only using one or the other signals, and in the prosecution history the applicant amended claims reciting "magnitude and frequency" to operator selected magnitude "or" frequency to overcome prior art")

295) *See Abbott Laboratories v. Baxter Pharmaceutical Products, Inc.*, 334 F.3d 1274, 1277-78 (Fed. Cir. 2003) (vacating summary judgment of noninfringement because district court erred in construing the required amount of a chemical in a claim limitation reciting "a Lewis acid inhibitor in an amount effective to prevent degradation by a Lewis acid" as requiring more than 131 ppm of the inhibitor based on the patentee's submission of an IDS showing that more than one year prior to filing its application it sold a product have 130 ppm of water for a specific glass where the specification showed that many environmental factors affected what was an "effective amount" for a given glass, nothing in the specification or prosecution history showed the inventor intended to deviate from the broad customary meaning of "effective amount" and therefore, the district court's construction imposing a greater than 131 ppm requirement for all water concentrations was erroneous")

다.[296)]

c. 연방 항소법원은 청구항 본문에 약의 구체적인 복용량이 기술되어 있고, 청구항의 마지막에 "which is as effective as administration of 20 mg of glatiramer acetate daily"가 기재가 된 경우에, 청구항에 이미 개시된 복용량이나 방법을 변화시키지 않으므로, 특허성을 판단하는데 무관한 기술이라고 판시"하였다.[297)]

d. 연방 항소법원은 "composition … effective to catalyze" 및 "composition … effective for catalyzing"과 관련하여, 본 발명의 개선된 특징은 촉매 작용이 어떻게 행해지는지가 아닌 촉매 작용이 적용되는 두 개의 층의 배치에 관한 것이기 때문에, 불명확한 표현이라고 판시한 연방 지방법원의 해석은 적절하지 않다"고 판시하였다.[298)]

---

296) *See Amgen Inc. v. Hoechst Marion Roussel, Inc.*, 457 F.3d 1293, 1302 (Fed. Cir. 2006), cert. denied, 127 S. Ct. 2270 (U.S. 2007) (ruling over the dissent of Judge Michel, that where specification described DNA product as being able to produce "any or all" of a list of identified biological effects, including the ability to increase hematocrit levels, district court erred in construing term "therapeutically effective amount" as requiring an amount that specifically increased hematocrit levels")

297) *See In Re : Copaxone Consolidated Cases*, 906 F.3d 1013, 1022-23 (Fed. Cir. 2018) (where the body of a method of treatment claim already specified a specific dose of the claimed drug to administer, an additional recitation towards the end of the claim reciting "which is as effective as administration of 20 mg of glatiramer acetate daily," was a non-limiting recitation that did not give patentable weight to the claim since it "does not change the express dosing amount or method already disclosed in the claims, or otherwise result in a manipulative difference in the steps of the claims")

298) *See BASF Corp. v. Johnson Matthey Inc.*, 875 F.3d 1360, 1365-68 (Fed. Cir. 2017) (reversing finding that claim limitations reciting a "composition … effective to catalyze" and a "composition … effective for catalyzing" were indefinite, the court finding that the district court failed to provide sufficient support for its conclusion that one of skill in the art would not know with reasonable certainty what compositions would meet the functional requirement of catalyzing, the district court erred in concluding that because there could be a "limitless" number of compositions that could meet the limitation, the claim had to be indefinite as "breadth" of a claim does not show indefiniteness, the Federal Circuit finding that in the context of the invention where the inventive aspect was the arrangement of two layers that were catalyzed, without focus on how that catalyzing was done, the claim limitations were sufficient definite")

ii. 연방 지방법원

a. 연방 지방법원은 건조성 각막염(dry eye)를 치료하는 데 이용되는 사이클로스포린(cyclosporine)을 포함하는 유탁액(emulsion)과 관련된 청구항 중 용어 “effective amount in treating dry eye”는 불명확하지 않고, “근본적인 상태를 치료하기 위해 효과적인 양을 의미한다”고 판시하였다.[299)]

b. 연방 지방법원은 칼시토닌(calcitonin)의 “a therapeutically effective amount”의 해석과 관련하여, “원하는 치료효과를 생산하기 위해 충분한 칼시토닌의 양을 의미한다.”고 판시하였다.[300)]

4) E.g.

i. 연방 항소법원(CAFC)

a. 연방 항소법원은 명세서(specification)에 작성된 “A ‘controlled amount’ of protic material is an amount up to that which inhibits the reaction of aniline with nitrobenzene, e.g., up to about 4% H2O based on the volume of the reaction mixture when aniline is utilized as the solvent”의 해석과 관련하여, 출원인이 명세서에 작성한 정의로 한정 해석하여야 하는바 “약 4%의 물(H2O)의 범위로 한정되는 것이지, 약 4%를 초과하는 물을 포함하는 해석은 타당하지 않다.”고 판시하였다.[301)]

---

299) *See Allergan, Inc. v. Teva Pharmaceuticals USA, Inc.*, 2016 WL 7210837, *8 (E.D. Tex. 2016) (Bryson, J, sitting by designation) (for claims directed to an emulsion containing cyclosporine for use in treating “dry eye” condition, ruling that the terms “effective amount in treating dry eye” were not indefinite and would be construed to mean “an amount effective to treat the underlying condition.”)

300) *See Novartis Pharmaceuticals Corp. v. Apotex Corp.*, 2006 WL 626058 (S.D. N.Y. 2006) (construing term “a therapeutically effective amount” of calcitonin as meaning “an amount of calcitonin sufficient to produce a desired therapeutic effect” and rejecting accused infringer's proposed construction seeking to import functional limitations from the specification into the construction such that the term meant “an amount of calcitonin when administered as a nasal spray or drop prepared as per the teachings of the '565 and '569 patents sufficient to produce the desired therapeutic activity. The amount of calcitonin depends upon the source of calcitonin, the condition to be treated, desired frequency and the desired effect”)

b. 연방 항소법원은 컴퓨터 화면에 정보를 표시하는 방법과 관련된 청구항 "in an unobtrusive manner that does not distract a user" 중 "in an unobtrusive manner"의 불명확성과 관련하여, 발명의 요약에 "e.g."를 기재하였다고 하더라도, 해당 용어가 명세서(specification)에 기재된 실시예와의 관계가 너무 불확실하기 때문에 해당 용어는 불명확하다고 판시하였다(추가로 판례는 용어 "e.g.(예를 들면: for example)" 대신 용어 "i.e.(즉: in other words)"를 기재하였으면 출원인의 주장이 보다 설득력이 있을 수도 있었다고 설명하였다).[302)]

ii. 연방 지방법원

a. 연방 지방법원은 청구항 "obtaining identity information regarding an entity which enters a controlled space" 중 용어 "entity"는, 발명의 요약에 "an entity, (e.g., an individual or an automated device)"라고 설명되어 있으므로, 인간(human)과 자동화된 장치(automatic or robotic devices) 모두를 내포한

---

301) *See Sinorgchem Co., Shandong v. International Trade Com'n*, 511 F.3d 1132, 1136-39 (Fed. Cir. 2007) (in a claim directed to a method of producing a compound, 6PPD, that acted as a rubber tire antidegradant, ruling that claim limitation "controlled amount of protic material" to produce an intermediate was limited by the definition provided in the specification where the inventor stated "A 'controlled amount' of protic material is an amount up to that which inhibits the reaction of aniline with nitrobenzene, e.g., up to about 4% H2O based on the volume of the reaction mixture when aniline is utilized as the solvent," the Federal Circuit ruling that the ITC erred in ignoring the "up to about 4% H2O based on the volume of the reaction mixture when aniline is utilized as the solvent" when it effectively construed the claim to permit more than about 4% of water in an accused product that used aniline as the solvent, because the term "controlled amount" did "not have any well-accepted meaning in the field of chemistry," the Federal Circuit ruled that the definition assigned by the inventor in the specification governed")

302) *See Interval Licensing LLC v. AOL, Inc.*, 766 F.3d 1364, 1373-74 (Fed. Cir. 2014) (for claims directed to displaying information on a computer screen, claim limitation reciting that the information be displayed "in an unobtrusive manner that does not distract a user" was indefinite because an "unobtrusive manner" was "highly subjective" and the phrase had "too uncertain a relationship to the patent's embodiments" disclosed in the specification, further rejecting the patentee's contention that a description in the Summary of the Invention specification with an "e.g." provided an express definition to save claim from being indefinite, but noting that had the text used "i.e." the patentee's contention would have more weight")

다.”고 판시하였다.[303)]

5) Elongated

i. 연방 항소법원(CAFC)

a. 연방 항소법원은 용어 “elongated member”는 “폭(wide)보다 길이가 긴 주 구조(main structure)이면서 반대 끝 쪽을 연속적으로 가로질러 연장되는 것이 요구”된다고 판시하였다.[304)]

b. 연방 항소법원은 용어 “elongated and substantially straight”는 명세서(specification)에 기능적인 기준을 기재하고 있기 때문에 불명확한 표현이 아니라고 판시하였다.[305)]

c. 연방 항소법원은 용어 “elongated”는, 정도(degree)에 관한 용어로서, 명세서(specification)에 언제 무엇이 “elongated”로 간주되는지에 대한 객관적인 설명이 생략되어 있으므로 불명확한 표현이라고 판시”하였다.[306)]

---

303) *See Intellectual Ventures II LLC v. FedEx Corporation*, 2017 WL 5896180, *18-*19 (E.D. Tex. 2017) (term “entity” in limitation reciting “obtaining identity information regarding an entity which enters a controlled space” covered both humans and automatic or robotic devices where the summary of the invention expressly defined to include automated devices by stating “an entity, (e.g., an individual or an automated device”)

304) *See Mich & Mich TGR, Inc. v. Brazabra Corp.*, 2016 WL 4245530, *2-*3 (Fed. Cir. 2016) (nonprecedential) (in view of the specification, district court properly construed “elongated member” to require a main structure that was longer than it was wide, and that extended continuously across the opposite ends”)

305) *See Exmark Manufacturing Company Inc. v. Briggs & Stratton Power Products Group, LLC*, F.3d., 2018 WL 385497, *7-*9 (Fed. Cir. 2018) (affirming finding that claim limitation reciting “elongated and substantially straight” was not indefinite where the specification gave a functional standard for knowing when the component was “elongated and substantially straight”)

306) *See GE Lighting Solutions, LLC v. Lights of America, Inc.*, 663 Fed. Appx. 940, 941 (Fed. Cir. 2016) (nonprecedential) (affirming finding that term “elongated,” a term of degree, was indefinite because the specification failed to provide any objective guidance to know when something was deemed to be “elongated,” the court further noting that the patentee argued that two prior art references did not show an “elongated” component, as the term was used in the claims, but the references did have components that were extended in one length”)

6) Embedded

ⅰ. 연방 항소법원(CAFC)

a. 연방 항소법원은 용어 "embedded computer code"는, 용어 "embedded"와 용어 "linked"는 일반적으로 구별되기 때문에, 해당 용어 "embedded computer code"는 링크된 코드를 내포하지 않는다고 판시"하였다.307)

ⅱ. 연방 지방법원

a. 연방 지방법원은 청구항 "a first code module embedded in a web page" 중 "embedded"의 해석과 관련하여, 특허권자의 주장인 "웹 페이지에 나중에 삽입될 링크된 코드를 포함할 수 있음"은 용어 "embedded"의 일반적인 의미 및 시제가 과거(past tense)인 점에 비추어볼 때 타당하지 않고, "코드 모듈이 실제적으로 웹 페이지에 있을 것이 요구된다"고 판시하였다.308)

b. 연방 지방법원은 청구항 "a shock absorbing and attenuating framework … which is embedded in the mouthguard posterior portions …" 중 용어 "embedded"는 "프레임워크와 마우스가드 영역이 일체적으로 있을 것(had to be integral with)이 요구되나, 상당부분이 필수적으로 내부에 있을 필요는 없다고 판시"하였다.309)

---

307) *See Augme Technologies, Inc. v. Yahoo! Inc.*, 755 F.3d 1326, 1332-34 (Fed. Cir. 2014) (affirming construction that "embedded" computer code did not cover linked code since the plain claim language made a distinction between "embedded" code and "linked" construing "embedded" code to include "linked" code would render that distinction meaningless")

308) *See Modavox, Inc. v. Tacoda, Inc.*, 2009 WL 976607, *4-*5 (S.D. N.Y. 2009) (ruling that the term "embedded" when referring to a first code module embedded in a web page required that the code module actually be in the web page, and rejecting patentee's proposed construction that the scope could include code linked for later insertion into the page, in view of the ordinary meaning of the term and the past tense usage")

309) *See EZ Gard Industries, Inc. v. XO Athletic Co.*, 2008 WL 1827490, *4 (D. Minn. 2008), aff'd, 2008 WL 5207021 (Fed. Cir. 2008) (nonprecedential) (construing term "embedded" as used in a claim limitation reciting "a shock absorbing and attenuating framework … which is embedded in the mouthguard posterior portions …" as meaning that the framework had to be integral with the

7) End

i. 연방 항소법원(CAFC)

a. 연방 항소법원은 용어 "proximate end"는 명세서(specification)에 기반하여 판단해 볼 때 일 부품 일부의 마지막 부분(extreme end or the last part)을 의미하므로, 침해 주장된 제품은 끝(end)에서부터 길이의 35% 부착점(attachment point)을 가지므로 비침해라고 판시하였다.[310)]

8) Engage

i. 연방 항소법원(CAFC)

a. 연방 항소법원은 사용자의 입에 삽입하는 게임 호출 장치와 관련된 청구항 "a first roof-of-mouth engaging yieldable sealing portion" 중 용어 "engaging"은 "연동 연결(interlocking connection)을 내포(예: 접촉하는(to come into contact with))한다고 판시"하였다.[311)]

b. 연방 항소법원은 용어 "attached" 및 "engaged"는 간접 연결로 해석할 경우 청구항의 다른 부분에 기재된 기술적 특징을 수행할 수 없으므로 직접 연결(direct connection)을 내포한다고 판시"하였다.[312)]

---

mouthguard portion, and not necessarily substantially internal")

310) *See Advanced Steel Recovery, LLC v. X-Body Equipment, Inc.*, 808 F.3d 1313, 1317-18 (Fed. Cir. 2015) (term "proximate end" properly construed to be limited to the extreme end or the last part of the component part, as this construction was consistent with the specification and affirming summary judgment of no infringement where the accused product had its attachment point 35% of the length from the end the Federal Circuit finding that the patentee failed to show that the accused product operated in the same "way" as the claim limitation and due to the narrow language of the claim finding infringement under the doctrine of equivalents would vitiate the locational limitation of being attached at the "proximate end")

311) *See Primos, Inc. v. Hunter's Specialties, Inc.*, 451 F.3d 841, 848 (Fed. Cir. 2006) (rejecting accused infringer's claim construction argument that the term "engaging" in claim limitation reciting "a first roof-of-mouth engaging yieldable sealing portion" for a claim directed to a game calling device inserted in a user's mouth to require an interlocking connection since that construction was contrary to the patent figures and would read out a preferred embodiment, and instead construing the term to mean "to come into contact with")

312) *See Southco, Inc. v. Fivetech Technology Inc.*, 2015 WL 1609846, *2-*3 (Fed. Cir. 2015)

ii. 연방 지방법원

a. 연방 지방법원은 용어들 "engaged to," "engaging between," "engaging," 및 "engage"는 명세서(specification)에 기반하여 판단해 볼 때 직접 부착(direct attachment)으로 한정 해석되지 않고, 부착(attach) 또는 고정(secure)을 내포할 수 있다고 판시"하였다.[313)]

9) Enhance

i. 연방 지방법원

a. 연방 지방법원은 건조성 각막염(dry eye)를 치료하는 데 이용되는 사이클로스포린(cyclosporine)을 포함하는 유탁액(emulsion)과 관련된 청구항 용어 "enhancing"은 불명확하지 않고, 양 및/또는 특질을 증가시킴"을 의미한다고 판시하였다.[314)]

10) Essentially free

i. 연방 항소법원(CAFC)

a. 연방 항소법원은 용어 "essentially free"는 명세서(specification) 및 출원 경과과정에서 언급된 출원인의 설명 등에 기초하여 볼 때 "0.25% 또는 그 이하의 물질"을 의미한다고 판시하였다.[315)]

(nonprecedential) (ruling that under the circumstances the term "attached" and "engaged" required a direct connection because an indirect connection would not satisfy another portion of the claim")

313) *See Regalo International v. Munchkin*, 2016 WL 7107229, *3-*4 (D. Del. 2016) (construing terms "engaged to," "engaging between," "engaging," "engage" to mean "attach or secure" and refusing to limit scope of term to require a direct attachment since the specification used the terms, in some instances to expressly permit indirect attachment")

314) *See Allergan, Inc. v. Teva Pharmaceuticals USA, Inc.*, 2016 WL 7210837, *9-*11 (E.D. Tex. 2016) (Bryson, J, sitting by designation) (for claims directed to an emulsion containing cyclosporine for use in treating "dry eye" condition, ruling that the term "enhancing" was not indefinite and was construed to mean "increasing the quantity and/or quality")

315) *See Sunovion Pharmaceuticals, Inc. v. Teva Pharmaceuticals USA, Inc.*, 731 F.3d 1271, 1276-78 (Fed. Cir. 2013) (district court properly construed a limitation of "essentially free" as meaning 0.25% or less of a substance in view of repeated statements made in the prosecution history,

b. 연방 항소법원은 용어 "essentially free"는 피할 수 없는 불순물로서 존재하는 물질을 의미한다고 판시하였다.316)

c. 연방 항소법원은 청구항 "exhibiting essentially the following x-ray diffraction properties" 중 용어 "essentially"의 해석과 관련하여, 청구항의 다른 부분에 구체화된 "the x-ray diffraction properties" 대비 완벽히 일치할 필요는 없으나 상당 부분을 제외하고 해석하는 것은 허용되지 않는다"고 판시하였다.317)

11) Establish

i. 연방 항소법원(CAFC)

a. 연방 항소법원은 청구항 "establishing a communication cycle to send information from a hub to remote devices" 중 용어 "establishing"은 명세서(specification)에 기반하여 판단해 볼 때, 단순히 통신 주기(communication cycle)를 시작(initiating)하는 것이 아니라, 통신 주기를 완벽히 설정(fully set up)하고 정보가 허브로부터 원거리 장치들로 보내지는 것을 내포한다고 판시하였다.318)

---

including statements made in an interference proceeding, characterizing the invention as being illustrated by one specific example provided in the specification, which example showed 0.25% or less of the substance")

316) *See* In re Marosi, 710 F.2d 799, 803 (Fed. Cir. 1983) (construing "essentially free" to mean material present only as an unavoidable impurity).

317) *See* Zenith Laboratories, Inc. v. Bristol-Myers Squibb Co., 19 F.3d 1418, 1424 (Fed. Cir. 1994) ("Although the term 'essentially' recited in the claim [limitation 'exhibiting essentially the following x-ray diffraction properties'] permits some leeway in the exactness of the comparison with the specified 37 lines of the claim [describing the x-ray diffraction properties], it does not permit ignoring a substantial number of lines altogether.")

318) *See* Atlas IP, LLC v. Medtronic, Inc., 809 F.3d 599, 605-06 (Fed. Cir. 2015) (relying on function invention had to perform, and the description of the invention in the specification, to rule that "establishing" a communication cycle to send information from a hub to remote devices, as used in the context of the asserted claim, required more than merely "initiating" the communication cycle, it required that a communication cycle was fully set up and the information was sent from the hub to the remotes before the remotes began their transmission cycle, the court noting that to

b. 연방 항소법원은 청구항 "delivering the command from the mailbox at the server to the wireless device by establishing a connection between the wireless device and the server, transmitting the contents of the mailbox from the server to the wireless device, and …; wherein the connection is established based on a threshold condition" 중 "establishing a connection…" 단계는, 명세서(specification)에 기재된 실시예 및 "wherein절에 쓰여진 established와 같이 과거형으로 쓰인 것에 기초하여 판단해 볼 때 "transmitting …" 단계 이전에 완벽하게 행해져야만 한다고 판시"하였다.[319)]

12) Equal

i. 연방 지방법원

a. 연방 지방법원은 청구항 구문 "substantially equal to the total depth of penetration"은 명세서(specification)에 무엇이 "substantially equal"인지 설명하지 않았기 때문에 불명확한 표현이라고 판시하였다.[320)]

---

avoid having cross or simultaneous signals the hub had to complete its sending of the information to the remote devices, also rejecting contention that claim differentiation applied to support the patentee's proposed construction as there were other differences in the various claims that avoid being rendered superfluous under the narrow construction")

319) *See Mformation Technologies, Inc. v. Research in Motion Ltd.*, 764 F.3d 1392, 1399-1400 (Fed. Cir. 2014) (for a claim limitation reciting "delivering the command from the mailbox at the server to the wireless device by establishing a connection between the wireless device and the server, transmitting the contents of the mailbox from the server to the wireless device, and …; wherein the connection is established based on a threshold condition" affirming construction that the "establishing" "sub-step" had to be done completely before the next step of "transmitting" began due to the past tense language of "established" in the wherein clause and that the sole embodiment of the claim in the specification only described the connection being completely established before the transmission began")

320) *See Geodynamics, Incorporated v. Dynaenergetics US, Inc.*, 2016 Markman 6217181, 2016 WL 6217181, *15-*16 (E.D. Tex. 2016) (term "substantially equal to the total depth of penetration" was indefinite because the specification did not provide any guidance as to what was "substantially equal" and what was not where the only relevant instances of the limitation described scenarios that were "equal" and not something that was "substantially equal")

b. 연방 지방법원은 LG 디스플레이 관련 소송에서, 구문 "substantially equal"은 "완벽하게 동일하지는 않으나 상당히 동일한 수준으로 승인될 수 있는 레벨"을 의미한다고 판시하였다.[321]

13) Etc.

ⅰ. 연방 항소법원(CAFC)

a. 연방 항소법원은 명세서(specification)에 기재된 용어 "etc."는 "추가적이지만 유사한 형태를 암시하는 것이지 종류가 다른 것은 내포하지 않는다고 판시"하였다.[322]

14) Extend

ⅰ. 연방 항소법원(CAFC)

a. 연방 항소법원은 청구항 "a front drive shaft extending between the transmission and the front axle assembly" 중 용어 "extending between"은 ~ 사이에 오는 구조가 내포된다고 판시"하였다.[323]

b. 연방 항소법원은 롤러 코스터에 이용되는 마그네틱 브레이크와 관련된

---

321) *See LG Display Co., Ltd. v. AU Optronics Corp.*, 2010 WL 545921, *4 (D. Del. 2010) (applying plain meaning to "substantially equal" and construing it, as the patentee proposed, to mean "a level that is not completely the same but can be accepted as a substantially equal level")

322) *See Indacon, Inc. v. Facebook, Inc.*, 824 F. 3d 1352, 1355 (Fed. Cir. 2016) (noting that use of "etc." in the specification "implies additional, but similar forms" and did not extend to something that was different in kind—"The '276 patent defines 'term' by referring to forms of textual expression ('words, numbers, spaces, etc.'). As the district court explained, the use of 'etc.' in this definition implies additional, but similar forms of expression and does not reasonably encompass graphical expression.")

323) *See Polaris Industries, Inc. v. Arctic Cat, Inc.*, 882 F.3d 1056, 1073-74 (Fed. Cir. 2018) (rejecting petitioner's contention that "extending between" as recited in "a front drive shaft extending between the transmission and the front axle assembly" should be construed to permit intervening structure and affirming the PTO's construction that the claim properly required that "a front drive shaft, and only that drive shaft, 'account for the entire distance between the transmission and the [front] axle assembly'" as this construction was supported by the intrinsic evidence")

청구항 "conductive rail begin adapted to extend the length of the fixed device part"은 "레일은 고정된 장치 부분의 전체 길이를 연장해야만 한다고 판시"하였다.[324)]

c. 연방 항소법원은 바늘 조립기(needle assembly)와 관련된 청구항의 일부에서 "a spring means… connected to said hinged arm"을 기재하고 청구항의 다른 부분에서 "the spring means … extending between a hinged arm and a mounting means"가 기재된 경우, 용어 "spring means"는 "hinged arm"과 구조적으로 분리되어야만 하므로, 침해 주장된 제품은 분리된 스프링을 갖지 않는 플라스틱 힌지를 포함하고 있으므로 비침해라고 판시"하였다.[325)]

d. 연방 항소법원은 감옥(prison)에서의 전화와 관련된 청구항 "the earpiece … and the mouthpiece … permanently extend out through the front wall of the housing"은 "이어폰(earpiece) 및 송화구(mouthpiece)가 하우징 벽으로부터 돌출(project out)되는 것이 청구항 용어의 가장 자연스러운 의미"라고 판시하였다.[326)]

---

324) *See Intamin Ltd. v. Magnetar Technologies, Corp.*, 483 F.3d 1328, 1336 (Fed. Cir. 2007) (in a claim directed to a magnetic brake used on roller coasters, construing limitation "conductive rail begin adapted to extend the length of the fixed device part" to mean that the rail had to extend the full length of the fixed device part, and rejecting patentee's argument that the limitation did not require extension over the full length since that construction would not read on some embodiments described in the specification")

325) *See Becton, Dickinson and Co. v. Tyco Healthcare Group, LP*, 616 F.3d 1249, 1254-56 (Fed. Cir 2010) (where a claim to a shieldable needle assembly and reciting a 'hinged arm' and a 'spring means,' which in one claim was 'connected to said hinged arm' and in a second claim was 'extending between' a hinged arm and a mounting means, construing, over the dissent of Judge Gajarsa, the claim to require that the 'springs means,' regardless whether or not it was or as not a means-plus-function, had to be structurally separate from the hinged arm, and therefore accused product that had a plastic hinge but no separate spring did not infringe")

326) *See TIP Systems, LLC v. Phillips & Brooks/Gladwin, Inc.*, 529 F.3d 1364, 1373, (Fed. Cir. 2008) (in a claim directed to a phone for a prison, affirming district court's construction of the limitation that the "the earpiece … and the mouthpiece … permanently extend out through the front wall of the housing" as requiring that the pieces project out from the wall of the housing as this was the most "natural reading" of the claim terms, the figures of the patents showed the pieces in this

15) Equivalent

i. 연방 항소법원(CAFC)

a. 연방 항소법원은 청구항에 작성된 "한 제약품을 섭취함으로써 갖게 되는 혈중 최고 농도(Cmax)는 또 다른 제약품을 섭취함으로써 갖게 되는 혈중 최고 농도와 "equivalent"함"은, 미국 식품 의약국(FDA : Food and Drug Administration)의 생물학적 동등성(bioequivalent)에 대한 정의(definition)에 기반하여 판단해 볼 때, 해당 값의 80% 에서 125%까지를 의미한다고 판시하였다.[327)]

F.

1) Facilitate

i. 연방 지방법원

a. 연방 지방법원은 중앙 컴퓨터로부터 무선 휴대용 장치 또는 인터넷으로 동기화 메뉴를 생성하는 시스템과 관련된 청구항 중 용어 "facilitates"는 "보다 더 쉽게 만듦(makes easier)"을 의미한다고 판시하였다.[328)]

---

fashion, and rejecting patentee's argument that because one alternative embodiment did not have the pieces projecting out past the housing wall the claim should be construed as not requiring the pieces to project from the housing wall")

327) *See Adams Respiratory Therapeutics, Inc. v. Perrigo Co.*, 616 F.3d 1283, 1287 (Fed. Cir. 2010) (for a claim directed to a drug requiring that a Cmax value in a human subject taking the drug product be "equivalent" to a Cmax obtained from another dosage of another drug product, ruling that the term "equivalent" meant to be within 80 to 125% of the value since that was how the FDA defined bioequivalent, and the applicant stated in a reexamination proceeding that was how "equivalent" was construed, but ruling the district court erred in further limiting the claim to require a 90% confidence level in the measurement, allegedly pursuant to the FDA guidelines, since the patentee never referenced the 90% confidence level in the reexamination proceeding, and since the confidence level was independent of the bioequivalent measurement, it was error to import the confidence level into the claim")

328) *See Ameranth, Inc. v. Menusoft Systems Corp.*, 2010 Markman 1610079, 2010 WL 1610079, *12 (E.D. Tex. 2010) (for claims directed to a system for synchronous menu generation from a central computer to wireless handheld devices or the Internet, for use primarily in the restaurant industry,

b. 연방 지방법원은 스텐트(stent)와 관련된 청구항 "selected to facilitate a placement of the tubular wall at a junction of the esophagus with the stomach"의 해석과 관련하여, "선택(selection)하는 행동을 실행하는 것이 아니라, 디자이너나 제조사에 의해 실행되는 것이고, 해당 시스템의 가능성(capability)을 내포하는 것이기 때문에 불명확한 표현이 아니다"라고 판시하였다.[329)]

2) File

i. **연방 항소법원**(CAFC)

a. 연방 항소법원은 용어 "a file"은 "파일 시스템에 의한 한 구성 단위(unit)로서 데이터의 모음"을 의미하고, "하나의 파일 내에 여러 개의 파일들을 포함할 수 있으므로, 단일의 컴퓨터 파일(a single computer file)로 한정되지 않는다."고 판시하였다.[330)]

b. 연방 항소법원은 용어 "data file"은 "컴퓨터가 다른 정보와 구별될 수 있도록, 완성되고 확인할 수 있는 정보의 모음"이라고 판시하였다.[331)]

---

construing term "facilitates" as meaning "makes easier")

329) *See Boston Scientific Corporation v. Cook Incorporated*, 2016 Markman 1627601, 2016 WL 1627601, *34-*35 (D. Mass. 2016) (for claims directed to a stent, holding that the claim limitation reciting "selected to facilitate a placement of the tubular wall at a junction of the esophagus with the stomach" was not indefinite since one of skill would readily understand its meaning, also rejecting contention that the limitation ran afoul of IPXL since the court construed it to require a capability of the system and not the performance of an act of selecting, as the "selection" was done by the designer or manufacturer")

330) *See ViaTech Techs. Inc. v. Microsoft Corp.*, No. 217-2276, Fed. Appx., 2018 WL 2338136, *5-*6 (Fed. Cir. May 23, 2018) (nonprecedential) (district court properly construed the term "file" to mean "a collection of data that is treated as a unit by a file system," but erred in applying its construction of the term to be limited to a single computer file and ruling the construction was broad enough to cover a collection of computer files since "a file with multiple files within it can still be 'a collection of data treated as a unit by a file system'")

331) *See Pacing Technologies, LLC v. Garmin Intern., Inc.*, F. Supp. 2d , , 2013 Markman 5651403, 2013 WL 5651403, *5 (S.D. Cal. 2013), related appeal, 778 F.3d 1021 (Fed. Cir. 2015) (construing "data file" to mean a "complete, identifiable collection of information that enables a computer to distinguish one set of information from another" and rejecting accused infringer's narrow

3) First

ⅰ. 연방 항소법원(CAFC)

a. 연방 항소법원은 청구항 중 "first pivot point" 및 "second pivot point"의 해석과 관련하여, 연방 지방법원의 해석인 "청구항에 기재된 점들(point)의 순서에 기반하여 중심점(pivot point)의 구체적인 위치를 나타냄"은, 반복되는 구성요소나 한정하는 예들을 구별하기 위해 "제1(first)" 및 "제2(second)"를 작성하는 특허법 관례에 따라 타당하지 않다고 판시하였다.[332)]

b. 연방 항소법원은 용어 "first, second, third"는 청구항의 다른 구성요소들을 구별하기 위한 것이지 수치적 제한을 나타내는 용어는 아니므로, 제1(first), 제2(second), 및 제3(third) 칼날이 번호 순서대로 나타낼 필요가 없을 뿐만 아니라 칼날부(blade unit)를 오직 세 개의 칼날로 제한할 필요도 없다고 판시"하였다.[333)]

c. 연방 항소법원은 장치 청구항에서 "first pattern" 및 "second pattern"의 해석과 관련하여, 연속하여 형성되는 제1 및 제2 패턴을 갖는 구조가 아니라, 순차적이거나 시간적 제한이 없는 "pattern A" 및 "pattern B"와 동

---

construction that the file had to contain music data")

332) *See Free Motion Fitness, Inc. v. Cybex Intern., Inc.*, 423 F.3d 1343, 1348 (Fed. Cir. 2005) (ruling that district court erred in construing claim limitations reciting a "first pivot point" and a "second pivot point" as requiring a specific locations of the pivot points based on the order of the points recited in the claims and stating "As we have previously held, '[t]he use of the terms 'first' and 'second' is a common patent-law convention to distinguish between repeated instances of an element or limitation.' In this case, the claims include two arms, and the claims' use of the terms 'first pivot point' and 'second pivot point' distinguishes the pivot point on the 'first extension arm' from the pivot point on the 'second extension arm.' 'First' does not denote spatial location, that is, it does not suggest where on the 'first extension arm' or the 'second extension arm' the pivot points are located. The correct construction of the word 'first' merely associates the first pivot point with the first extension arm, and thus does not support the district court's judgment that the accused devices do not infringe.")

333) *See The Gillette Co. v. Energizer Holdings, Inc.*, 405 F.3d 1367, 1373 (Fed. Cir. 2005) ("The terms 'first, second, and third' are terms to distinguish different elements of the claim, not terms supplying a numerical limit. Thus, the 'first,' 'second,' and 'third' blades need not necessarily appear in that order or necessarily limit the blade unit to only three blades. Instead, these ordinal terms designate different blades within the 'unit' according to their location and elevation.")

일하게 판단될 수 있다고 판시"하였다.[334)]

d. 연방 항소법원은 청구항 "a second circuit for generating a first control signal…" 및 "a third circuit for generating a second control signal…"의 해석과 관련하여, 두 개의 서로 다른 회로 각각이 물리적으로 완전히 분리된 구성요소로 구성될 필요는 없고, 청구항에 기재된 기능을 수행하는 서로 다른 구성요소를 제2회로 및 제3회로가 포함하는 한 몇몇 동일한 전기적 구성요소를 공유할 수 있다고 판시"하였다.[335)]

4) Fixed

ⅰ. 연방 항소법원(CAFC)

a. 연방 항소법원은 용어 "fixedly secured"는 두 개의 구성요소 간에 상대적 움직임이 없는 "rigidly coupled를 의미한다고 판시"하였다.[336)]

b. 연방 항소법원은 청구항 용어 "substantially fixed"은 오직 '조금의 움직임(some movement)'을 의미하므로, 선행 기술에 개시된 '다소 제한된 특정

---

334) *See 3M Innovative Properties Co. v. Avery Dennison Corp.*, 350 F.3d 1365, 1371 (Fed. Cir. 2003) (rejecting argument that in an apparatus claim the use of "first" and "second" patterns limited claims to structures having sequentially formed first and second patterns and stating "The use of the terms 'first' and 'second' is a common patent-law convention to distinguish between repeated instances of an element or limitation. In the context of claim 1, the use of the terms 'first … pattern' and 'second … pattern' is equivalent to a reference to 'pattern A' and 'pattern B,' and should not in and of itself impose a serial or temporal limitation onto claim 1.")

335) *See Linear Technology Corp. v. International Trade Com'n*, 566 F.3d 1049, 1055-56 (Fed. Cir. 2009) (ruling that claim limitations reciting "a second circuit for generating a first control signal…" and "a third circuit for generating a second control signal…," while requiring two different circuits did not require that each circuit consist of wholly physically distinct components, but that the limitations could be met by two circuits that shared some of same electrical components as long as each collection of components making up the "second" and "third" circuits had some different components that participated in performing the claimed function")

336) *See Black & Decker, Inc. v. Positec USA, Inc.*, 2016 WL 2898012, *3-*5 (Fed. Cir. 2016) (nonprecedential) (in view of specification, and applying the Philips standard, term "fixedly secured" meant no relative movement between the two components, i.e., "rigidly coupled," and therefore prior art that prevented rotational movement, but permitted axially movement or wobbling between the two components did not meet the limitation")

움직임(somewhat restrained … certain movement)'을 통해 청구항의 특징을 개시하고 있다고 주장한 특허청의 판단은 타당하지 않다고 판시하였다.[337)]

5) Flexible

i. 연방 항소법원(CAFC)

a. 연방 항소법원은 용어 "flexible"은, 침해자의 주장 해석인 "해당 용어는 강성(rigid) 및 반강성(semi-rigid) 물질은 제외함"은 타당하지 않고, "구부러질 수 있는 것(capable of being bent)"을 의미한다고 판시하였다.[338)]

b. 연방 항소법원은 청구항 구문 "flexibly connect adjacent tubular members"의 해석과 관련하여, 강관부재(tubular member)에 연결 후 해당 결과물의 신축성(flexible)이 요구되므로, 비신축적인 용접점(inflexible weld)이 결과적으로 신축적 연결이 된 경우, 본 청구항의 권리범위에 포함된다고 판시하였다.[339)]

ii. 연방 지방법원

a. 연방 지방법원은 하나의 구성요소를 설명하는 용어로써 "flexible" 및 "rigid"가 쓰인 경우에, 명세서(specification)에 용어 "rigid"를 신축성(flexibility)이 전혀 없는 용어로 사용하고 있지 않기 때문에, 불명확한 표현은 아니라고 판시

---

337) *See In re Abbott Diabetes Care Inc.*, 696 F.3d 1142, 1150-51 (Fed. Cir. 2012) (PTO erred in concluding that a prior art reference that "somewhat restrained" certain movement met the claim limitation "substantially fixed" that only permitted "some movement")

338) *See Tinnus Enterprises, LLC v. Telebrands Corp.*, 2016 Markman 1713535, 2016 WL 1713535, *7 (E.D. Tex. 2016), related appeal, 846 F.3d 1190 (Fed. Cir. 2017) (construing "flexible" to mean capable of being bent, and rejecting accused infringer contention that the claim term had to exclude "semi-rigid" and "rigid" materials")

339) *See Cordis Corp. v. Medtronic Ave, Inc.*, 511 F.3d 1157, 1169 (Fed. Cir. 2008), order supplemented, 275 Fed. Appx. 966 (Fed. Cir. 2008) (district court properly construed claim limitation "flexibly connect adjacent tubular members" to require that the resulting connection be flexible but to necessarily require that the member that connected the tubular members itself be flexible, and hence an inflexible weld that resulted in a flexible connection met the claim limitation")

하였다.[340]

6) Formed on

ⅰ. 연방 항소법원(CAFC)

a. 연방 항소법원은 청구항 "a second layer … formed on first layer" 중 용어 "formed on"의 해석과 관련하여, 제1층과 제2층 사이에 직접적인 접촉은 요구되지 않으므로 중간층의 존재를 배제하지 않는다고 판시하였다.[341]

7) Forming

ⅰ. 연방 지방법원

a. 연방 지방법원은 데이터 관련 특허의 청구항 용어 "forming"의 해석과 관련하여, 특허권자의 주장인 "데이터를 적어도 하나의 페이지 파일로 접근 및 조직화함" 및 침해자의 해석인 "조립을 완벽히 함"은 타당하지 않고, 일반적인 의미인 "형상화하거나, 만들거나 조립함"을 의미한다고 판시하였다.[342]

---

340) *See Actavis Laboratories UT, Inc. v. UCB, Inc.*, 2016 WL 3678987, *8-*10 (E.D. Tex. 2016) (rejecting contention that claim that described a component as being "flexible" and also "rigid" was indefinite, the court finding that in view of the intrinsic evidence the two terms could be construed in a coherent manner since the patent did not use the term "rigid" in an absolute sense of no flexibility")

341) *See AFG Industries, Inc. v. Cardinal IG Co., Inc.*, 239 F.3d 1239, 1251 (Fed. Cir. 2001) (term "formed on" as used in limitation reciting a second layer … formed on first layer did not require direct contact between the second and first layer, and therefore, did not preclude the presence of an interlayer between the first and second layer that was used during the process of making the claimed substrate but had no use in the actual product once made where from the specification the claim term "layers" was construed to permit the inclusion of the interlayers that did not affect the basis and novel properties of the substrate")

342) *See PageMelding, Inc. v. ESPN, Inc.*, 2013 Markman 843190, 2013 WL 843190, *7-*8 (N.D. Cal. 2013) (in its tentative claim construction order, giving "forming" its plain meaning of "'giving form to, making, or assembling" and rejecting accused infringer's proposed construction of "completing assembly of" and rejecting the patentee's proposed construction of "accessing and organizing data into at least one page file")

8) Frame

i. 연방 지방법원

a. 연방 지방법원은 용어 “frame”은, 적절한 구조와 지지를 갖는 구성의 일반적인 의미를 갖는다고 판시하였다.[343]

9) Free of

i. 연방 항소법원(CAFC)

a. 연방 항소법원은 다른 무선 장치들 근처에서 동작하는 무선 오디오 장치와 관련된 특허 중 청구항 구문 “virtually free of interference”와 관련하여, 명세서(specification) 및 청구항 히스토리에 기반하여 판단해 볼 때 해당 구문은 다른 무선 장치들로부터 전송되는 신호에 대한 간섭/도청(eavesdropping)없이 제1 무선 장치로부터 오디오 및 신호를 듣는 능력을 의미하는 것이고, 추가적으로, 용어 “virtually free”는 줄어든 간섭을 수치적으로 정의할 필요가 없고, 비수치적(non-numerical), 비기술적(non-technical), 또는 기능적 방식으로 이해할 수 있으므로 해당 구문은 불명확한 표현이 아니라고 판시하였다.[344]

---

343) *See Chapco, Inc. v. Woodway USA, Inc.*, 2016 Markman 7168375, 2016 WL 7168375, *2-*3 (D. Conn. 2016) (“frame” given its ordinary meaning of structure having substantially any configuration suitable for providing structure and support, and rejecting accused infringer's proposed construction that merely expressly stated that the frame was not the “bearing rail” as that construction, while giving guidance as to what the frame was not, did not give any guidance as to what the frame was”)

344) *See One-E-Way, Inc. v. International Trade Commission*, 859 F.3d 1059, 1066-67 (Fed. Cir. 2017) (over the dissent of C.J. Prost, reversing commission's finding that claim limitation “virtually free of interference” in claims directed to a wireless audio device operating in the vicinity of other wireless devices was indefinite and finding that one of skill would understand, based on the specification's description of the problem solved by the invention, the ability to have private listening that was not interfered with by signals from other nearby devices, and the prosecution history of a related parent patent, that the limitation referred to the ability to hear audio and signal from a first wireless device without eavesdropping on signals being transmitted from other wireless devices, the Federal Circuit rejecting the contention that the term of degree, “virtually free,” had

ii. 연방 지방법원

a. 연방 지방법원은 세포 배양 과정을 이용하여 항체를 제조하는 청구항 "culturing the mammalian host cell in a production phase of the culture in a glutamine-free production culture medium containing asparagine" 중 구문 "a glutamine-free"의 해석과 관련하여, 세포 자체가 글루타민(glutamine)을 생성하므로 'zero glutamine'은 타당하지 않고, "생산 단계에서 이용되는 배지(culture medium)에 글루타민이 만들어지거나 보충되지 않는 것을 내포한다."고 판시하였다.[345]

10) From

i. 연방 항소법원(CAFC)

a. 연방 항소법원은 청구항 "a circuit coupled with the input of the inverter and with the converter controller to shunt current from the inverter and generator rotor …"의 해석과 관련하여, 국제 무역위원회(ITC : International Trade Commission)의 해석인 "회로(circuit)는 인버터(inverter)의 외부에 위치해

---

to be defined in relation to a numerical amount of interference reduced, but could be construed in a non-numerical, nontechnical, functional way, also finding that "virtually free of interference" did have a different meaning for "free of interference")

345) *See Genentech, Inc. v. Amgen Inc.*, 2019 Markman 2502932, 2019 WL 2502932, *2-*4 (D. Del. 2019) (in a suit under BPCIA, for a claim directed to a "manufacturing proteins, particularly antibodies, using a cell culture process" and reciting the step "culturing the mammalian host cell in a production phase of the culture in a glutamine-free production culture medium containing asparagine," construing glutamine-free to mean "a culture medium used in the production phase that is not formulated or supplemented with glutamine" as that construction was consistent with the intrinsic evidence, the court noting that cells themselves can produce glutamine, and thus a construction of zero glutamine, regardless of its source, was not proper, but also rejecting the patentee's proposed construction of "essentially free" of glutamine, which would allow for some glutamine regardless of its source, the court also noting that its construction was supported by how the prior art had defined glutamine-free, the court noting that "[t]he repeated references in the prior art to the terms 'components' and 'formulations' makes clear that those skilled in the art at the time of the invention used the term 'glutamine-free' to refer to a culture medium that was not formulated or supplemented with glutamine")

야만 함"은, 관련 증거들이 "회로가 인버터의 내부에 위치할 수 있다"는 것을 보여주고 있고, 용어 "from" 또한 이러한 한정을 요구하지 않으므로 타당하지 않은 해석이라고 판시하였다.[346]

b. 연방 항소법원은 소프트웨어 관련 청구항 "said first adapter extracting the object attributes and the object name from the object"은 "한 객체로부터 정보의 일부(subset)를 추출하는 것이 요구"된다고 판시하였다.[347]

ii. 연방 지방법원

a. 연방 지방법원은 용어 "from"의 해석과 관련하여, 특허권자의 주장 해석인 "두 개의 구성요소 사이에(between)"은 타당하지 않고, 통신의 시작점을 의미한다고 판시하였다.[348]

11) Fully

i. 연방 항소법원(CAFC)

a. 연방 항소법원은 용어 "fully의 일반적인 의미는 완전히 또는 전체적으로 의미를 갖는 "thoroughly, completely, or entirely"를 의미한다고 판시하였다.[349]

---

346) *See General Elec. Co. v. International Trade Com'n*, 685 F.3d 1034, 1044-46 (Fed. Cir. 2012) (ITC erred in narrowly construing claim reciting "a circuit coupled with the input of the inverter and with the converter controller to shunt current from the inverter and generator rotor …" to require that the circuit had to be located outside of the inverter, the court finding that the use of the term "from" did not require that the circuit be located outside of the inverter where evidence showed that the shunting function could be done with a circuit that was located inside the inverter")

347) *See Thought, Inc. v. Oracle Corp.*, 2017 WL 3587821, *2-*3 (Fed. Cir. 2017) (nonprecedential) (in a software related invention, district court properly construed claim limitation reciting "said first adapter extracting the object attributes and the object name from the object" as requiring "extracting a subset of information from an object" and therefore affirming summary judgment of noninfringement where accused product copied the entire data reference since it did not meet the required of extracting only a subset of the information")

348) *See PrinterOn Inc. v. BreezyPrint Corp.*, 2015 Markman 1268204, 2015 WL 1268204, *16-*17 (S.D. Tex. 2015) (construing "from" to mean a starting point of a communication and rejecting patentee's proposed construction of "between" two components")

12) Function of

i. 연방 항소법원(CAFC)

a. 연방 항소법원은 구문 "function of"와 관련하여, "두 개 또는 그 이상의 변수들 사이에 수학적 또는 기능적 관계로서 일반적으로 알려져 있다"고 판시하였다.[350)]

G.

1) Generally

i. 연방 항소법원(CAFC)

a. 연방 항소법원은 청구항에 작성된 용어 "generally parallel"의 해석과 관련하여, 연방 지방법원의 해석인 "수학적 개념인 'parallel(평행한)'은 편차(deviation)를 가질 수 없으므로 정확하게 평행하는 것을 의미함"은, "구체화된 변수에 대한 엄격한 수치적 경계를 피하기 위해 청구항에 근사치 용어들, 예를 들면, 용어 "generally," 또는 "substantially"를 일반적으로 이용하고, 용어 "generally"의 사전적인 정의에 기반하여 볼 때 타당하지 않다고 판시하였다.[351)]

---

349) *See Adams Respiratory Therapeutics, Inc. v. Perrigo Co.*, 616 F.3d 1283, 1290-91 (Fed. Cir. 2010) (noting that the ordinary meaning of "fully" meant "thoroughly," "completely," or "entirely)

350) *See Honeywell Intern. Inc. v. Universal Avionics Systems Corp.*, 488 F.3d 982 (Fed. Cir. 2007) ("'Function of' is commonly known as a mathematical or logical relationship between two or more variables. That is, an unknown variable can be defined as a function of some other variable. Thus, one can determine the unknown variable by reference to another variable.")

351) *See Anchor Wall Systems, Inc. v. Rockwood Retaining Walls, Inc.*, 340 F.3d 1298, 1310-11, 67 U.S.P.Q.2d 1865 (Fed. Cir. 2003) (district court erred in construing term "generally parallel" to mean exactly parallel on the basis that as a mathematical concept parallel could not have any deviation and stating "While the term 'generally parallel,' as the district court noted, is mathematically imprecise, we note that words of approximation, such as 'generally' and 'substantially,' are descriptive terms commonly used in patent claims to avoid a strict numerical boundary to the specified parameter. And, while ideally, all terms in a disputed claim would be definitively bounded and clear, such is rarely the case in the art of claim drafting. In this case, exact parallelism is sufficient, but not necessary, to meet the limitation of the claim term 'generally

b. 연방 항소법원은 선체의 용골(boat hull keel)과 관련된 청구항 중 구문 "generally flat"은, '주로 또는 대체적으로 수평한'의 의미를 갖는 'substantially or mostly horizontal'의 의미를 내포한다고 판시하였다.[352)]

c. 연방 항소법원은 청구항 구문 "a generally rectangular ported flange"의 해석과 관련하여, 국제 무역 위원회(ITC : International Trade Commission)의 해석인 "명세서(specification)에 기재된 바람직한 실시예(preferred embodiment)를 기반으로 4개의 돌출된 가장자리(rims)를 갖는 플랜지(flange)를 의미함"은, "청구항에 가장자리를 기재하지 않았을 뿐만 아니라, 명세서에 플랜지가 네 개의 돌출된 가장자리를 갖는 것이 요구된다고 기술하고 있지 않고, 구문 "generally rectangular"은 단순히 플랜지의 전반적인 형태를 내포하고 있으므로 타당하지 않다"고 판시하였다.[353)]

d. 연방 항소법원은 의학적 삽입물(medical implant)과 관련된 청구항 "generally uniform predetermined thickness of the coating on the stem"과 관련하여, 해당 청구항은 정확한(exact) 균일성이 아닌 'generally uniform thickness (일반적으로 균일한 두께)'를 내포한다고 판시하였다.[354)]

---

parallel.' ··· the relevant definition of 'generally' is 'in disregard of specific instances and with regard to an overall picture; on the whole, as a rule.' Webster's Third New International Dictionary 945. Because the claim language itself expressly ties the adverb 'generally' to the adjective 'parallel,' the ordinary meaning of the phrase 'generally parallel' envisions some amount of deviation from exactly parallel. It is the claim limitation, as a whole, that must be considered in claim construction. ··· Accordingly, we hold that the phrase 'generally parallel' envisions some amount of deviation from exactly parallel.")

352) *See Schoell v. Regal Marine Industries, Inc.*, 247 F.3d 1202, 1207-09 (Fed. Cir. 2001) (construing claim limitation "generally flat" in reference to shape of portion of boat hull keel to mean "substantially" or "mostly" horizontal")

353) *See Norgren Inc. v. International Trade Com'n*, 2009 WL 1444409, *3 (Fed. Cir. 2009) (nonprecedential) (ruling that the ALJ erred in construing claim phrase "a generally rectangular ported flange" to require a flange with four projecting rims as shown in a preferred embodiment since nothing in the intrinsic evidence required that the flange have four projecting rims, rims was not even claimed, but instead "generally rectangular" merely referred to the overall shape of the flange, therefore accused product with a rectangular shaped flange having a hole in its center and two projecting rims met the claim limitation")

354) *See Howmedica Osteonics Corp. v. Tranquil Prospects, Ltd.*, 01 F.3d 1367, 1374 (Fed. Cir. 2005)

ii. 연방 지방법원

a. 연방 지방법원은 청구항 "substantially flat and coplanar"와 "generally flat and coplanar"는 불명확하지 않고 같은 것을 의미한다고 판시하였다.[355)]

2) Generating

i. 연방 지방법원

a. 연방 지방법원은 컴퓨터 방법 청구항 중 "generating a composite image of said selected product"은 "컴퓨터 프로세서가 이미지를 'create(창조함)' 하는 것이 요구된다고 판시하였다.[356)]

3) Graphical User Interface(GUI)

i. 연방 지방법원

a. 연방 지방법원은 용어 "GUI"는 "명령어 인터페이스(command line interface)가 제외되도록 이해"되어야 한다고 판시하였다.[357)]

b. 연방 지방법원은 용어 "GUI"는 "어플리케이션 프로그램이 컴퓨터 화면

(vacating summary judgment of no infringement and ruling that district court erred in construing claims to a "coated stem" of a medical implant to require that the stem be precoated before insertion and rejecting accused infringer's argument that to meet the claim limitation of a "generally uniform predetermined" thickness of the coating on the stem, the implant had to be precoated, as opposed to inserting bone cement in the bone cavity and then inserting the implant into the cavity with the stem of the implant being coated based on the insertion, because "the claims required only a 'generally uniform' thickness, not an exact uniformity as Howmedica apparently argues.")

355) *See Max Blu Technologies, LLC v. Cinedigm Corp.*, 2016 WL 3688801, *28-*29 (E.D. Tex. 2016) (claim limitations "substantially flat and coplanar" and "generally flat and coplanar" as used in two asserted patents were not, in view of the intrinsic evidence, indefinite and meant the same thing")

356) *See Metraflex Co. v. Flex-Hose Co., Inc.*, 2011 Markman 4001144, 2011 WL 4001144, *6 (N.D. Ill. 2011) (in a computer method claim, ruling that the limitation "generating a composite image of said selected product" as requiring that the computer processor creates the image")

357) *See Dynetix Design Solutions Inc. v. Synopsys Inc.*, 2013 Markman 4860097, 2013 WL 4860097, *12-*13 (N.D. Cal. 2013) ("graphical user interface" construed to exclude a "command line interface")

스크린에 데이터의 그래픽적 표시를 나타내고, 사용자로 하여금 그래픽적으로 표시된 데이터를 선택할 수 있게 하는 컴퓨터 환경"이라고 판시하였다.358)

4) Group

i. 연방 지방법원

a. 연방 지방법원은 청구항 "joining a communication network corresponding to a group" 중 용어 "group"은 명세서(specification)에 개인간의 전화는 두 명이고 그룹 전화는 두 명을 초과한다고 기재하였기 때문에, 적어도 세 명의 참가자가 요구된다고 판시하였다.359)

H.

1) Has/Have

i. 연방 지방법원

a. 연방 지방법원은 유아 및 성인 기저귀와 관련된 청구항 중 용어 "has"의 해석과 관련하여, 침해자의 주장인 "selected(선택된)"의 의미는 타당하지 않고, "possess(소유하다)"의 의미를 내포한다고 판시하였다.360)

---

358) *See Ameranth, Inc. v. Menusoft Systems Corp.*, 2010 Markman 1610079, 2010 WL 1610079, *8 (E.D. Tex. 2010) (for claims directed to a system for synchronous menu generation from a central computer to wireless handheld devices or the Internet, for use primarily in the restaurant industry, construing term "graphical user interface" as a "computer environment wherein an application program presents graphical representations of data on a computer display screen and enables a user to make selections of the graphically represented data")

359) *See AGIS Software Development, LLC v. Huawei Device USA Inc.*, 2018 Markman 4908169, 2018 WL 4908169, *24-*26 (E.D. Tex. 2018) (term "group" in limitation reciting "joining a communication network corresponding to a group" construed to require at least three participants in the call, i.e., "more than two" since the specification distinguished between individual calls that only had two participants and group calls that had more than two participants")

360) *See Kimberly-Clark Worldwide, Inc. v. First Quality Baby Products, LLC*, 2010 WL 3896206, *9 (M.D. Pa. 2010) (for claims directed to infant and adult diapers, construing claim term "has" to mean "possess" and rejecting accused infringer's proposed construction of "selected" since that

2) Hold

i. 연방 항소법원(CAFC)

a. 연방 항소법원은 계란 컨베이어 시스템 중 구문 "holding station"은, 용어 "to hold"가 제어하거나 관리하는 뜻을 가진 "keep in position, guide, control or manage"의 뜻을 나타내는 것이기 때문에 한 객체가 정지될 것이 요구되지 않고, "station"의 움직임을 내포한다고 판시하였다.[361]

3) Horizontal

i. 연방 지방법원

a. 연방 지방법원은 "a side of the insulating spacer has an angle relative to the substrate surface that is either a right angle or an acute angle of more than 85°"의 해석과 관련하여, 스페이서 각도는 기판 표면의 방향으로부터 측정되고, 기판 표면 자체가 수평일 필요는 없다고 판시하였다.[362]

4) Host System

i. 연방 지방법원

a. 연방 지방법원은 용어 "host system"에 대하여, "입출력 기능을 갖는 컴퓨터"라고 판시하였다.[363]

---

construction attempted to read a process limitation into an apparatus claim")

361) *See Moba, B.V. v. Diamond Automation, Inc.*, 325 F.3d 1306, 1315 (Fed. Cir. 2003) (construing the term "holding station" in an egg conveyor system as permitting the movement of the station because the term "to hold" meant "to keep in position, guide, control, or manage," and did not impose a requirement that the an object remain stationary)

362) *See DSS Technology Mgt., Inc. v. Intel Corp.*, No. 6:15-cv-130, 2016 WL 943518, *4 (E.D. Tex. Mar. 14, 2016) (limitation reciting that "a side of the insulating spacer has an angle relative to the substrate surface that is either a right angle or an acute angle of more than 85°" construed to mean that the spacer angle was measured from the orientation of the substrate surface, and that the substrate surface did not have to itself be horizontal")

363) *See The PACid Group, LLC v. Apple, Inc.*, 2010 Markman 2813654, 2010 WL 2813654, *18 (E.D. Tex. 2010) (for a claim directed to a method of protecting a computer information file, construing

5) Housing

i. 연방 항소법원(CAFC)

a. 연방 항소법원은 청구항 구문 "upper housing"의 해석과 관련하여, 명세서(specification)에 하나로 된(one-piece) 구성과 두 개로 된(two-piece) 구성을 개시하고 있으나, 구문 "upper housing"은 오직 두 개로 된 구성과의 연결만을 기술하고 있으므로 해당 구문은 두 개로 된 구성으로 한정해석된다고 판시하였다.[364)]

b. 연방 항소법원은 차량 뒷좌석에 실장된 미디어 플레이어 어셈블리와 관련된 청구항 문장 "the housing is structured to permit selective access to the input opening"은, 특허권자의 보다 넓은 해석인 "to allow choice for entry(접근/진입을 위한 선택을 허용함)"은 타당하지 않고, "하우징은 접근 가능한 방향과 접근이 불가능한 방향 사이에 움직일 수 있도록 구조됨"을 의미한다고 판시하였다.[365)]

---

the term "host system" to be a computer with I/O functionality)

364) *See CSP Technologies, Inc. v. Sud-Chemie AG*, 643 Fed. Appx. 953, 957 (Fed. Cir. 2016), cert. denied, 137 S. Ct. 376 (2016) (nonprecedential) (where specification disclosed an embodiment of the alleged invention having a one-piece construction and an embodiment having a two-piece construction, and the disputed claim limitation of "upper housing" was repeatedly, but only, used in the specification in connection with the two-piece construction, and never with the one-piece construction, affirming the construction of "upper housing" to be limited to a two-piece construction, and affirming summary judgment of no literal infringement and no infringement under the doctrine of equivalents where the accused product was of a one-piece construction")

365) *See TMI Products, Inc. v. Rosen Entertainment Systems, L.P.*, 610 Fed. Appx. 968, 971-72 (Fed. Cir. 2015) (nonprecedential) (for claims directed to a media player assembly mounted in the back of a car seat affirming narrow construction of the phrase "the housing is structured to permit selective access to the input opening" to require that "the housing is structured to be capable of moving between an accessible and an inaccessible orientation" and rejecting the patentee's broader proposed construction of "to allow choice for entry," the Federal Circuit concluding that broad construction read out the term "selective" and therefore was improper, also rejecting patentee's contention that the narrow construction was improper because it read out embodiments shown in a subset of the patent figures, the Federal Circuit noting that those embodiments were restricted out of the claim based on the applicant's response to a restriction requirement and the allowed disputed independent claim was not generic enough to cover all of the disclosed embodiments")

c. 연방 항소법원은 생체검사 주입구에 이용되는 바늘과 관련된 청구항 중, 전제부(preamble)에 쓰인 용어 "housing"은 오직 청구항을 이해하기 위한 가이드를 제공하는 기준(reference point)을 기술하므로, 해당 용어가 청구항을 한정하거나 확대 해석되지 않는다고 판시하였다.[366]

ii. 연방 지방법원

a. 연방 지방법원은 페인트볼 총과 관련된 청구항 용어 "housing"은 "특정한 구성요소를 포함하는 본체(body)를 내포한다"고 판시하였다.[367]

I.

1) Identify

i. 연방 항소법원(CAFC)

a. 연방 항소법원은 용어 "identifying"은 "identifying(확인함)"을 의미하는 것이지 명세서에 기술된 특정 기능으로 한정 해석되지 않는다고 판시하였다.[368]

b. 연방 항소법원은 약물 조제 시스템과 관련된 청구항 중, 구문 "information identifying"의 해석과 관련하여 "명세서에 기술된 실시예에서 나타내는 특정 정보들의 집합이 요구됨"은 타당하지 않다고 판시하였다.[369]

---

366) *See C.R. Bard, Inc. v. M3 Systems, Inc.*, 157 F.3d 1340, 1350 (Fed. Cir. 1998) (term "housing" in claim preamble of claim directed to needles used in biopsy gun was not a structural limitation of the claim and did not broaden the claim to encompass the biopsy gun as well as the needles, because "housing" was only used to describe a "reference point that provided guidance in understanding and construing the claim)

367) *See G.I. Sportz, Inc. v. Valken, Inc.*, 2019 Markman 2724081, 2019 WL 2724081, *4-*5 (D.N.J. 2019) (for claims to a paintball gun, construing "housing" to mean a "body containing [certain components]" with the certain components being further defined by the claim")

368) *See Nuance Commun., Inc. v. Abbyy Software House, Inc.*, No. C 08-02912 JSW, 2011 WL 3816908, *6 (N.D. Cal. Jun. 15, 2011), related appeal, 813 F.3d 1368, 1373 (Fed. Cir. 2016) (construing "identifying" to mean "identifying" and refusing to limit scope of term to certain functions described in the specification")

369) *See Jazz Pharmaceuticals, Inc. v. Amneal Pharmaceuticals, LLC*, 895 F.3d 1347, 1361-62 (Fed.

ii. 연방 지방법원

a. 연방 지방법원은 용어 "identifying" 또는 "indicating"의 해석과 관련하여, 단순히 오엑스(true/false) 테스트 보다 넓은 해석이 가능하고, 확률 또는 가능성을 나타내는 의미인 "probability or likelihood"를 보여주는 어떤 것(something)을 내포할 수 있다고 판시하였다.[370]

2) i.e.

i. 연방 항소법원(CAFC)

a. 연방 항소법원은 명세서(specification)에 청구항 용어에 대한 설명으로써 이용된 "i.e."는 청구항 용어의 정의(definition)를 보여주는 것이므로, 명세서에 쓰여진 설명(description)보다 넓게 해석하는 것은 합리적이지 않다고 판시하였다.[371]

b. 연방 항소법원은 명세서(specification)에 "the present invention provides flexibility in funding source selection, and routing, i.e., sequencing and timing"로 기재된 경우에, 해당 용어 "routing"이 "sequencing and timing"으로 한정 해석되는 것은 아니고, 용어 "i.e."는 단순히 일 예를 제공하는

Cir. 2018) (for claims to a drug dispensing system, Board properly refused to limit scope of term "information identifying," to require a certain set of information shown in examples in the specification as that would be improperly reading in a limitation from the specification")

370) *See Intellectual Ventures I LLC v. Check Point Software Technologies Ltd.*, 2012 Markman 6200337, 2012 WL 6200337, *7 (D. Del. 2012) (construing terms regarding "indicating" or "identifying" as being broader than just a true/false test but could cover something that showed a probability or likelihood")

371) *See TF3 Limited v. Tre Milano, LLC*, 894 F.3d 1366, 1371-73 (Fed. Cir. 2018) (reversing anticipation rejection because the PTO erred in construing the claim broadly to "include subject matter contrary to the description in the specification," more specifically, the Board erred in failing to give weight to the specification's use of "i.e." as that signal showed that what came after the signal was a definition of the disputed claim limitation, the Federal Circuit also instructing that "it is not reasonable to read the claims more broadly than the description in the specification, thereby broadening the claims to read on the prior art over which the patentee asserts improvement")

것이라고 판시하였다.[372)]

c. 연방 항소법원은 침해자의 주장인 "용어 'saccharide(당류)'는 명세서(specification)에 'i.e., sugar(설탕)'으로 기술하였기 때문에, 'polysaccharides(다당류)'를 제외함"은, 명세서의 다른 부분에서 용어 'saccharide'가 보다 넓은 권리 범위를 포함하고 있는 것을 설명하고 있기 때문에 타당하지 않다고 판시하였다.[373)]

d. 연방 항소법원은 관내 이식(intraluminal graft)과 관련된 청구항의 해석과 관련하여, 해당 청구항은 명세서(specification)에 탄성있는 전선(resilient wire)을 이용했던 선행 기술을 폄하(disparaging)하고 있고, 명세서에 "i.e."와 함께 가단성 있는 전선(malleable wire)을 기재하고 있으므로, 가단성 있는 전선으로 한정 해석된다고 판시하였다.[374)]

e. 연방 항소법원은 명세서(specification)에 "i.e."의 쓰임과 관련하여, 청구항 용어를 보다 명확하게 정의하는 데에 있어 'i.e.'가 'e.g.' 보다 더 높은 가중치를 가진다고 판시하였다.[375)]

---

372) *See Dealertrack, Inc. v. Huber*, 674 F.3d 1315, 1326 (Fed. Cir. 2012) (rejecting contention that the term "routing" had to be limited to sequencing and timing based on a statement in the specification stating "the present invention provides flexibility in funding source selection, and routing, i.e., sequencing and timing," the court ruling that the use of "i.e." did not limit the scope of the claim but merely provide an example, and not a definitional constraint")

373) *See Pfizer, Inc. v. Teva Pharmaceuticals, USA, Inc.*, 429 F.3d 1364, 1373 (Fed. Cir. 2005) (rejecting accused infringer's argument that one reference to disputed term "saccharide" in specification stating "i.e., sugar" showed that the patent applicant acted as his own lexicographer and limited the term to be just sugars, and therefore exclude polysaccharides because other portions of the specification more directly addressing "saccharides" showed a broader scope was intended")

374) *See Edward Lifesciences LLC v. Cook Inc.*, 582 F.3d 1322, 1334 (Fed. Cir. 2009) (for claims directed to an intraluminal graft made with wires construing claim to be limited to malleable wires and exclude resilient wires based in part on inventor's disparaging in the specification prior art grafts made with resilient wires, and further relying on statement in specification indicating with an "i.e." that the claimed invention used malleable wires")

375) *See Interval Licensing LLC v. AOL, Inc.*, 766 F.3d 1364, 1373-74 (Fed. Cir. 2014) (for claims directed to displaying information on a computer screen, claim limitation reciting that the information be displayed "in an unobtrusive manner that does not distract a user" was indefinite because an "unobtrusive manner" was "highly subjective" and the phrase had "too uncertain a relationship to the patent's embodiments" disclosed in the specification, further rejecting the

ii. 연방 지방법원

a. 연방 지방법원은 특허권자가 "i.e."를 단순히 가능한 예들을 열거하는 대신에 청구항 용어를 한정하는 방식으로 명세서(specification)에 정의한 경우에, 명세서에 정의된 용어 대비 넓은 청구항 해석이나 침해자의 주장 대비 좁은 청구항 해석은 타당하지 않고, 명세서에서 제공하는 용어의 정의(definition) 그대로(stayed true) 해석하여야 한다고 판시하였다.[376)]

3) Improved

i. 연방 항소법원(CAFC)

a. 연방 항소법원은 청구항 구문 "improved competence"을 해석하기 위해서는 해당 구문의 전반적인 컨텍스트를 살펴보아야 하는데, 명세서(specification) 및 출원 경과과정에서 해당 구문에 대한 수치적인 한정은 없기 때문에, 해당 구문의 일반적인 정의(general definition)로 해석하여야 한다고 판시하였다.[377)]

---

patentee's contention that a description in the Summary of the Invention specification with an "e.g." provided an express definition to save claim from being indefinite, but noting that had the text used "i.e." the patentee's contention would have more weight")

376) *See Lectec Corp. v. Chattem, Inc.*, 2010 Markman 10861324, 2010 WL 10861324, *6-*9 (E.D. Tex. 2010) (ruling that patentee's use of "i.e." in the specification was done restrictively, rather than merely listing possible examples, and therefore the patentee had acted as his own lexicographer to define the claim term, the court however, rejecting the patentee's proposed claim construction of the defined term for being too broad and the accused infringer's for being too narrow, and instead adopting a construction that stayed true to the definition of the term provided in the specification")

377) *See Invitrogen Corp. v. Biocrest Mfg., L.P.*, 327 F.3d 1364, 1370-71 (Fed. Cir. 2003) (ruling that district court properly refused to construe term "improved competence" as requiring a specific numerical tenfold increase in performance, but adopting a general definition that it meant "generally increased," and stating: "To determine the limiting effect of the language, the district court again correctly consulted the overall context of the language. The test data in the prosecution history and the patent itself show that the claimed process provided varying amounts of increased competence. Therefore, relying on this scientific data, the district court adopted a general definition of the term 'improved.' The district court properly declined to read into the claim any specific numerical improvement, such as a ten-fold increase in competence. At the outset, the claim language itself includes no specific numerical limitation for the 'improved competence.' Moreover

b. 연방 항소법원은 라크로스 스틱(lacrosse stick)과 관련된 청구항 전제부에 기재된 "which provides improved handling and playing characteristics"와 관련하여, 청구항 본문에 정의된 발명에 구조적으로 추가하지 않았고, 독립적이고 분리될 수 있는 기술(description)이기 때문에 구조적인 청구항 한정은 아니라고 판시하였다.[378)]

ii. 연방 지방법원

a. 연방 지방법원은 청구항 전제부에 사용된 용어 "improved"는 발명의 이용(use of the invention)을 기술하고 있기 때문에 청구항 한정사항이 아니라고 판시하였다.[379)]

b. 연방 지방법원은 청구항 "using a computer to improve a precision ratio when searching a resume database" 중 구문 "to improve a precision ratio"은 명세서(specification)에 무엇이 개선(improvement)인지 알기 위한 객관적인 기준이나 테스트를 제공하는 데 실패했기 때문에 불명확한 표현이라고 판시하였다.[380)]

---

neither the specification nor the prosecution history supplies any specific improvement measure. Thus 'improved competence' requires no specific numerical limitation.")

378) *See STX, LLC v. Brine, Inc.*, 211 F.3d 588, 591 (Fed. Cir. 2000) (clause in claim preamble 'which provides improved handling and playing characteristics' for the claimed head for a lacrosse stick was not a structural claim limitation because it was 'a self-contained description that could stand alone' and did not add to the structurally complete invention defined in the claim body, additionally, the fact that the examiner maintained an obviousness rejection despite the addition of the improved handling clause further suggested the clause was not essential in distinguishing over the prior art, nor decisive in securing allowance of the claim, and therefore, the clause could not be relied on as a structural limitation to avoid application of the on-sale bar")

379) *See Equistar Chemicals, LP v. Westlake Chemical Corporation*, 2015 Markman 3883134, 2015 WL 3883134, *5-*6 (E.D. Tex. 2015) (term "improved" as used in the claim preamble was not a claim limitation as it stated a use of the invention")

380) *See JobDiva, Inc. v. Monster Worldwide, Inc.*, 2014 Markman 5034674, 2014 WL 5034674, *14-*19 (S.D. N.Y. 2014) (ruling that preamble "using a computer to improve a precision ratio when searching a resume database" was a claim limitation and that the phrase "to improve a precision ratio" was indefinite where the specification failed to provide objective standards or tests to know what was an improvement")

4) In

i. 연방 항소법원(CAFC)

a. 연방 항소법원은 키보드를 이용하여 전자 시스템으로 정보를 입력하는 휴대용 단말기와 관련된 청구항 "concavity in said housing" 및 "forming a keyboard within said concavity"의 해석과 관련하여, 특허권자의 주장인 "키들의 상측 그 자체가 요면/오목함(concavity)을 형성할 수 있음"은 타당하지 않고, 도면에 기반하여 판단해 볼 때 모든 키들이 요면 내에 위치해야만 한다."고 판시하였다.[381)]

b. 연방 항소법원은 청구항 "storage means in a data processor"의 해석과 관련하여, 웹스터(Webster)의 사전적인 정의에 기반하여 볼 때 데이터 프로세싱 장치 또는 시스템 내에(within) 위치한 데이터를 저장할 수 있는 장치가 일반적인 의미(ordinary meaning)라고 판시하였다.[382)]

c. 연방 항소법원은 청구항 "bit be mountable in a first bore"은 "적어도 비트의 일 영역은 드릴(bore) 내에 위치할 것이 요구되고, 용어 "mountable"의 해석에 기초하여 볼 때 비트의 쉬운 제거가 허용되는 반면, 침해 주장된 제품은 비트가 드릴(bore) 'in(내에)'에 실장되지 않고 경납땜(brazing)으로 인해 제거될 수 없는 구성을 가진다."고 판시하였다.[383)]

---

381) *See Motionless Keyboard Co. v. Microsoft Corp.*, 486 F.3d 1376, 1380 (Fed. Cir. 2007), cert. denied, 128 S. Ct. 911 (U.S. 2008) (in a set of claims directed to a hand-held device for entering information into an electronic system by a keyboard, affirming construction of a claim limitation reciting a "concavity in said housing" and "forming a keyboard within said concavity" as requiring that all of the individual keys of the device had to be inside the concavity and rejecting the patentee's argument that the tops of the keys themselves could form the concavity, the court noting that all the figures of the patent confirmed the construction")

382) *See Gemstar-TV Guide Intern., Inc. v. International Trade Com'n*, 383 F.3d 1352, 1372 (Fed. Cir. 2004) ("General use dictionaries define 'in' as 'used as a functional word to indicate location or position in space or in some materially bounded object.' Webster's Third New International Dictionary 1139 (1993). From these definitions, the ordinary meaning of 'storage means in a data processor' is a device capable of retaining data located within a data processing device or system.")

383) *See* Novatek, Inc. v. Sollami Co., 2014 WL 1229547, *11 (Fed. Cir. 2014) (nonprecedential) (over the dissent of J. Moore, ruling that where a claim required that a "bit be mountable in a first bore" that at least a portion of the bit had to be placed inside a bore, and due to implications from the

5) Incorporating

i. 연방 지방법원

a. 연방 지방법원은 속도 인식 시스템과 관련된 청구항 "incorporating the sample into the speech recognition system" 중 용어 "incorporating"의 해석과 관련하여, 특허권자의 주장인 "시스템의 구성요소들을 조정(adapt)하기 위한 샘플을 단순히 이용함"은 타당하지 않고, 포함하거나 통합한다는 의미를 가지는 "taking into or including in the preexisting speech recognition system"을 의미한다고 판시하였다.384)

6) Increase

i. 연방 지방법원

a. 연방 지방법원은 크레아틴을 유지하기 위해 근육의 능력을 증가시키는 방법 청구항 "A method of increasing creatine retention in a human or animal body comprising causing an increase in blood plasma creatine concentration and causing a substantially simultaneous increase in blood plasma insulin concentration" 중 용어 "increase"의 해석과 관련하여, 특허권자의 주장해석인 "statistically significant(통계학적으로 중요한)"은 명세서(specification)에 용어 "statistical significant"를 기재하였으나 청구항에 기재하지 않은 점에 비추어볼 때 타당하지 않은 주장이라고 판시하였

---

term "mountable" and the specification's consistent description of the invention as being something that permitted easy removal of the bit, the bit had to be removably mounted, thus an accused product that brazed its bit to the top of a steel hole was not mounted "in" a bore and, due to the brazing, was not "removable" as required by the claim")

384) *See Nuance Communications, Inc. v. Vlingo Corp.*, 2010 WL 1416138, *2 (D. Mass. 2010) (in claims directed to a speed recognition system, construing term "incorporating" in a claim limitation reciting "incorporating the sample into the speech recognition system" to mean "taking into or including in the preexisting speech recognition system" and, based on the prosecution history, rejecting patentee's proposed construction of just using the sample to adapt components of the system")

다.[385)]

b. 연방 지방법원은 청구항 구문 "significantly increased level"의 해석과 관련하여, 명세서(specification)에 해당 분야의 기술자가 무엇이 상당한 증가(significant increase)인지 허용오차를 보여주고 있기 때문에 불명확한 표현이 아니라고 판시하였다.[386)]

7) Indicative of

i. 연방 항소법원(CAFC)

a. 연방 항소법원은 팁을 포함하는 전자 거래와 관련된 청구항 "data that is indicative of a gratuity to be charged"의 해석과 관련하여, 특허 심판원의 판단인 "선행 기술이 고객에 의해 지불되는 총액의 데이터를 전송함이 개시되어 있으므로 본 발명은 진보성 위반임"은, 선행 기술에 개시된 해당 총액은 팁(gratuity)의 양을 나타내고 있지 않고 있기 때문에 부당하다고 판시하면서, 특허 심판원은 용어 "indicative"를 너무 넓게 해석하였다고 설명하였다.[387)]

---

385) *See Iovate Health Sciences, Inc. v. Allmax Nutrition, Inc.*, 639 F. Supp. 2d 115, 119–20 (D. Mass. 2009) (for claims directed to methods for increasing the ability of muscles to retain creatine, rejecting patentee's contention that term "increase" in claim reciting "A method of increasing creatine retention in a human or animal body comprising causing an increase in blood plasma creatine concentration and causing a substantially simultaneous increase in blood plasma insulin concentration" had to be construed to mean a "statistically significant" increase, the court finding that since the specification expressly used the term "statistical significance" but the claims did not, the court would not read "statistically significant" into the claims")

386) *See Marical Inc. v. Cooke Aquaculture Inc.*, 2016 Markman 4579074, 2016 WL 4579074, *3-*4 (D. Me. 2016) (term "significantly increased level" was not indefinite where the specification and extrinsic evidence showed a tolerance that one of skill would use to understand what was a significant increase")

387) *See In re Bookstaff*, 2015 WL 1344663, *2 (Fed. Cir. 2015) (nonprecedential) (reversing anticipation rejection of a claim directed to completing a point of sale electronic transaction involving a tip because Board erred in construing limitation reciting "data that is indicative of a gratuity to be charged" as being met by a prior art reference that disclosed transmitting data of the total amount of money paid by the customer since that amount did not indicate the amount of the gratuity as another value was needed, the price of the purchase, to determine the amount

b. 연방 항소법원은 청구항 "indicative of the relative position between the tool and work piece"은 "상대적인 위치의 완벽한 계산이나 직접적인 측정은 요구되지 않고, 명세서(specification)에 기반하여 판단해 볼 때, 오직 상대적인 위치가 추론될 수 있는 측정(measurement)이면 충분하다고 판시" 하였다.[388]

8) Inner 및 Outer

i. 연방 지방법원

a. 연방 지방법원은 의약품 관련 특허 청구항 용어들 "inner layer" 및 "outer layer"은, 막들(layers) 사이의 경계로서 서로 구별되는 화학적 물질로 만들어질 필요가 없고, 서로 다른 구조적 형태를 갖는 같은 물질일 수 있다고 판시하였다."[389]

9) Input & Output

i. 연방 지방법원

a. 연방 지방법원은 용어 "input"은 "환자에 의한 입력 장치, 디스플레이, 또는 키보드로부터 제공되는 전자 신호 또는 정보"를 의미하는 것이지, "환

---

of the gratuity, thus the PTO applied too broad a view of the term "indicative")

388) *See IMS Technology, Inc. v. Haas Automation, Inc.*, 206 F.3d 1422, 1439 (Fed. Cir. 2000) (term "indicative of the relative position between the tool and work piece" did not require absolute calculation or direct measurement of the relative position, but only required measurements from which the relative positions could be inferred as the written description described an embodiment that took all measurements from a fixed reference and then used those measurements to determine the relative position of the tool and work piece).

389) *See Warner Chilcott Co., LLC v. Zydus Pharmaceuticals (USA) Inc.*, 2013 Markman 1729383, 2013 WL 1729383, *2-*4 (D. Del. 2013) (for claims directed to a drug product construing the terms "outer layer" and "inner layer" to not require a defined boundary between the layers and that the layers did not need to be made of distinct chemical materials but could include the same material in a different structural form, also construing phrase that the outer coating layer was applied after the inner coating layer to require a temporal distinction but not necessarily a separate and distinct step in the manufacturing process")

자로부터 제공되는 언어적 또는 물리적 신호 또는 정보"는 포함하지 않는다고 판시하였다.[390)]

b. 연방 지방법원은 용어 "input/out format"은 "처리될 데이터의 구조 또는 외관"을 의미한다고 판시하였다.[391)]

c. 연방 지방법원은 용어 "input-output system"의 권리범위를 명세서(specification)에 기재된 실시예들로 한정하는 것은 타당하지 않고, 청구항에 기재된 특징들을 갖는 시스템을 나타내는 일반적인 설명어(descriptor)로 이해되는 것이 적절"하다고 판시하였다.[392)]

10) Inserted

i. 연방 지방법원

a. 연방 지방법원은 유전적으로 변경된 쥐(mouse)에 대한 제법 한정 물건 발명(product-by-process)의 청구항 용어 "inserted"의 해석과 관련하여, 특허권자의 주장인 "해당 용어는 DNA 조각의 제거(deletion) 또는 대체(replacement)를 내포함"은, 또 다른 청구항에 명확하게 "insertion"과 더불어 제거와 대체를 명확하게 기술하고 있으므로, 해당 용어는 DNA 조각의 일단계의 추가(one-step addition)가 요구된다고 판시하였다.[393)]

---

390) *See Lamson v. United States*, 2013 WL 1120500, *(Ct. Fed. Cl. 2013) (construing term "input" and "input means" to be limited to "electronic signals or information provided from an input device, display, or keyboard by the patient" and not include verbal or physical signals or information provided from the patient")

391) *See Implicit Networks, Inc. v. F5 Networks, Inc.*, 2012 Markman 669861, 2012 WL 669861, *5 (N.D. Cal. 2012) (construing "input/output format" in a computer-related invention to mean the structure or appearance of data to be processed, and rejecting accused infringer's attempt to read in a requirement of conversion")

392) *See Lochner Technologies, LLC. v. Hewlett-Packard Co.*, 2010 Markman 4179200, 2010 WL 4179200, *10 (E.D. Tex. 2010) (refusing to limit the scope of the term "input-output system" to embodiments shown in the specification, but instead treating the term as general descriptor referencing a system having the limitations recited in the remainder of the claim")

393) *See Regeneron Pharmaceuticals, Inc. v. Merus B.V.*, 2014 Markman 6611510, 2014 WL 6611510, *21-*22 (S.D. N.Y. 2014) (construing "inserted" in a product-by-process claim directed to a genetically modified mouse as requiring a one-step addition of a DNA fragment and rejecting

11) Instructions

i. 연방 항소법원(CAFC)

a. 연방 항소법원은 청소용 로봇(cleaning robot)을 이용하는 방법 청구항 "instructions configured to cause a processor of the cleaning robot to execute a cleaning operation in the room according to the schedule" 중 용어 "instructions"은, 특허권자의 넓은 청구항 해석인 "언제 청소 주기를 시작할지와 같은 스케쥴 정보를 간단히 제공함"은 타당하지 않고, "소프트웨어 프로그램 또는 기계 실행 가능한 코드(machine executable code)"를 의미한다고 판시하였다.[394]

b. 연방 항소법원은 용어 "instruction"은 "프로그래밍 언어 내에서의 서술(statement)로서 한정되지 않고, 시스템에 의해 형성될 기능을 구체화하는 서술(statement)"을 의미한다고 판시하였다.[395]

---

patentee's proposed construction that would allow for a deletion or replacement of a DNA fragment, the court noting that other claims expressly claimed deletion and replacement in addition to insertion, showing that insertion could not cover deletion and replacement")

394) *See iRobot Corporation v. International Trade Commission, Fed. Appx.*, 2019 WL 1762688, *2-*3 (Fed. Cir. 2019) (nonprecedential) (over the dissent of J. Bryson, for a patent directed to a method of using a cleaning robot, affirming ITC's construction of the term "instructions" in limitation reciting "instructions configured to cause a processor of the cleaning robot to execute a cleaning operation in the room according to the schedule" to mean "software program or machine executable code" and rejecting the patentee's broader construction of simply providing scheduling information, such as when to begin a cleaning cycle")

395) *See Interval Licensing LLC v. AOL, Inc.*, 766 F.3d 1364, 1376-77 (Fed. Cir. 2014) (construing "instruction" to mean "a statement that specifies a function to be performed by a system" and refusing to construe the term to cover just "data" where the specification distinguished between an "instruction" and "data" even though the specification also noted that "data" could be part of an instruction, the court noting that in the art the terms "data" and "instruction" were widely recognized as being different things, and further ruling that it was error to limit the scope of "instruction" to require a statement in a "programming language" as this construction improperly adopted one narrow technical dictionary definition of the term while ignoring a second, broader, technical dictionary definition that appeared consistent with the term's usage in the specification")

ii. 연방 지방법원

a. 연방 지방법원은 "instructions for detecting" and "instructions for processing"은, 용어 "instruction"이 컴퓨터 코드의 충분한 구조를 함축하고 있으므로 기능식 청구항(means-plus function)이 아니라고 판시"하였다.[396]

b. 연방 지방법원은 구문 "instructions for detecting" 및 "instructions for processing" 중 용어 "instruction"은 컴퓨터 코드의 충분한 구조를 함축하고 있으므로 기능식 청구항(means-plus-function)이 아니라고 판시하였다.[397]

12) Integral

i. 연방 항소법원(CAFC)

a. 연방 항소법원은 파일항타(piledriving) 기계와 관련된 청구항 중 용어 "integral"의 해석과 관련하여, 청구항 차별의 원칙(claim differentiation)에 기반하여 볼 때 독립 청구항은 단순히 구성요소들이 연결됨(connected to)에 대해 기술한 반면, 종속 청구항은 용어 "integral"을 기술하고 있으므로 해당 용어는 단일 구조(one piece construction)가 요구된다고 판시하였다.[398]

b. 연방 항소법원은 개스킷 실드(gasket shield)와 관련된 청구항 "relatively thick

---

396) *See Syncpoint Imaging, LLC v. Nintendo of America Inc.*, 2016 Markman 55118, 2016 WL 55118, *23-*24 (E.D. Tex. 2016) (claim limitations reciting "instructions for detecting" and "instructions for processing" were not means-plus-function limitations because the term "instruction" connoted sufficient structure of computer code")

397) *See Syncpoint Imaging, LLC v. Nintendo of America Inc.*, 2016 Markman 55118, 2016 WL 55118, *23-*24 (E.D. Tex. 2016) (claim limitations reciting "instructions for detecting" and "instructions for processing" were not means-plus-function limitations because the term "instruction" connoted sufficient structure of computer code")

398) *See American Piledriving Equipment, Inc. v. Geoquip, Inc.*, 2011 WL 1045360, *7 (Fed. Cir. 2011) (for claims directed to a piledriving machine, construing term "integral" in dependent claim to require a one piece construction in view of claim differentiation based on an independent claim that merely required the components be "connected to" and the dependent claim at issue that added the limitation that the components were "integral" and in view of the applicant's distinguishing over a prior art reference, thereby creating a disavowal, for anything other than a one-piece construction")

elastomeric layer … and a relatively thin elastomeric outer layer integral therewith"중 용어 "integral"의 해석과 관련하여, 해당 용어 "integral"의 사전적 정의에 기반하여 볼 때, 층들(layers)은 오직 하나의 구성단위(unit)로서 직접적인 접촉으로 형성된다고 판시하였다.399)

ii. 연방 지방법원

a. 연방 지방법원은 치아 임플란트를 만드는 방법 및 시스템과 관련된 청구항 "one piece integrally formed"의 해석과 관련하여, "하나로 된 구조로 또는 구조로서 형성됨"을 의미하며, 명세서(specification)에 기반하여 볼 때 두 개의 분리된 구성요소들이 하나로 된 구조를 형성하는 것 또한 내포된다고 판시하였다.400)

b. 연방 지방법원은 엔지니어드 우드와 관련된 청구항 용어 "integrally formed"의 해석은 "하나의 완벽한 조각(piece) 또는 구성단위(unit)를 구성하기 위해 함께 연결됨을 의미한다고 판시"하였다.401)

---

399) *See Vanguard Products Corp. v. Parker Hannifin Corp.*, 234 F.3d 1370, 1372 (Fed. Cir. 2000) (district court properly relied on dictionary definition of term "integral" to construe term "integral therewith" in claim limitation of an independent claim directed to a two layer gasket shield comprising a "relatively thick elastomeric layer … and a relatively thin elastomeric outer layer integral therewith" as only requiring that the layers be formed as a unit and in direct contact and in so doing did not broaden the claim beyond the context it was used in the patent specification)

400) *See Zircore, LLC v. Straumann Manufacturing, Inc.*, 2016 WL 6093482, *8-*9 (E.D. Tex. 2016) (for claims directed to methods and system of making dental implants, construing term "one piece integrally formed," in view of the intrinsic evidence, to mean "formed as or into one piece" and thus permitting separate components to be used to form the one piece since the court found that the specification described the use of two separate components formed into the claimed one-piece and rejecting accused infringer's contention that the two separate components embodiment was a disclaimed embodiment")

401) *See Burns, Morris & Stewart Ltd. Partnership v. Masonite Intern. Corp.*, 401 F. Supp. 2d 692 (E.D. Tex. 2005) (in claim construction order, construing term "integrally formed" as used in a claim directed to "engineered wood" as meaning "connected together so as to make up a single complete piece or unit, in such a way that the connection becomes part of, or is interconnected with, the piece or unit, as by gluing, an interconnecting joint, or internal screws. The connector is not merely attached to, or wrapped around, the outside surface of the piece or unit" and rejecting contention that construction must have some form of permanence and noting that "Upon further

13) Intended to

i. 연방 지방법원

a. 연방 지방법원은 청구항 "first request signal includes information intended to prevent said first request signal from being blocked from reaching said primary server" 중 구문 "intended to"는 불명확하지 않고, "intended to"의 일반적인 의미인 "~하기 위해 구성됨(configured to)"을 의미한다고 판시하였다.[402)]

14) Internet

i. 연방 지방법원

a. 연방 지방법원은 용어 "internet"은 "공중망(public network)에 연결할 수 있는 개인 컴퓨터 및 공중망 모두를 포함"하는 의미를 내포할 수 있다고 판시하였다.[403)]

b. 연방 지방법원은 용어 "Internet"과 용어 "internet"은 "대문자 사용(capitalization)이 다를지라도, 표준 프로토콜로서 TCP/IP의 이용과 연관된 컴퓨터 네트워크 시스템이라는 동일한 의미를 갖는다"고 판시하였다.[404)]

---

reflection, and careful examination of the prior rulings of Judge Bryan and this court, it seems that the term in dispute is more correctly defined without a temporal element such as 'permanently.' As noted at the hearing, nothing is truly 'permanent' and anything can be dismantled if one just gets a 'bigger hammer.' The court needs to be careful about confusing the jury by using a word such as 'permanently' that could easily be understood by jurors as placing more of a limitation than the claim actually has.")

402) *See Richard A. Williamson v. Google Inc.*, 2017 WL 3232582, *11-*12 (N.D. Cal. 2017) (phrase "intended to" in limitation reciting "first request signal includes information intended to prevent said first request signal from being blocked from reaching said primary server" was not indefinite for being subjective, and giving the term its plain meaning, "intended to" construed to mean "configured to")

403) *See Helios Software, LLC v. Awareness Technologies, Inc.*, 2013 Markman 6701987, 2013 WL 6701987, *3 (D. Del. 2013) (construing "internet" to cover both public networks and private computer networks that can connect to public networks")

404) *See Civix-DDI, LLC v. Hotels.Com, L.P.*, 2010 Markman 4386475, 2010 WL 4386475, *10-*17 (N.D. Ill. 2010) (ruling that the terms "Internet" and "internet" would be given the same

15) Into

i. 연방 항소법원(CAFC)

a. 연방 항소법원은 청구항 "insertion of said data card into said data card reader"의 해석과 관련하여, 용어 "into"의 일반적인 의미(plain meaning)는 물리적인 접촉이 요구되고, 명세서(specification)에 "카드 리더에 물리적으로 삽입하는 것"과 "리더기 근처를 지나갈 때 전자기장을 삽입함"은 구별되어 기술되었기 때문에, 오직 데이터 카드가 물리적으로 카드 리더기에 삽입되는 것만을 내포한다고 판시"하였다.[405]

b. 연방 항소법원은 청구항 "diaphragm disposed in the body"의 해석과 관련하여, 명세서(specification) 및 출원 경과과정에서 용어 "in"의 일반적인 의미와 다르게 해석할 특허권자의 의도가 보이지 않으므로, 용어 "in"의 일반적인 의미에 따라, 격막(diaphragm)이 본체(body) 내부에 위치할 것이 요구될 뿐이지(다시 말해, 격막이 본체내부에 부분적으로 위치할 수 있음), 격막 구성요소의 전체가 몸 내부에 위치(submersion)할 필요는 없다고 판시하였다.[406]

---

construction despite the difference in capitalization and would be construed to mean "a system of linked computer networks, worldwide in scope, that is typically associated with using TCP/IP as a standard protocol")

405) *See Smartmetric Inc. v. American Exp. Co.*, 2012 WL 1367398, *2 (Fed. Cir. 2012) (nonprecedential) (district court properly construed limitation reciting "insertion of said data card into said data card reader" as requiring that the data card be physically inserted into the card reader and did not literally cover contactless data cards embodiments that are inserted to electromagnetic fields that pass near a card reader, the court finding that the plain meaning of "into" required the physical contact, the specification distinguished between the physical contact via insertion compared to the passing near the reader, and showed that only the physical insertion had been claimed")

406) *See Cannon Rubber Ltd. v. The First Years, Inc.*, 163 Fed. Appx. 870 (Fed. Cir. 2005) (nonprecedential) (ruling that district court erred in construing claim limitation "diaphragm disposed in the body" as requiring that the entire diaphragm be disposed within the body as the ordinary meaning of the term "in" did not require the entire submersion of the component within the body, further noting that while one embodiment described in the specification had the diaphragm completely in the body another embodiment had the diaphragm only partially in the body, and therefore the specification did not show an intent to depart from the ordinary meaning

c. 연방 항소법원은 청구항 "input/output device customary in a host device" 및 "storage device customary in a host device"의 해석과 관련하여, 연방 지방법원의 해석인 "입출력 장치 또는 저장 장치가 물리적으로 호스트 장치 내부에 위치해야 함"은, 명세서(specification)에 특허권자가 용어 "in"은 일반 컴퓨터와 해당 장치들이 함께(along with) 이용될 수 있음을 설명하기 위해 언급되고 있고 해당 장치들이 물리적으로 호스트 장치 내부에 위치하는 것을 설명하기 위해 언급되고 있지 않기 때문에, 타당하지 않은 해석이라고 판시하였다.[407]

16) IP address

ⅰ. 연방 지방법원

a. 연방 지방법원은 "용어 "Internet protocol (IP) address," "IP address," 및 "Internet server address"에 대하여 "구체적인 컴퓨터에 대한 특별한(unique) 식별자(identifier)가 요구되지는 않는다"고 판시하였다.[408]

17) Is

ⅰ. 연방 항소법원(CAFC)

a. 연방 항소법원은 청구항 구문인 "alphanumeric message indicating that

---

of "in," further noting that nothing in the prosecution history showed a disclaimer for diaphragms disposed only partially in the body even though the claim limitation was added to overcome an indefiniteness rejection···vacating summary judgment of noninfringement and remanding)

407) *See In re Papst Licensing Digital Camera Patent Litigation*, 778 F.3d 1255, 1269-71 (Fed. Cir. 2015) (error to construe terms "input/output device customary in a host device" and "storage device customary in a host device" to require that the device be physically inside the device where the specification showed that the term "in" was being used to refer to devices used along with a typical computer and not devices that were physically present inside a computer, the court also noting that the district court's construction read out a preferred embodiment)

408) *See Helios Software, LLC v. Awareness Technologies, Inc.*, 2013 Markman 6701987, 2013 WL 6701987, *3 (D. Del. 2013) (construing terms "Internet protocol (IP) address," "IP address," and "Internet server address" as not requiring a "unique" identifier to a specific computer")

the assembly is power injectable"과 관련하여, 특허청의 해석인 "해당 구문은 주입이 가능한(injectable) 전력(power)과 비전력(non-power) 모두를 내포함"은, 청구항 구문인 "is power injectable"에 기반하여 볼 때 오직 주입이 가능한 전력만을 의미하는 것이 타당하므로 특허청의 해석은 타당하지 않다고 판시하였다.[409]

18) Isolating

i. 연방 항소법원(CAFC)

a. 연방 항소법원은 특정한 가스 조성을 준비하는 과정 중 "isolating"하는 단계와 관련한 청구항 "isolating … from the reaction mixture"의 해석과 관련하여, 침해자의 주장 해석인 용어 "isolating"은 "drawn off(덜어냄)" 또는 "purifying(정화/정제함)"은 타당하지 않고, 분리됨의 의미를 갖는 용어 "separating"의 의미를 갖는다고 판시하였다.[410]

---

409) *See C.R. Bard, Inc. v. Angiodynamics, Incorporated*, 2018 WL 4677441, *5-*6 (Fed. Cir. 2018) (nonprecedential) (PTO erred in construing a claim limitation requiring an injectable port to "alphanumeric message indicating that the assembly is power injectable" to be broad enough to cover both power injectable and non-power injectable ports, the Federal Circuit finding that the claim language stating that the label had to state that the port "is power injectable" was "definitional" and required the labeling be only on "power injectable" ports, the Federal Circuit finding that that PTO erred in construing the claim to be broad enough to cover non-power ports that were falsely designated to be "power injectable")

410) *See Solvay S.A. v. Honeywell Intern., Inc.*, 622 F.3d 1367, 1382 (Fed. Cir. 2010) (for claims directed to a process of preparing a certain gas composition including a step of "isolating" the desired gas composition for a reaction mixture and in a second claim "isolating … from the reaction mixture" the desired gas composition by "drawing off" the gas composition and a second gas composition, affirming district court's construction of "isolating" to mean "separating" the desired gas composition from other aspects of the reaction mixture, but rejecting the accused infringer's proposed construction that "isolating" meant that only the desired gas composition could be present in the gas mixture "drawn off," and thus rejecting the proposed construction equating "isolating" with "purifying")

J.

1) Joined

i. 연방 항소법원(CAFC)

a. 연방 항소법원은 척추 이식 청구항인 "lower bone interface operatively joined to said bone segment" 중 용어 "joined"는 명세서(specification)에 기반하여 판단해 볼 때, "인터페이스(interface)와 뼈(bone) 사이에 접촉(contact)이 요구된다고 판시"하였다.[411]

K.

1) Keyboards

i. 연방 항소법원(CAFC)

a. 연방 항소법원은 삼성과 애플 소송에서, 용어 "keyboard"는, 명세서(specification)에 핸드폰에 이용되는 가상 키보드(virtual keyboard)의 예들을 기재하였기 때문에, 용어 "keyboard"는 가상 키보드의 의미를 내포할 수 있다고 판시하였다.[412]

---

411) *See Cross Medical Products, Inc. v. Medtronic Sofamor Danek, Inc.*, 424 F.3d 1293, 1306 (Fed. Cir. 2005) (using dictionary definitions of "interface" and "joined" to construe a limitation in a claim directed to a spinal implant reciting "lower bone interface operatively joined to said bone segment" and written description to construe limitation as requiring actual contacting of the component pieces, and stating "Because the ordinary meaning of 'interface' and 'joined,' as reflected in dictionary definitions and in the overall context of the intrinsic record, leads to the conclusion that a person of ordinary skill in the art would have understood these terms to require 'contact' between the interface and the bone, the district court's construction in this regard was correct. It would be improper to construe 'joined' more broadly to mean 'connected' without requiring contact.")

412) *See Apple Inc. v. Samsung Electronics Co., Ltd.*, 839 F.3d 1034, 1062-63 (Fed. Cir. 2016) (en banc) (affirming claim construction that term "keyboard" in claim did not exclude a virtual keyboard because the specification provided several examples of virtual keyboards used with the claimed cellphone")

2) Kit

i. 연방 지방법원

a. 연방 지방법원은 청구항 용어 "kit"는 관련된 부품의 부분집합을 의미한다고 판시하였다.413)

b. 연방 지방법원은 감지 기술과 관련한 청구항 중 용어 "kit"는 함께 이용될 수 있도록 패키지 된 물질들의 집합을 의미한다고 판시하였다.414)

L.

1) L-shaped

i. 연방 지방법원

a. 연방 지방법원은 용어 "substantially L-shaped terminations"는 "상당히(substantially) 또는 대체로(largely) L 모양이나 전체적으로(wholly) L모양은 아니라고 판시하였다.415)

b. 연방 지방법원은 용어 "L-shaped"의 해석과 관련하여, 침해자의 해석인 "90도가 요구됨"은 명세서(specification)에 오직 바람직한 실시예(preferred embodiment)에만 개시되어 있고 90도로 한정된다는 설명은 기재되어 있지 않으므로 해당 해석은 타당하지 않고, 특허권자의 주장인 "거의 모든 각

---

413) *See Howmedica Osteonics Corp. v. DePuy Orthopaedics, Inc.*, 2013 Markman 3455727, *6-*8 (D.N.J. 2013) (for claims directed to a hip replacement device, construing "system" to mean a group of related parts, and rejecting proposed construction of being a set of related component parts, while construing "kit" to mean a "subset of related parts" and construing "assembly" to mean "a collection of related parts that have been combined to form a completed unit")

414) *See Roche Diagnostics Corporation v. Meso Scale Diagnostics, LLC*, 2018 Markman 4905589, 2018 WL 4905589, *3-*4 (D. Del. 2018) (for claims directed to detection technology known as electrochemiluminescence, construing term "kit" to mean "a set of materials packaged to be used together," the court rejecting the patentee's contention that the materials "need only be used together" since that would read the term "kit" out of the claim")

415) *See American Technical Ceramics Corp. v. Presidio Components, Inc.*, 2016 WL 6583637, *5-*6 (E.D. N.Y. 2016) (construing "substantially L-shaped terminations" to mean "a termination that is substantially or largely L-shaped, but not wholly L-shaped")

도가 허용됨” 또한 용어 “L-shaped”의 일반적인 의미(ordinary meaning)에 비추어볼 때 타당하지 않으므로, 추후에 이를 해석할 것이라고 판시하였다.[416)]

2) Liquid solution

i. 연방 지방법원

a. 연방 지방법원은 용어 “liquid solution”의 해석과 관련하여, “용해된 용질 및 용액의 혼합 액체 형태”를 의미한다고 판시하였다.[417)]

3) Located

i. 연방 항소법원(CAFC)

a. 연방 항소법원은 용어 “located between”은, 단어 “locate”의 일반적인 의미(ordinary meaning) 및 명세서(specification)에 기반하여 판단해 볼 때, 중량 전체가 두 개의 언급된 끝점(endpoints) 사이에 위치할 필요는 없고, 중량의 대부분(bulk of the mass)이 두 끝점 사이에 위치하는 것만이 요구된다고 판시하였다.[418)]

---

416) *See Sunbeam Products, Inc. v. Homedics, Inc.*, 2009 Markman 1251823, 2009 WL 1251823, *7 (W.D. Wis. 2009) (rejecting accused infringer's proposed construction of “L-shaped” as requiring a 90° angle since a 90° angle was only shown as a preferred embodiment and nothing in the specification stated that the angle had to be limited to 90°, but also rejecting patentee's proposed construction that would have permitted almost any angle since the ordinary meaning of “L-shaped” required something that approximated the shape of a “L”, and stating that because neither parties' proposed constructions clarified the correct meaning of the claim term, the court would not definitively construe the term until a later time”)

417) *See Rowpar Pharmaceuticals Inc. v. Lornamead Inc.*, 2014 Markman 1259777, 2014 WL 1259777, *5-*6 (D. Ariz. 2014) (construing term “liquid solution” to mean “a dissolved mixture in liquid form of a solute and solvent.”)

418) *See Zelinski v. Brunswick Corp.*, 185 F.3d 1311, 1315–16 (Fed. Cir. 1999) (claim term “located between” did not require the entire mass to be located between two referenced endpoints as construed by district court where by applying the ordinary meaning of the word “locate” and considering references in the specification that stated the weight was not located in bottom of ball,

b. 연방 항소법원은 청구항은 석유시추 포트(workover port)가 두 개의 플러그들 "between(사이에)" 위치될 것이 요구되는 반면, 침해 주장된 제품은 플러그 "above(위에)" 위치한 경우, 용어 "between"과 용어 "above"를 균등론(doctrine of equivalent)에 의거하여 동일시하여 판단할 경우 구성요소 일체의 원칙(all-limitation rule)에 위반되기 때문에 타당하지 않고, 따라서, 침해 주장된 제품은 비침해라고 판시하였다.[419)]

ⅱ. 연방 지방법원

a. 연방 지방법원은 균질기(homogenizer)에 관한 믹서의 위치와 관련하여 언급된 용어 "located below"의 해석과 관련하여, 믹서는 균질기로부터 물리적으로 아래에 위치하나, 바로 아래(directly below)에 있을 필요는 없다고 판시하였다.[420)]

b. 연방 지방법원은 청구항 구문 "located inside"는, 특허권자가 추가하기를 시도한 용어 "partially"가 청구항에 포함되지 않았기 때문에, 부분이 아닌 부품 전체가 내부에 위치될 것이 요구된다고 판시하였다.[421)]

---

the phrase only required the bulk of the mass to be located between the end points")

419) *See Cooper Cameron Corp. v. Kvaerner Oilfield Products, Inc.*, 291 F.3d 1317, 1321-22 (Fed. Cir. 2002) (affirming summary judgment of no infringement under doctrine of equivalents where claim required a workover port to be located "between" two plugs and accused product had its workover port located "above" the plug because a finding that "above" location was equivalent to "between" would vitiate the "between" limitation and violate the all-limitations rule)

420) *See TDM America, LLC v. U.S.*, 85 Fed. Cl. 774, 794 (2009) (construing term "located below" when referring to the position of a mixer relative to a homogenizer to mean the mixer was located physically below the homogenizer, but not requiring that the mixer be directly below the homogenizer")

421) *See Invisible Fence, Inc. v. Perimeter Technologies, Inc.*, 2006 WL 1443399 (N.D. Ind. 2006) (construing term "located inside" to require part be located completely, rather than partially, inside based on the plain language of the claim that did not include the qualifier "partially" which the patentee was attempting to add")

M.

1) May

ⅰ. 연방 지방법원

a. 연방 지방법원은 구문 “may include self-modifying code” 중 용어 “may”의 해석과 관련하여, “장치(apparatus)는 자체 수정코드(self-modifying code)를 포함하기 위한 특성(capability)만을 가져야 함” 및 “~해야만 함(shall)”은 타당하지 않고, “인스트럭션들 중 적어도 일부분은 자체 수정 코드를 가짐”을 의미한다고 판시하였다.[422)]

2) Majority

ⅰ. 연방 항소법원(CAFC)

a. 연방 항소법원은 청구항 “an adhesive label extending along the “majority” of sides of an unfolded envelope” 중 용어 “majority”의 해석과 관련하여, “침해 주장된 제품은 오직 길이의 47.8%를 따라 연장하는 부착 라벨을 가지고 있으므로, 다시 말해, ‘minority(소수)’를 내포하므로 비침해”라고 판시하였다.[423)]

---

422) *See Conversant Intelectual Property Management Inc. v. Xilinx, Inc.*, 2015 Markman 138157, 2015 WL 138157, *9-*10 (E.D. Tex. 2015) (refusing to construe phrase “may include” self-modifying code as meaning that the apparatus only had to have the capability to include self-modifying code, but also rejecting proposed construction that “may” should be equated to “shall” and instead construing the phrase to mean that at least a portion of the instructions had to have self-modifying code”)

423) *See Moore U.S.A., Inc. v. Standard Register Co.*, 229 F.3d 1091, 1106 (Fed. Cir. 2000) (where claim recited the presence of an adhesive label extending along the “majority” of sides of an unfolded envelope and the accused product had its adhesive strip extending only along 47.8% of the length, a minority, the All Limitations Rule precluded extending the scope of equivalence to reach the 47.8% length because that would read the “majority” limitation out of the claim since the limitation would be rendered a nullity if applied to a minority by equivalents and to a majority under the literal language”)

ii. 연방 지방법원

a. 연방 지방법원은 명세서(specification)에 작성된 "the area of contact or intersection (if it exists) between the majority of the elements forming the antenna is only a fraction of the perimeter or surrounding area of said polygons" 중 용어 "majority"의 범위와 관련하여, 침해자의 주장인 "적어도 75%임을 의미함"은 명세서(specification)에 선호되는 실시예들 중 하나로 기술되었을 뿐이므로, 용어 "majority"의 일반적인 의미인 "50%를 초과함"으로 해석하는 것이 타당하다고 판시하였다.[424)]

b. 연방 지방법원은 통풍이 되는 신발과 관련된 청구항 "a plurality of ventilators are formed in both the substantially vertical portion and the substantially horizontal portion, and wherein the ventilators extend up a majority of the height of the vertical portion" 중 용어 "majority"는 명세서(specification)에 기반하여 볼 때 불명확하지 않다고 판시하였다.[425)]

---

424) *See Fractus, S.A. v. ZTE Corporation*, 2018 Markman 4282783, 2018 WL 4282783, *7-*8 (E.D. Tex. 2018) (in construing a term coined by the patentee, and in resolving a dispute as to how the description in the specification stating that "the area of contact or intersection (if it exists) between the majority of the elements forming the antenna is only a fraction of the perimeter or surrounding area of said polygons" refusing to limit the scope of "majority" to mean at least 75% as urged by the accused infringer, the court finding that the summary of the invention described the invention with the ordinary meaning of "majority" of more than 50%, and that a specific discussion in the specification to an embodiment having the 75% requirement only was discussing one of the preferred embodiments and the remainder of the intrinsic evidence did not justify limiting the claim scope to that one embodiment, also noting that in a corresponding PCT application, the inventor has expressly claimed an embodiment of at least 75% while the claims in the U.S. application never recited that limitation showing they were intended to be broader")

425) *See Crocs, Inc. v. Effervescent, Inc.*, 2017 WL 2787589, *12 (D. Colo. 2017) (for claims directed to a ventilated footwear made from moldable foam material, term "majority" as used in limitation reciting "a plurality of ventilators are formed in both the substantially vertical portion and the substantially horizontal portion, and wherein the ventilators extend up a majority of the height of the vertical portion" was not indefinite, nor was the claim indefinite on the basis that one of skill in the art would not know how to measure the vertical portion")

3) Measure

i. 연방 항소법원(CAFC)

a. 연방 항소법원은 신장 투석 기구와 관련된 청구항 "measuring the amount of distinguishable blood characteristic in said removed portion of mixed blood" 및 "measuring the measurable physical characteristic of the blood in the removed portion of combined blood" 중 용어 "measuring"과 관련하여, 측정된 파라미터의 양적인 값(quantitative value)이 요구되고, 특허권자의 보다 넓은 해석 주장인 "무언가(something)의 질(quality), 효과(effect), 중요성(importance), 또는 가치(value)와 관련된 평가(judgment)가 단순히 요구됨"은 타당하지 않다고 판시하였다.[426)]

ii. 연방 지방법원

a. 연방 지방법원은 용어 "measure of correlation"은 일반적인 의미(ordinary meaning)를 넘어서는 청구항 해석은 요구되지 않고, 명세서(specification)에 기반하여 볼 때, 침해자의 주장 해석인 용어 "measure"은 "명세서에 기술된 실시예에 기반하여 산출된 값(calculated value)으로 한정 해석되어야 함" 또한 청구항에 해당 실시예로 한정된다고 기술하고 있지 않으므로 타당하지 않은 주장이라고 판시하였다.[427)]

---

426) *See Transonic Systems, Inc. v. Fresenius USA, Inc.*, 425 F. Supp. 2d 1082 (N.D. Cal. 2006), aff'd, 215 Fed. Appx. 995 (Fed. Cir. 2007) (in a claim directed to a kidney dialysis instrument, construing term "measuring" in a claim limitations reciting "measuring the amount of distinguishable blood characteristic in said removed portion of mixed blood" and "measuring the measurable physical characteristic of the blood in the removed portion of combined blood" as requiring a quantitative value of the measured parameter and rejecting the patentee's broader proposed construction that would merely requiring a judgment as to "the quality, effect, importance, or value of something" and not require a numerical value")

427) *See CardioNet, Inc. v. Mednet Healthcare Technologies, Inc.*, 2013 Markman 6047565, 2013 WL 6047565, *4-*6 (E.D. Pa. 2013) (ruling that claim term 'measure of correlation' did not require construction beyond its ordinary meaning as used in the patent and rejecting accused infringer's contention that the "measure" should be limited to a calculated value based on some of the exemplary embodiments described in the specification as the court found that the claim was not

4) Member

i. 연방 항소법원(CAFC)

a. 연방 항소법원은 용어 "member"의 해석과 관련하여, 기술적인 사전(dictionaries) 의미인 "빔(beam) 또는 이음보(tie) 또는 이들의 결합(combination)"에 기반하여 판단해 볼 때, "전체(larger whole) 내부에 있는 단일부(single unit)인 빔구조(beam-like structure)를 의미"한다고 판시하였다.[428)]

ii. 연방 지방법원

a. 연방 지방법원은 귀덮개(ear warmer) 프레임(frame)을 조립하는 방법과 관련된 청구항 "first frame member," "second frame member," 및 "third frame member" 중 용어 "member"는 침해자의 주장인 "하나 또는 그 이상의 단일 구성요소들이 연결될 수 있는 하나의 길이를 갖는 하나의 단일 구성요소"는 타당하지 않고, "부분(part)"를 의미한다고 판시하였다.[429)]

5) Menu

i. 연방 지방법원

a. 연방 지방법원은 중앙 컴퓨터로부터 무선 소형 장치들까지 동시에 발생

---

shown to be limited to its specifically described embodiments")

428) *See CCS Fitness, Inc. v. Brunswick Corp.*, 288 F.3d 1359, 1367 (Fed. Cir. 2002) ("'member,' as defined by common and technical dictionaries, refers to a "structural unit such as a … beam or tie, or a combination of these," see McGraw-Hill Dictionary of Scientific and Technical Terms 1237 (5th ed. 1994), or to a "distinct part of a whole," see American Heritage Dictionary 849 (3d ed. 1996). Based on these definitions, we agree with CCS Fitness that the term 'member' denotes a beam-like structure that is 'a single unit in a larger whole.' It is not limited to a straight-bar structure comprising a single component only.")

429) *See 180s, Inc. v. Gordini U.S.A., Inc.*, 2010 WL 1223603, *3 (D. Md. 2010) (in a claim directed to a method of assembling an ear warmer frame, construing the term "member" as used in the claim terms "first frame member," "second frame member," and "third frame member" to mean a "part" and rejecting accused infringer's proposed construction of "a unitary component having a length that may be coupled to one or more other unitary components; when the unitary components are coupled, they manifest motion relative to one another", the court further construing "first," "second," and "third" members to mean separate and distinct parts")

하는 메뉴 생성 시스템과 관련된 청구항에서, 용어 "menu"는, "그래픽 유저 인터페이스(GUI)를 표시하기 위해 의도된 선택 사항들의 링크된 단계들의 집합을 나타내는 컴퓨터 데이터"를 의미한다고 판시하였다.[430)]

6) Metallic

i. 연방 지방법원

a. 연방 지방법원은 용어 "metallic microwave probes"의 해석과 관련하여, 용어 "metallic"의 일반적인 의미 및 외부 증거에 기반하여 볼 때 프로브 물질은 전부 금속일 수 없으므로, '모든 비금속 물질을 제외함'은 타당하지 않고, "금속을 포함하는 프로브(probes containing metal)"을 의미한다고 판시하였다.[431)]

7) Microcontroller

i. 연방 항소법원(CAFC)

a. 연방 항소법원은 용어 "microcontroller"는 "컨트롤러에 의해 필요로 되는 모든 메모리가 칩 그 자체에 내장되어 있는 것을 의미"한다고 판시하였다.[432)]

---

430) *See Ameranth, Inc. v. Menusoft Systems Corp.*, 2010 Markman 1610079, 2010 WL 1610079, *8 (E.D. Tex. 2010) (for claims directed to a system for synchronous menu generation from a central computer to wireless handheld devices or the Internet, for use primarily in the restaurant industry, construing term "menu" a "computer data representing collections of linked levels of choices or options intended for display in a graphical user interface" and rejecting patentee's attempt to restrict menu to "computer hospitality data since there was no support for that restriction)

431) *See Maury Microwave. Inc. v. Focus Microwaves, Inc.*, 2012 Markman 9161988, 2012 WL 9161988, *14-*15 (C.D. Cal. 2012) (construing term "metallic microwave probes" as "probes containing metal" and rejecting proposed construction of "the metallic parts of the tuning slugs, excluding any nonmetallic layers on the slugs" because the plain meaning of the term "metallic" and how the term was used in the extrinsic evidence showed that the probe material did not have to be entirely of metal")

432) *See Gemalto S.A. v. HTC Corp.*, 2012 Markman 2505745, 2012 WL 2505745, *5-*7 (E.D. Tex. 2012), aff'd, 754 F.3d 1364, 1369-71, 111 U.S.P.Q.2d (Fed. Cir. 2014) (construing term

8) Microprocessor

i. 연방 지방법원

a. 연방 지방법원은 용어 "microprocessor"는 "프로그램된 지시사항들(instructions)들을 해석하고 수행하는 전자 회로"를 의미할 수 있다고 판시하였다.433)

9) Mixture

i. 연방 항소법원(CAFC)

a. 연방 항소법원은 청구항 "containing a mixture of lipid and solid ingredients"의 해석과 관련하여, 용어 "containing" 및 "mixture"의 의미에 기반하여 판단해 볼 때, 청구항에 기술되지 않은 성분들을 제외하지 않는다고 판시하였다.434)

b. 연방 항소법원은 용어 "mixture"은 용어 자체의 일반적인 의미(ordinary meaning)에 의해 해석될 수 있으므로 추가적인 해석은 요구되지 않는다고 판시하였다.435)

"microcontroller" to require that all memory required by the controller was on the chip itself")

433) *See Technology Properties Ltd. v. Matsushita Elec. Indus. Co., Ltd.*, 514 F. Supp. 2d 916 (E.D. Tex. 2007) (nonprecedential) (construing term "microprocessor" to mean "an electronic circuit that interprets and executes programmed instructions" and rejecting parties' proposed additional limitations regarding input and output interfaces and a central processing unit since those aspects were present in other claim limitations)

434) *See Mars, Inc. v. H.J. Heinz Co., L.P.*, 377 F.3d 1369, 1375 (Fed. Cir. 2004) (vacating a summary judgment of noninfringement and remanding because district court erred in construing limitation "containing a mixture of lipid and solid ingredients" as excluding presence of unlisted ingredients based on an erroneous construction of "containing" and "mixture" and ruling that the term "mixture" did not exclude unlisted ingredients")

435) *See Sanders v. The Mosaic Co.*, 2011 WL 1491248, *4 (Fed. Cir. 2011) (nonprecedential) (ruling that "mixture" did not need any construction but could be construed by its ordinary meaning.,, The court held that 'mixture' within this phrase meant 'a mixture of those listed elements : ammonium sulfate, elemental sulfur, and at least one micronutrient.' Thus, it appears the court construed 'mixture' to mean 'a mixture.' We agree that 'mixture' does not require any additional construction. We note, however, that the phrase construed by the trial court is actually 'a mixture

c. 연방 항소법원은 용어 "mixture"는 "두개 또는 그 이상의 구별되는 화학 물질들의 시스템이고, 해당 물질들은 개별적인 화학 속성을 보유함"을 의미한다고 판시하였다.[436)]

ⅱ. 연방 지방법원

a. 연방 지방법원은 청구항 "wherein the excipient is chosen from [a list of excipients]"의 해석과 관련하여, 침해자의 주장인 "리스트에 기술되지 않은 다른 첨가제(excipient)의 사용은 제외함"은 타당하지 않고, "해당 리스트에 있는 적어도 하나의 첨가제가 포함되는 한 다른 첨가제가 포함될 수 있는 용어 "mixture"를 내포한다고 판시하였다.[437)]

10) Modify

ⅰ. 연방 지방법원

a. 연방 지방법원은 용어 "modify"는 "이미 존재하는 아이템을 변경하는 것이지, 아이템을 생성하는 것을 내포하지는 않는다"고 판시하였다.[438)]

---

comprising' various ingredients. While the claimed mixture must include the listed ingredients, it is not limited to them, and may optionally include other components in addition to those explicitly recited.")

436) *See Warner Chilcott Co., LLC v. Zydus Pharmaceuticals (USA) Inc.*, 2013 Markman 1729383, 2013 WL 1729383, *9 (D. Del. 2013) (construing "mixture" to mean "a system of two or more distinct chemical substances wherein the components retain their individual chemical properties" and crediting the accused infringer's reliance on a technical dictionary over the patentee's reliance on just an expert declaration")

437) *See Medical Research Institute v. Bio-Engineered Supplements & Nutrition, Inc.*, 2007 WL 128937 (E.D. Tex. 2007) (rejecting accused infringer's proposed narrow construction of limitation "wherein the excipient is chosen from [a list of excipients]" as precluding the use of any excipients not in the list, rather claim covered a "mixture" which meant that other excipients could be included in the mixture so long as at least on to the listed excipients was also present in the mixture")

438) *See NobelBiz, Inc. v. LiveVox, Inc.*, 2015 Markman 225223, 2015 WL 225223, *12-*13 (N.D. Cal. 2015) ("modify" meant to change a preexisting item and did not encompass creating the item in the first instance")

11) Module

ⅰ. 연방 항소법원(CAFC) – 기능식 청구항

a. 연방 항소법원은 청구항 "distributed learning control module … for performing several recited functions"은, 용어 "means" 대신 "module"이 기재되었을지라도, 특허권자에 의해 만들어진 새로운 용어(nonce)일 뿐만 아니라 해당 분야의 통상의 기술자(당업자)가 어떤 구조인지 인식할 수 있는 내용을 내포하고 있지 않으므로 기능식 청구항(means-plus function limitation)이고, 또한, 명세서(specification)에 해당 기능에 관한 대응하는 구조가 개시되어 있지 않으므로 해당 청구항은 무효라고 판시하였다.[439)]

ⅱ. 연방 지방법원

a. 연방 지방법원은 용어 "processing module"은 단순히 컴퓨터 구조를 나타내고 일반적인 프로세싱만 수행하므로 기능식 청구항(means-plus function limitation)이 아니라고 판시하였다.[440)]

b. 연방 지방법원은 청구항 "management module"은, 용어 "means"의 부재에도 불구하고, 해당 용어는 일반적인 소프트웨어를 나타내고 소프트웨어의 구체적인 구조를 함축하고 있지 않으므로 기능식 청구항(means-plus

---

439) *See Williamsont v. Citrix Online, LLC*, 792 F.3d 1339, 1350-51 (Fed. Cir. 2015) (claim limitation "distributed learning control module … for" performing several recited functions was a means-plus-function limitation even though it did not recite the terms means, the court finding that the applicant merely replaced the term "means" with the term "module" and in the specific claim context the term "module" was used as a "nonce" word, the court noting that the patentee's expert's declaration that one of skill in the art would immediately know how to construct a distributed learning control module did not make up for the fact that the claim itself did not give notice to one of skill in the art as to what structure was being claimed as the "distributed learning control module," the court explaining that expert testimony could not "create structure where none otherwise is disclosed," further holding the claim invalid for failing to disclose corresponding structure for one of the recited functions of the limitation)

440) *See CXT Systems, Inc. v. Academy, Ltd.*, 2019 Markman 4253841, 2019 WL 4253841, *11-*12 (E.D. Tex. 2019) ("processing module" was not a means-plus-function limitation under the circumstances but merely referred to structure of a computer where the module as claimed only did general processing")

function limitation)이라고 판시하였다.[441]

c. 연방 지방법원은 용어 "acquisition module"의 해석과 관련하여 해당 용어는 특정 "receiver(수신기)"로 설명되었기 때문에 기능식 청구항(means-plus function limitation)이 아니나, 용어들 "selection module" 및 "key derivation module"은 명세서(specification)에 오직 기능만이 기재되어 있고 대응하는 구조는 기재되어 있지 않기 때문에 기능식 청구항이고, 해당 기능에 대응하는 하드웨어 및 알고리즘이 개시되어 있지 않기 때문에 해당 청구항은 무효라고 판시하였다.[442]

d. 연방 지방법원은 청구항 "an analysis module configured to"와 관련하여, 모듈(module)의 구조가 청구항에 충분히 기재되지 않았고, 명세서(specification)에 모듈이 수행하는 컴퓨터 시스템에 대한 알고리즘이 개시되어 있지 않으므로 기능식 청구항(means-plus-function limitation)이고 불명확한 표현이라고 판시하였다.[443]

---

441) *See Avocent Huntsville, LLC v. ZPE Systems, Inc.*, 2018 Markman 4677437, 2018 WL 4677437, *7-*11 (N.D. Cal. 2018) (terms "management module" and "management application" had to be construed as means-plus-function limitations, despite the absence of the term "means," since the terms referred to generic software and did not connote specific structure of software, the court rejecting the contention that because various software "modules" were commercially available, the term should not be treated as a means-plus-function limitation, the court stating "the existence of a commercially available product does not by itself save the claims from means-plus-function analysis," but also finding that the term "web server application" was not a means-plus-function limitation since the term had a well-known meaning in the art referring to a specific type of structure in software")

442) *See Huawei Technologies Co. Ltd. v. T-Mobile US, Inc.*, 2017 WL 2691227, *36-*37 (E.D. Tex. 2017) (while finding that the term "acquisition module" was not a means-plus-function limitation since it was described as being a particular "receiver," and thus one of skill in the art would know its structure, terms "selection module" and "key derivation module" were means-plus-function limitations and were invalid since the specification only described the function but not the corresponding structure, failed to disclose any hardware or any algorithm that performed the function")

443) *See Verint Systems Inc. v. Red Box Recorders Ltd.*, 2016 Markman 54688, 2016 WL 54688, *13 (S.D. N.Y. 2016) (term "an analysis module configured to" perform certain functions was a means-plus-function limitation since insufficient structure of the module had been recited in the body of the claim and ruling that the limitation was indefinite since the module was in essence

12) Mounted

i. 연방 항소법원(CAFC)

a. 연방 항소법원은 청구항 "a weathertight gasket mounted on said flange" 중 용어 "mounted"의 해석과 관련하여, 특허권자의 주장 해석인 "개스킷(gasket)은 플랜지(flange) 근처에 위치하고 플랜지에 고정될(secured) 필요는 없다"는 타당하지 않고, "개스킷은 플랜지에 단단히 고정되거나 잠겨야 된다(the gasket had to be securely affixed or fastened to the flange)"고 판시하였다.[444)]

b. 연방 항소법원은 용어 "mountable"의 해석과 관련하여, 특허권자의 주장인 "단순히 실장될 가능성(capability)만이 요구됨"은, 명세서(specification)에 개시된 모든 실시예가 프레임을 벽이나 식탁 위에 실장을 돕기 위해 고안된 것으로 기재되어 있고, 특허권자는 명세서에 실장되지 않는 특징이 있는 구체적인 개시에 대하여 언급할 수 없고, 청구항은 "mountable"로만 기재하였을 뿐 용어들 "capable of," "configured to" 또는 "adapted to"를 기재하지 않았기 때문에 타당하지 않다고 판시하였다.[445)]

---

reciting a computer system and specification failed to disclose an algorithm for the system")

444) *See Felix v. American Honda Motor Co., Inc.*, 562 F.3d 1167, 1177-78 (Fed. Cir. 2009) (affirming construction of term "mounted" as used in the limitation "a weathertight gasket mounted on said flange" as meaning that the gasket had to be securely affixed or fastened to the flange and rejecting patentee's contention that the claim only required that the gasket be positioned near the flange and did not have to be secured to the flange")

445) *See Profectus Technology LLC v. Huawei Technologies Co., Ltd.*, 823 F. 3d 1375, 1380-83 (Fed. Cir. 2016), for additional opinion, see, 2016 WL 3018837 (Fed. Cir. 2016) (for claims directed to a mountable digital picture frame, where the patentee was asserting the patent against computer tablets that could display digital photos, relying on specification to affirm construction of term "mountable" to mean having at least one feature that is intended to help mount the frame to a wall or desktop, and rejecting patentee's proposed construction of merely being capable of being mounted, the Federal Circuit noting that specification did not permit the patentee's broad construction where every embodiment of the invention described in the specification included a feature designed to help mount the frame to a wall or table top, the patentee could not point to any disclosure in the specification of a frame had no mounting features, the court also noting that the claims expressly recited "mountable" and did not recite terms such as "capable of," "configured to" or "adapted to" be mounted, and further affirming, over the dissent of Judge Moore, summary

c. 연방 항소법원은 청구항 "a circuit configured to be mounted on a memory module"의 해석과 관련하여, "전체 회로가 메모리 모듈에 실장됨"은 타당하지 않고, "적어도 회로의 일부분이 적어도 하나의 메모리 모듈 일부에 실장됨"이 타당하다고 판시하였다.[446)]

ii. 연방 지방법원

a. 연방 지방법원은 청구항 용어 "mounted on"은, 내적 및 외적증거들에 기반하여 볼 때, 두 개의 구성요소들 사이의 물리적인 부착 또는 고정이 요구되지 않는다고 판시하였다.[447)]

b. 연방 지방법원은 원거리 통제되는 비행 장치들(i.e., 드론)과 관련된 청구항 중 용어 "mounted"가 침해자의 주장과 같이 "단단히 부착되거나 고정됨(securely affixed or fastened)"을 포함할지(may include) 모르나, 명세서(specification)나 출원 경과 과정에서 이러한 한정에 대해 기술하고 있지 않으므로, 해당 용어의 일반적인 의미(plain meaning)로 해석하는 것이 타당하다고 판시하였다.[448)]

---

judgment of no infringement and ruling that neither the thin size of the tablets, nor the charging ports on the tablet raised an issue of fact as to whether the "mountable" limitation was met as these structural features were not intended to enable the tablet to be mounted even if they were "incidentally capable of being used" to prop up a tablet on desktop")

446) *See Netlist, Inc. v. Diablo Tech. Inc.*, 2017 WL 3142329, *2 (Fed. Cir. 2017) (nonprecedential) (in an IPR proceeding Board properly refused to limit the scope of a claim limitation reciting "a circuit configured to be mounted on a memory module" to require that the entire circuit be mounted on the memory module, and properly construed the limitation to mean "at least a portion of circuitry configured to be mounted on at least a portion of a memory module")

447) *See Advanced Steel Recovery, LLC v. X-Body Equipment, Inc.*, 2019 Markman 3253782, 2019 WL 3253782, *10-*12 (E.D. Cal. 2019) (ruling that in view of the intrinsic evidence and expert testimony "mounted on" did not require a physical attachment or fixation between two components and rejecting the accused infringer's proposed construction of "attached" because "the use of the word 'attached' cannot account for all uses of 'mounted' in the claim language and patent specification")

448) *See Traxxas v. Hobbico.*, 2017 WL 4347709, *13-*14 (E.D. Tex. 2017) (for claims directed to a propeller-driven remote-controlled flying vehicles, i.e., a drone, giving term "mounted" its plain meaning and refusing to limit its scope, as urged by the accused infringer, to mean "securely

c. 연방 지방법원은 양궁 활과 관련된 청구항 "a foot stirrup mounted to said first end of said main beam" 중 용어 "mounted"는 명세서(specification)에 기반하여 볼 때, 발안장(foot stirrup)이 주빔(main beam)에 직접적으로 부착될 필요는 없고, 발 스터럽(foot stirrup)이 중간에 다른 구성품에 부착되고, 해당 구성품이 주빔에 부착되는 것 또한 포함할 수 있다고 판시하였다.449)

13) Multiple

ⅰ. 연방 항소법원(CAFC)

a. 연방 항소법원은 용어 "multiple"의 일반적인 의미(ordinary meaning) 및 명세서(specification)에 기반하여 판단해 볼 때, 용어 "multiplicity" 및 "separateness"는 동의어가 아니고, 'multiple'은 많은 부분들(parts), 요소들(elements), 또는 개별 부품들(components)로 존재하거나 특징지어지는 것"을 의미하고 분리됨(separateness)의 의미를 갖는다고 판시하였다.450)

---

affixed or fastened," the court noting that "mounted may include 'securely affixed or fastened,' but there is nothing in the intrinsic evidence that indicates the term 'mounted' should be redrafted as 'securely affixed or fastened,' and that the "Defendants' construction does not provide any additional context and could improperly limit the claims")

449) *See Parker Compound Bows, Inc. v. Hunter's Manufacturing Company, Inc.*, 2016 Markman 617464, 2016 WL 617464, *13-*15 (W.D. Va. 2016) (for claims directed to an archery bow, construing the term "mounted" in limitation reciting "a foot stirrup mounted to said first end of said main beam" to not require a direct attachment of the foot stirrup to the main beam but to permit the foot stirrup be attached to a riser, and the riser was then attached to the main beam, as this embodiment was described in the specification")

450) *See Electro Scientific Industries, Inc. v. Dynamic Details, Inc.*, 307 F.3d 1343, 1350 (Fed. Cir. 2002) ("The ordinary meaning of 'multiple' and the specification's treatment of that term show that multiplicity and separateness are not synonymous. Specifically, to be 'multiple' is to '[c]onsist of or [be] characterized by many parts, elements, or individual components.' Oxford English Dictionary (2d ed. 1989). … The language of multiplicity does not require separateness.")

N.

1) Near

i. 연방 항소법원(CAFC)

a. 연방 항소법원은 소스 코드를 디버깅(debugging)하는 방법과 관련된 청구항 "displaying said characteristics … near said portions" 중 용어 "near"와 관련하여, 명세서(specification) 및 도면(figure)에 무엇이 "near"인지에 대해 설명되어 있으므로 불명확한 표현이 아니라고 판시하였다.[451]

2) Need/in need of

i. 연방 지방법원

a. 연방 지방법원은 청구항의 전제부(preamble)에 작성된 "a patient in need of chemotherapeutic treatment"의 해석과 관련하여, "화학 요법(chemotherapy)을 필요로 하는 환자(patient)의 일반적인 의미"를 내포할 뿐이지, 침해자의 보다 좁은 해석인 "화학 요법을 위한 화합물이나 약물의 효율적인 양을 수신하는 환자"는 타당하지 않다고 판시하였다.[452]

b. 연방 지방법원은 용어 "a person in need thereof"는 구체적인 별도의 해석이 필요하지 않고 불명확하지 않다고 판시하였다.[453]

---

451) *See Mentor Graphics Corp. v. EVE-USA, Inc.*, 851 F.3d 1275, 1290-94 (Fed. Cir. 2017) (for claims directed to a method of debugging source code, reversing summary judgment that claim term "near" in limitation reciting "displaying said characteristics … near said portions" was indefinite, the court finding that two figures of the patent provide sufficient guidance to understand what was "near" and that a third figure of the patentee relied on by the accused infringer to show the term allegedly was ambiguous was not directed to claimed embodiment, and therefore did not show the term was indefinite")

452) *See Elililly co. v. Eagle Pharmaceuticals, Inc.*, 2019 WL 1299212, *6 (D. Del. 2019) (construing preamble phrase "a patient in need of chemotherapeutic treatment" to have its plain meaning of just being a patient who needs chemotherapy and rejecting the accused infringer's proposed narrow construction a of patient "receiving effective amounts of the compounds or drugs for chemotherapy")

453) *See Erfindergemeinschaft Uropep GbR v. Eli Lilly and Company*, 2016 WL 7042234, *4-*5 (E.D.

c. 연방 지방법원은 청구항 “A method of treating erectile dysfunction in a male human, comprising orally administering to a male human in need of such treatment an effective amount of a compound selected from [listing nine different chemical compounds] or a pharmaceutically acceptable salt thereof; or a pharmaceutical composition containing either entity” 중 구문 “a male human in need of such treatment”은 배심원(jury)이 일반적인 의미(ordinary meaning)를 적용할 수 있기 때문에 별도의 청구항 해석이 요구되지 않는다고 판시하였다.454)

d. 연방 지방법원은 대상 포진을 치료하는 청구항 “A method for the treatment of PHN in mammals, which method comprises administering to the mammal in need of such treatment, an effective amount of famciclovir or penciclovir, or a pharmaceutically acceptable salt thereof.” 및 “A method for the prophylactic treatment of PHN in a human in need of such treatment, which method comprises administering to said human, an effective prophylactic amount of famciclovir or penciclovir, or a pharmaceutically acceptable salt thereof” 중 구문 “mammal in need of such treatment” 및 “human in need of such treatment”은 “대상 포진후 신경통(PHN : Post-Hermetic Neuralgia)이 유발될 위험이 상당히 높은 급성 대상 포진자인 포유류 또는 사람”을 의미하

Tex. 2016) (Bryson, J, sitting by designation) (term “a person in need thereof” did not require construction and was not indefinite whether applied to treatment or to prophylaxis, the court further instructing that “If a physician administers a particular drug to a patient because the physician concludes that the patient needs the drug, either to prevent or treat BPH, then the drug is being administered to ‘a person in need thereof,’ at least absent evidence that the physician's judgment as to the patient's need is wrong under either category.”)

454) *See Pfizer Inc. v. Teva Pharmaceuticals USA, Inc.*, 2011 Markman 996794, 2011 WL 996794, *8 (E.D. Va. 2011) (for claims directed to “A method of treating erectile dysfunction in a male human, comprising orally administering to a male human in need of such treatment an effective amount of a compound selected from [listing nine different chemical compounds] or a pharmaceutically acceptable salt thereof; or a pharmaceutical composition containing either entity” ruling that the term “a male human in need of such treatment” need not be construed since the jury could apply its ordinary meaning”)

는 것이지, 침해자의 주장 해석인 "이전에 의학적으로 대상 포진후 신경통을 진단받은 포유류 또는 사람"을 의미하는 것이 아니라고 판시하였다.[455)]

3) Non-

i. 연방 항소법원(CAFC)

a. 연방 항소법원은 청구항 "dust-free" 및 "non-dusting"의 해석과 관련하여, 침해자의 해석 주장인 "먼지가 전혀 없음(no dust)"은 타당하지 않고, 명세서(specification)에 기술된 산업 표준 테스트의 결과에 기반한 적은 양의 먼지(dust)를 허가하는 것을 내포한다고 판시하였다.[456)]

b. 연방 항소법원은 청구항 구문 "non-secure communication link" 중 용어 "non"은 오직 "secure"만 수식(modify)하는 것이지 전체 청구항 구문을 수식하지 않는다고 판시하였다.[457)]

c. 연방 항소법원은 의료 스텐트(stent)와 관련된 청구항 용어 "non-thrombogenic

455) *See Novartis Pharmaceuticals Corp. v. Roxane Laboratories, Inc.*, 2010 Markman 3732939, 2010 WL 3732939, *7–*9 (D.N.J. 2010) (for claims directed to treating PHN, i.e., shingles, with famciclovir or penciclovir, and reciting "A method for the treatment of PHN in mammals, which method comprises administering to the mammal in need of such treatment, an effective amount of famciclovir or penciclovir, or a pharmaceutically acceptable salt thereof." and "A method for the prophylactic treatment of PHN in a human in need of such treatment, which method comprises administering to said human, an effective prophylactic amount of famciclovir or penciclovir, or a pharmaceutically acceptable salt thereof," construing limitations "mammal in need of such treatment" and "human in need of such treatment" to mean a mammal or human with acute herpes zoster "who is at high risk of developing PHN, for example, the elderly, or a mammal who has been diagnosed with PHN" and rejecting the accused infringer proposed construction that the mammal or human had to have been previously medically diagnosed with PHN, since that construction would read out two dependent claims")

456) *See Chimie v. PPG Industries, Inc.*, 402 F.3d 1371, 1377 (Fed. Cir. 2005) (ruling that district court properly rejected accused infringer's proposed construction of the claim limitation "dust-free" and "non-dusting" as meaning no dust whatsoever because that construction would read out the preferred embodiment, rather the claim term was construed to permit a small level of dust based on the results of an industry standard test described in the specification")

457) *See VirnetX Inc. v. Apple, Inc.*, 2014 Markman 3924539, 2014 WL 3924539, *10-*11 (E.D. Tex. 2014) ("non" in claim phrase "non-secure communication link" only modified the term "secure," not the entire claim phrase as urged by the patentee")

material"의 해석과 관련하여, 명세서(specification) 및 출원 경과과정에 기반하여 판단해 볼 때 "생물학적으로 활성화된 물질의 주입 이후의 일정 기간 동안 혈전증(thrombosis)을 촉진하지 않는 물질을 의미"한다고 판시하였다.[458)]

ⅱ. 연방 지방법원

a. 연방 지방법원은 청구항 용어 "non-flourinated microchannel"은 "표면에 플루오린 원자 또는 플루오린 원자를 포함하기 위해 취급되는 물질로 구성되지 않는 마이크로채널"을 의미한다고 판시하였다.[459)]

4) Normal

ⅰ. 연방 지방법원

a. 연방 지방법원은 청구항 "the connector having a pair of rearwardly facing jaws adapted to normally clamp to a vertically oriented portion of the spine …" 중 용어 "normally"는 불명확하지 않고, 해당 용어의 일반적인 의미로 해석된다고 판시하였다.[460)]

---

458) *See Boston Scientific Scimed, Inc. v. Cordis Corp.*, 554 F.3d 982, 986-87 (Fed. Cir. 2009) (in claims directed to stent having a topcoat made from a "non-thrombogenic material" rejecting accused infringer's argument that "non-thrombogenic" required a comparison to a bare metal stent because the specification and prosecution history showed that the inventor used "non-thrombogenic" when comparing its stent with other coated stents, and hence ruling that "the district court reasonably construed the 'non-thrombogenic' limitation to mean 'a material that does not promote thrombosis for a period of time that extends both during and after release of the biologically active material.'")

459) *See Bio-Rad Laboratories, Inc. v. 10X Genomics, Inc.*, 2018 WL 3130620, *4 (D. Del. 2018) (where the court had construed the claim term "'non-flourinated microchannel' to mean, 'microchannel that is not composed of a material that includes fluorine atoms or that is treated to include fluorine atoms at its surface (excluding the possible inclusion of impurities or contaminants)'" and the accused infringer intentionally added 0.02% Kynar 720 (polyvinylidene fluoride) to its microchannel, denying summary judgment of no literal infringement since there was a fact issue as to whether the 0.02% of fluoride should be deemed to be an impurity or contaminant")

460) *See Perfect Curve, Inc. v. Hat World, Inc.*, 2013 Markman 4807932, 2013 WL 4807932, *10-*12 (D. Mass. 2013) (term "normally" in claim limitation reciting "the connector having a pair of

5) Not

i. 연방 항소법원(CAFC)

a. 연방 항소법원은 청구항이 “cladding on wheel cover did not cover an axial peripheral lip”을 포함하고, 침해 제품의 클래딩(cladding)은 적어도 가장자리(lip) 일부를 포함하기 때문에 비침해라고 판시하였다.[461]

b. 연방 항소법원은 청구항 구문 “substantially not flat in a vertical plane”은 ‘flat(평평한)’을 내포하나, 평평한 면(plane of flatness)은 수직적(vertical)이지 않다고 판시하였다.[462]

c. 연방 항소법원은 기타 튜닝 기계 장치와 관련된 청구항 “a configuration does not form a sinusoidal arc”의 해석과 관련하여, 명세서(specification)에 어떻게 구성(configuration)이 사인파 원호(sinusoidal arc)를 결정하는지 개시되어 있지 않기 때문에 불명확한 표현이라고 판시하였다.[463]

d. 연방 항소법원은 용어 “not detecting”은 단순히 어떤 기능적인 임계점(threshold) 미만을 의미하는 것이 아니라, 감지할 수 없는 것을 의미한다고 판시하였다.[464]

---

rearwardly facing jaws adapted to normally clamp to a vertically oriented portion of the spine….” was not indefinite and would be given its plain and ordinary meaning”)

461) *See Lacks Industries, Inc. v. McKechnie Vehicle Components USA, Inc.*, 322 F.3d 1335, 1344 (Fed. Cir. 2003) (affirming summary judgment of no infringement where claim required that cladding on wheel cover did not cover an axial peripheral lip, and the cladding of the accused products covered at least part of the lip and therefore did not meet the “not cover said axial peripheral lip” limitation)

462) *See B/E Aerospace, Inc. v. C & D Zodiac, Inc.*, 2017 WL 4387223, *3 (Fed. Cir. 2017) (nonprecedential) (PTO did not err, under the “broadest reasonable construction” standard, in construing phrase “substantially not flat in a vertical plane” to be broad enough to cover that was flat, but the plane of flatness was not vertical”)

463) *See Ernie Ball, Inc. v. Earvana, LLC*, 2013 WL 261916, *4-*5 & *7 (Fed. Cir. 2013) (nonprecedential) (claims to a guitar tuning mechanism that recited that a configuration “does not form a sinusoidal arc” were invalid for being indefinite since the specification failed to provide objective guidance as to how to determine if a configuration was “not” on a sinusoidal arc as the same configuration of six intonation points could be on a sinusoidal arc or not depending on how the sine wave was chosen”)

464) *See Scantibodies Laboratory, Inc. v. Immutopics, Inc.*, 2010 WL 1804137, *2–*3 (Fed. Cir. 2010)

6) Notch

i. 연방 지방법원

a. 연방 지방법원은 청구항 용어 "notch"의 해석과 관련하여, 카테터(catheter) 허브의 가장자리(edge) 또는 내부 표면을 가로지르는 곡절(indentation)을 의미하는 것이지, 침해자의 주장과 같이 반원형(semi-circular in shape)이 아니라고 판시하였다.465)

b. 연방 지방법원은 용어 "notch"는 구멍/개방부(opening)를 의미한다고 판시하였다.466)

O.

1) Object

i. 연방 지방법원

a. 연방 지방법원은 청구항 용어 "object"의 해석과 관련하여, "thing(객체)"의 일반적인 의미를 내포한다고 판시하였다.467)

(nonprecedential) (affirming construction of "not detecting" as meaning having "no detectable binding" rather than simply being below a certain functional threshold and noting that had the inventor wanted to have the claim mean below a certain functional threshold of detectability it could have used different language in the claim but it did not")

465) *See Albany Medical College v. Smiths Medical ASD, Inc.*, 2015 Markman 58221, 2015 WL 58221, *2 & *9-*10 (N.D. N.Y. 2015) (adopting magistrate's report and recommendation and construing "notch" to have its ordinary and customary meaning of "an indentation in an edge or across an inner surface" of the catheter hub and rejecting accused infringer's proposed construction seeking to limit the scope of the term to something that was "cut-out" as that improperly implied a process limitation into the claim and also rejecting contention that the notch had to be semi-circular in shape")

466) *See Nichia Corporation v. Everlight Electronics Co., Ltd.*, 2014 Markman 7149169, 2014 WL 7149169, *29-*30 (E.D. Tex. 2014) (construing "notch" to mean an opening and rejecting accused infringer's narrow proposed construction of a cavity")

467) *See Motion Games, LLC v. Nintendo Co., Ltd.*, 2015 Markman 243447, 2015 WL 243447, *3-*5 (E.D. Tex. 2015) (giving term "object" its ordinary meaning of "thing" and rejecting accused infringer's attempt to rely on alleged "present invention" statements to limit the term to an embodiment shown in one of the patent figures, also finding that statement in the prosecution

2) Of

i. 연방 항소법원(CAFC)

a. 연방 항소법원은 부동산을 목록화하는 방법 청구항 "creating a data-base of the available real estate properties" 중 용어 "of"의 해석과 관련하여, "해당 용어의 일반적인 의미(plain meaning)에 기반하여 볼 때 데이터베이스에 목록화될 적어도 두 개의 부동산이 요구되고, 부동산에 대한 데이터와 함께 추후 이주될(would later be populated) 데이터베이스의 데이터 구조는 포함하지 않는다(i.e., 연방 항소법원(CAFC)은 용어 "of"를 "for"로서 해석하지 않는다고 명시)"고 판시하였다.[468)]

ii. 연방 지방법원

a. 연방 지방법원은 청구항 "wherein the infusion bag is made of polypropylene"의 해석과 관련하여, 인퓨전백(infusion bag)이 폴리프로필렌(polypropylene)으로 만들어지나 전체요소가 폴리프로필렌일 필요는 없다고 판시하였다.[469)]

b. 연방 지방법원은 청구항 "are made up of"는 개방형 청구항의 의미를 내포하는 "comprising"을 의미한다고 판시하였다.[470)]

---

history that there was written description support for the claim with "at least" the disputed patent figure did not limit the scope of the claim to that figure")

468) *See Move, Inc. v. Real Estate Alliance Ltd.*, 2011 WL 995939, *2 (Fed. Cir. 2011) (nonprecedential) (ruling that claim to a method for listing real estate properties and having the step of "creating a data-base of the available real estate properties" required at least two real estate properties to be listed in the database in view of the plain meaning of "of," and did not refer to just the data structure of database that would later be populated with data for real estate properties, the Federal Circuit rejecting the district court's construction that essentially read "of" as meaning "for")

469) *See Novartis Pharmaceuticals, Corp. v. Wockhardt USA LLC*, 2014 Markman 2861209, 2014 WL 2861209, *9-*10 (D.N.J. 2014) (claim limitation reciting "wherein the infusion bag is made of polypropylene" required that the entire infusion bag be made of polypropylene material and not just a part of it and rejecting contention that polypropylene only had to be a component of the bag")

470) *See UCB, Inc. v. Mallinckrodt Inc.*, 2013 Markman 3871427, 2013 WL 3871427 (D. Del. 2013) (construing "are made up of" as being an open term and meaning "comprising")

3) On

i. 연방 항소법원(CAFC)

a. 연방 항소법원은 청구항 “a hinge protuberance on at least one side of the case” 및 “a hinge protuberance formed on at least one side of the case”의 해석과 관련하여, 청구항 컨텍스트가 케이스의 동일한 일 측면에 부착되거나 통합되어야 한다고 기술되어 있으므로, 두 개의 용어 “on”과 “formed on”은 동일한 의미를 내포한다고 판시하였다.[471)]

b. 연방 항소법원은 청구항 “a weathertight gasket mounted on said flange” 중 “mounted”의 해석과 관련하여, 특허권자의 주장인 “청구항의 전치사가 ‘to’ 대신 ‘on’의 기재에 의해 플랜지 근처에 위치한(positioned near) 가스킷이 요구되는 것이지 플랜지에 고정될 필요는 없음”은 타당하지 않고, “가스킷은 플랜지에 부착(affixed) 되거나 고정(fastened)되어야 한다고 판시”하였다.[472)]

c. 연방 항소법원은 용어 “mounted thereon”은, 해당 용어의 일반적인 의미인 ‘fastened into position(위치에 고정됨)’ 또는 ‘fixed securely to a support (한 지지대에 단단히 고정됨)’을 의미한다고 판시하였다.[473)]

---

471) *See Pavo Solutions LLC v. Kingston Technology Company, Inc.*, 2017 WL 5125739, *4-*6 (Fed. Cir. 2017) (nonprecedential) (for claims directed to a USB stick with a pivoting cover finding that the Board erred in ruling that “on” and “formed on” in two claims with limitations reciting respectively “a hinge protuberance on at least one side of the case” and “a hinge protuberance formed on at least one side of the case” as had different meanings as the context of the claims showed that the two terms should be given the same meaning and both required that the hinge protuberance be attached to or integrated with the side of the case”)

472) *See Felix v. American Honda Motor Co., Inc.*, 562 F.3d 1167, 1179 (Fed. Cir. 2009) (affirming construction of term “mounted” as used in the limitation “a weathertight gasket mounted on said flange” as meaning that the gasket had to be securely affixed or fastened to the flange and rejecting patentee's contention that since the claim used the preposition “on” instead of “to” the claim only required that the gasket be positioned near the flange and did not have to be secured to the flange”)

473) *See Asyst Technologies, Inc. v. Emtrak, Inc.*, 402 F.3d 1188, 1193-95 (Fed. Cir. 2005) (giving term “mounted thereon” its ordinary meaning of “fastened into position” or “fixed securely to a support” and rejecting patentee's proposed broader construction that would have included connecting the component via a cable and affirming judgment of no literal infringement and no infringement under

d. 연방 항소법원은 청구항 "said labeled reagent is dry on said test strip" 및 "drying said labeled reagent onto a portion of said test strip"의 해석과 관련하여, 연방 지방법원의 해석인 "시약(reagent)이 테스트 스트립(test strip)의 표면에(on) 위치할 것이 요구되나, 시약이 해당 스트립 내에(within) 스며들 필요는 없음"은, 용어 "on"의 일반적인 의미가 "용어 'within'을 표현하기 위한 기능으로서 이용되기 때문에 타당하지 않은 해석이라고 판시"하였다.[474)]

e. 연방 항소법원(CAFC - 연방 대법원은 심리를 거절)은 자전거를 위한 매커니즘을 전환하는 청구항 "shift actuator … being mounted on and engaged over an outside of the handlebar inboard of a fixed handgrip on an end of the handlebar" 중 용어 "fixed handgrip"의 해석과 관련하여, 손잡이(handgrip)가 핸들(handlebar)에 "on"되어 있다고 기술하였으므로, 해당 용어 "fixed handgrip"은 자전거 핸들과 구별되고 분리된 구조가 요구된다고 판시"하였다.[475)]

f. 연방 항소법원은 머니 오더(money order)와 관련된 청구항 "ink permeates through the sheet from said printed front surface to said back surface to

---

doctrine of equivalents")

474) *See Inverness Medical Switzerland GmbH v. Warner Lambert Co.*, 309 F.3d 1373, 1378-82 (Fed. Cir. 2002) (vacating summary judgment that accused pregnancy test strip kit did not infringe because district court erred in construing terms "on" and "onto" in claim limitations "said labeled reagent is dry on said test strip" and "drying said labeled reagent onto a portion of said test strip" as requiring reagent to be on the surface of strip and not including the reagent being impregnated within the strip, where one of the plain and ordinary meanings of "on" meant "used as a function work to indicate presence within")

475) *See SRAM Corp. v. AD-II Engineering, Inc.*, 465 F.3d 1351, 1359-60 (Fed. Cir. 2006), cert. denied, 127 S. Ct. 2433 (U.S. 2007) (in a claim directed to a shifting mechanism for a bicycle and reciting the presence of a "shift actuator … being mounted on and engaged over an outside of the handlebar inboard of a fixed handgrip on an end of the handlebar," ruling that district court properly construed term "fixed handgrip" as requiring structure separate and distinct from the bicycle handlebar where claim expressly recited that the handgrip was "on" the handlebar and the applicant had added that limitation during a reexamination proceeding and relied on the separateness of the handgrip from the handle bar to distinguish over prior art")

provide the indicia in mirror image form on said back surface"은 "잉크가 바닥면(back surface) 자체를 통해 스며들 필요는 없고, 오직 잉크가 바닥면에 닿는 것이 요구된다고 판시"하였다.[476)]

g. 연방 항소법원은 청구항 "second microcomputer means … mounted on the respective work station" 중 용어 "mounted on"은 부착되거나 고정된다는 의미를 내포하는 용어들 "securely attached, affixed, or fastened to"을 의미한다고 판시"하였다.[477)]

h. 연방 항소법원은 청구항 "a second layer … formed on first layer" 중 용어 "formed on"의 해석과 관련하여, 제1층과 제2층 사이에 중간층(interlayer)의 존재를 제외하지 않는다"고 판시하였다.[478)]

---

476) *See Paymaster Technologies, Inc. v. U.S.*, 180 Fed. Appx. 942 (Fed. Cir. 2006) (unpublished) (in a patent claim directed to money orders, affirming construction of "ink permeates through the sheet from said printed front surface to said back surface to provide the indicia in mirror image form on said back surface" as not requiring that the ink also permeate through the back surface itself, but only that the ink had to reach the back surface and ruling that a construction that required the ink to permeate through the back surface was not supported by the claim language; the written description, where the specification disclosed that the ink permeated only to the back surface; or practicality, since a money order having the ink permeate through the back surface would result in smearing)

477) *See Asyst Technologies, Inc. v. Emtrak, Inc.*, 402 F.3d 1188, 1193–94 (Fed. Cir. 2005) (applying ordinary meaning of term "mounted on" i.e. meaning "securely attached, affixed, or fastened to," in construing claim reciting a "second microcomputer means … mounted on the respective work station" as requiring that the microcomputer be securely attached or affixed to the work station and rejecting patentee's broad construction that "mounted on" only required a direct electrical connection of the microcomputer to the workstation because the patentee failed to point to any intrinsic evidence that supported its proposed construction that was broader than the ordinary meaning, the specification supported limiting "mounted on" to physical attachment based on its interchangeable use of the term "mounted on" and "on" in describing the connection of physical components, and the prosecution history showed the in distinguishing over prior art for another claim of the patent addressing a different component the applicant added the phrase "mounted on" as meaning a physical attachment")

478) *See AFG Industries, Inc. v. Cardinal IG Co., Inc.*, 239 F.3d 1239, 1251 (Fed. Cir. 2001) (term "formed on" as used in limitation reciting a second layer … formed on first layer did not require direct contact between the second and first layer, and therefore, did not preclude the presence of an interlayer between the first and second layer that was used during the process of making the claimed substrate but had no use in the actual product once made where from the specification

ⅱ. 연방지방법원

a. 연방 지방법원은 LED 관련 청구항 "positioned directly or indirectly above" 중 용어 "on"의 해석과 관련하여, 명세서(specification)에 직접적인 접촉은 "directly on"으로 기술하였기 때문에, 용어 "on"은 간접 접촉도 내포한다고 판시하였다.[479)]

4) One

ⅰ. 연방 항소법원(CAFC)

a. 연방 항소법원은 청구항 "elongated operator bodies, with each of the operator bodies being operably coupled with a respective one of said gripper, knotter, cutting element and cover" 중 용어 "each" 및 "respective one"의 해석과 관련하여, 명세서(specification)에 기반하여 판단해 볼 때, 각각의 개별적인 오퍼레이터가 4개의 기술된 기능들 (grip, knot, cut, 및 cover) 중 오직 하나의 기능만 수행하기 위해 4개의 분리된 오퍼레이터가 요구되지 않고, 하나의 오퍼레이터가 하나 또는 그 이상의 기능을 수행할 수 있다고 판시하였다.[480)]

---

the claim term "layers" was construed to permit the inclusion of the interlayers that did not affect the basis and novel properties of the substrate")

479) *See Bridgelux, Inc. v. Cree, Inc.*, 2008 WL 2325623, *12 (E.D. Tex. 2008) (in claims directed to LEDs construing term "on" as meaning "positioned directly or indirectly above" and not requiring direct contact where examples in the specification used the term "on" in relation to instances of indirect contact and used the term "directly on" when contact was mandated")

480) *See Accent Packaging, Inc. v. Leggett & Platt, Inc.*, 707 F.3d 1318, 1325-26 (Fed. Cir. 2013) (ruling that the presence of "each" and "a respective one" in claims reciting "elongated operator bodies, with each of the operator bodies being operably coupled with a respective one of said gripper, knotter, cutting element and cover" did not require four separate operator bodies such that each individual operator body performed only one of the four recited functions, i.e., grip, knot, cut and cover, rather the operator bodies could perform one or more of the functions, the Federal Circuit noting that the district court's construction requiring each operator body perform only one of the functions read out the preferred embodiment which showed two operator bodies each performing two of the four functions")

ii. 연방 지방법원

a. 연방 지방법원은 삼성전자와 관련된 소송에서, 청구항 "one of a bit and a flag"은 불명확하지 않고, "a bit" 또는 "a flag"를 의미한다고 판시하였다.[481)]

5) Only

i. 연방 항소법원(CAFC)

a. 연방 항소법원은 청구항 "only within a zone extending between 30 to 45 degrees"의 해석과 관련하여, 특허권자의 주장인 "0도에서 시작하여 30 내지 45의 어느 곳에서 종료할 것이 요구됨"은 용어 "only" 및 "extending between"의 일반적인 의미(ordinary meaning)에 기반하여 볼 때 타당하지 않고, 오직 30 도 내지 45도 사이에서 연장되는 영역일 것이 요구된다고 판시하였다.[482)]

b. 연방 항소법원은 청구항 구문 "only four components"의 해석과 관련하여, 오직 4개의 부품을 가진 제품만 직접 침해이지, 5개의 부품은 아니라고 판시하였다.[483)]

---

481) *See NFC Technology, LLC v. Samsung Electronics Co., Ltd.*, 2016 Markman 1704770, 2016 WL 1704770, *15-*16 (E.D. Tex. 2016) (claim limitation reciting "one of a bit and a flag" was not indefinite and construed to mean "a bit or a flag" and did not require one of each where the specification disclosed an embodiment of the invention with just a flag")

482) *See Elekta Instrument S.A. v O.U.R. Scientific Intern., Inc.*, 214 F.3d 1302, 1308-09 (Fed. Cir. 2000) (reversing summary judgment of literal infringement because of district court erred in its claim construction in not applying the ordinary meaning to the terms "only" and "extending between" in the claim limitation requiring location of beam sources in a zone "only within a zone extending between 30 to 45 degrees" had to be construed to require that all beam sources were exclusively in a zone beginning at 30 degrees and terminating at 45 degrees and not as argued by the patentee starting at zero degrees and terminating anywhere between 30 to 45 degrees, because accused product had its beam source in a zone of 14 to 43 degrees no reasonable jury could find it literally infringed)

483) *See Strattec Sec. Corp. v. General Automotive Specialty Co., Inc.*, 126 F.3d 1411, 1419 (Fed. Cir. 1997) (term "only four components" construed for purposes of literal infringement to be only four elements and not infringed by a device that had five elements)

c. 연방 항소법원은 청구항 "nine memory chips arranged 'only in a single row'"와 관련된 침해소송에서, 침해 주장된 제품은 제1열에(single row) 8개의 칩이 있고, 제2열에 9번째 칩이 있는 메모리이기 때문에 비침해라고 판시하였다.[484)]

d. 연방 항소법원은 청구항 구문 "a pair of linear actuators"과 관련하여, 청구항 출원 경과 과정에서 출원인이 선행기술과 구별되기 위하여 'it used 'only' one pair of actuators'로 주장하였기 때문에, 침해 주장된 제품인 두 쌍의 선형 액추에이터(actuator)는 비침해라고 판시하였다.[485)]

ii. 연방 지방법원

a. 연방 지방법원은 청구항 "a noninverting transistor 'having only three terminals'"은 전원 장치(power supply)와 연결된 4번째의 단자는 제외되나, 명세서(specification)에 기반하여 판단해 볼 때 전원 장치와 연결되지 않은 4번째의 단자를 갖는 트랜지스터는 포함할 수 있다고 판시하였다.[486)]

---

484) *See Wang Laboratories, Inc. v. Toshiba Corp.*, 993 F.2d 858, 867-68 (Fed. Cir. 1993) (claim that had element referring to nine memory chips arranged "only in a single row" was not literally infringed, or due to prosecution history estoppel, was not infringed under the doctrine of equivalents, by a memory unit that had eight chips in a single row, and the ninth in a second row)

485) *See Kress Corp. v. Alexander Services, Inc.*, Civ. No. 97-1309, 155 F.3d 571, 1998 WL 398819 (Fed. Cir. June 15, 1998) (unpublished) (claim limitation "a pair of linear actuators" to perform a lifting and tilting function was not met by an accused device that used two pairs of linear actuators two perform lifting and tilting separately where applicant distinguished over the prior art by stating it used "only" one pair of actuators rather that the two pairs of actuators employed by the prior art device, therefore, because of the clear disavowal of claim coverage the limitation had to be interpreted to be one and only one pair of actuators and prosecution history estoppel precluded an assertion of equivalents of more than one pair of actuators")

486) *See Opticurrent, LLC v. Power Integrations, Inc.*, 2017 WL 1383979, *5-*6 (E.D. Tex. 2017) (claim reciting a noninverting transistor "having only three terminals" construed to exclude transistors that had a fourth terminal connected to a power supply, but could include transistors that had a fourth terminal that was not connected to a power supply as this construction was consistent with the specification, also finding that the transistor had to have at least three terminals")

b. 연방 지방법원은 DC/AC 컨버터와 관련된 청구항 "a feedback control loop circuit receiving a feedback signal indicative of power being supplied to said load, and adapted to generate a second signal pulse signal for controlling the conduction state of said second plurality of switches only if said feedback signal is above a predetermined threshold" 중 용어 "only if"와 관련하여, 해당 조건(condition)이 장치가 사용 중인 모든 시간 동안을 의미하는 것이지, 단순히 정상 상태 조건(steady-state condition)을 의미하는 것이 아니라고 판시하였다.[487)]

6) Open

i. 연방 항소법원(CAFC)

a. 연방 항소법원은 청구항 "open channel" 중 용어 "open"과 관련하여, "[n]ot shut in or confined, not surrounded by barriers; to which there is free access or passage on all or nearly all sides; unenclosed, unwalled, unconfined (~내부에 닫히거나 막히지 않고, 장벽들에 둘러싸이지 않고; 전체적 또는 거의 모든 측면으로 자유롭게 접근하거나 통과할 수 있고; 둘러싸이지 않고, 가로막히지 않고, 제한을 받지 않는)"을 의미한다고 판시하였다.[488)]

---

487) *See O2 Micro Intern. Ltd. v. Beyond Innovation Technology*, 2009 WL 1109357, *2 (E.D. Tex. 2009) (for a claim directed to a DC/AC converter, construing term "only if" in claim limitation reciting "a feedback control loop circuit receiving a feedback signal indicative of power being supplied to said load, and adapted to generate a second signal pulse signal for controlling the conduction state of said second plurality of switches only if said feedback signal is above a predetermined threshold" as requiring that the condition be meant for all times the device was in use, not just at the steady-state condition")

488) *See W.E. Hall Co., Inc. v. Atlanta Corrugating, LLC*, 370 F.3d 1343, 1350 (Fed. Cir. 2004) (applying ordinary meaning of term "open" in claim limitation "open channel" as meaning ""[n]ot shut in or confined, not surrounded by barriers; to which there is free access or passage on all or nearly all sides; unenclosed, unwalled, unconfined"")

7) Opening

i. 연방 항소법원(CAFC)

a. 연방 항소법원은 일회용 카메라와 관련된 청구항 중 용어 "opening"과 관련하여, 개구부의 의미를 나타내는 'hole, breach, or aperture'를 내포한다고 판시하였다.489)

b. 연방 항소법원은 청구항 "an opening for connecting the interior of the reservoir to the interior of the fuel tank" 중 용어 "opening"의 해석과 관련하여, "연료 탱크(fuel tank)의 내부에 저장소(reservoir)를 연결하는 구멍(hole) 또는 통로(passage)를 의미하는 것이지, 연방 지방법원의 해석인 추가로 "해당 구멍이 연료 탱크 및 저장소의 내부에 인접하게 위치될 것이 요구됨"은 타당하지 않다고 판시"하였다.490)

ii. 연방 지방법원

a. 연방 지방법원은 청구항 "fasteners that are inserted through openings in the flanges and into holes in engagement portions of the edges of the upper portion" 중 용어 "opening"은 입구와 출구 모두를 가지는 통로가 요구되고, 용어 "hole"은 오직 입구만이 요구된다고 판시하였다.491)

---

489) *See Fuji Photo Film Co., Ltd. v. International Trade Com'n*, 386 F.3d 1095 (Fed. Cir. 2004) (construing the term "opening" as referring to a "hole, breach, or aperture" in the cover of a disposable camera, and rejecting patentee's proffered broader construction that "opening" referred to any three-dimensional open space because the specification consistently used the term "opening" to refer to a hole and did not use it as broadly as the patentee urged")

490) *See TI Group Automotive Systems (North America), Inc. v. VDO North America, L.L.C.*, 375 F.3d 1126, 1138 (Fed. Cir. 2004) ("applying dictionary definitions of "opening" and "connecting" to construe claim limitation "an opening for connecting the interior of the reservoir to the interior of the fuel tank" as requiring a hole or passage that links the reservoir to the interior of the fuel tank and to reject district court's construction that additionally required that the hole be disposed adjacent to the interior of the reservoir and interior of the fuel tank")

491) *See Atlantic Research Marketing Systems, Inc. v. Troy*, 2009 WL 1211053, *4 (D. Mass. 2009) (construing "opening" to require a passage having an entrance and exit and "hole" to only require an entrance in a limitation to a hand guard for a gun, reciting "fasteners that are inserted through openings in the flanges and into holes in engagement portions of the edges of the upper portion")

8) Operable to

i. 연방 지방법원

a. 연방 지방법원은 청구항 "a multicarrier transceiver operable to receive at least one packet using deinterleaving" 중 용어 "operable to"의 해석과 관련하여, 청구항(claim)에 구문 "operable to"와 "capable of" 모두를 기술하나 명세서(specification)에 용어 "operable to"를 정의하지 않았기 때문에, 용어 "operable to"를 'capable of(~할 수 있는)'로 해석하는 것은 부적절하고, 대신에 "in operation to (i.e., actually operates(실제적으로 동작함))"의 의미를 내포한다고 판시하였다.[492)]

b. 연방 지방법원은 군사용 라이플총과 관련된 청구항 "operable to engage"의 해석과 관련하여, 해당 물질(substance)에 어떤 것도 추가되지 않기 때문에 "capable to engage(~할 수 있는)"은 타당하지 않은 해석이라고 판시하였다.[493)]

9) Operatively V-ed

i. 연방 항소법원(CAFC)

a. 연방 항소법원은 청구항 용어 "operatively connected"의 해석과 관련하

---

492) *See TQ Delta, LLC v. ADTRAN, Inc.*, 2019 Markman 4277026, 2019 WL 4277026, *3-*4 (D. Del. 2019) (rejecting contention that "operable to," in a limitation reciting "a multicarrier transceiver operable to receive at least one packet using deinterleaving," should be broadly construed to mean "capable of" where the claims used both terms and the specification did not define "operable to" and instead construing the term to mean "in operation to" i.e., "actually operates" and granting summary judgment of no infringement since the accused product as sold was not operational to perform the function of receiving at least one packet using deinterleaving, but could only do that if the end user affirmatively enabled the functionality")

493) *See Bravo Co. v. Badger Ordnance.*, 2016 WL 4699691, *3 (D. Nev. 2016) (for claims directed to a military rifle, refusing to construe "operable to engage" as meaning "capable to engage" since that did not add anything of substance, further refusing to construe "operably engaged to each other" to mean "interlocked" as nothing in the specification required reading "interlocked" into the claim and giving the limitation its ordinary meaning")

여, 용어 "operatively" 및 "connected"의 일반적인 의미(plain meaning)로 해석되므로 "의도되거나 적절한 효과를 생성하기 위해 튜브 및 캡이 함께 연결됨"으로 해석한 연방 지방법원의 해석이 타당하다고 판시하였다.494)

b. 연방 항소법원은 척추 이식과 관련된 청구항 "lower bone interface operatively joined to said bone segment" 중 용어 "operatively joined"의 해석과 관련하여, 단순히 "수술 절차 동안에 연결됨"은 타당하지 않고, 대신에 명세서(specification)에 기반하여 판단해 볼 때, "구성 부품들의 실제적인 접촉이 요구되는 후부 안정화(posterior stabilization)의 효과를 내기 위한 방법으로 연결됨"이 요구된다고 판시하였다.495)

c. 연방 항소법원은 청구항 "operating in conjunction"의 해석과 관련하여, 명세서(specification)에 기반하여 판단해 볼 때 실제적인 동작(use)이 요구되므로, 특허권자의 주장인 "함께 동작할 가능성이 있는 장치는 침해임"은 타당하지 않다고 판시하였다.496)

---

494) *See Innova/Pure Water, Inc. v. Safari Water Filtration Systems, Inc.*, 381 F.3d 1111, 1118 (Fed. Cir. 2004) ("Generally speaking, and as used in the '759 patent, it means the claimed components must be connected in a way to perform a designated function. ··· Thus, the district court was correct to look to the ordinary meaning of the terms 'operatively' and 'connected' and we discern no error in the district court's initial understanding that the ordinary and customary meaning of operatively connected requires the linking together of the tube and the cap to produce the intended or proper effect. But the district court erred when it proceeded beyond this plain meaning based on the examples of means for connecting the tube to the cap disclosed in the '759 patent, all of which reflect a physical engagement between the tube and the cap that results in a unitary structure.")

495) *See Cross Medical Products, Inc. v. Medtronic Sofamor Danek, Inc.*, 424 F.3d 1293, 1306 (Fed. Cir. 2005) (in a claim directed to a spinal implant, ruling that the district court erred in construing the term "operatively joined" in a claim limitation reciting "lower bone interface operatively joined to said bone segment" as merely meaning "connected during a surgical procedure" instead based on the plain language and the written description the claim should have been construed to mean connected in a manner effective to produce posterior stabilization, which required actual contacting of the component pieces")

496) *See Typhoon Touch Technologies, Inc. v. Dell, Inc.*, 659 F.3d 1376, 1381-82 (Fed. Cir. 2011) (affirming ruling that term "operating in conjunction" had to be construed as requiring a "use" limitation based on the statements in the specification, and therefore rejecting patentee's contention that an accused device that had the capability to operate in conjunction with, but was not actually

ⅱ. 연방 지방법원

a. 연방 지방법원은 청구항 "wherein the control line holding assembly is operatively mounted proximate a floor of a rig" 중 용어 "operatively mounted"의 해석과 관련하여, 해당 용어의 일반적인 의미인 "attached to operate(동작하기 위해 부착된)"을 의미하는 것이지, 특허권자의 보다 좁은 해석인 "고정된(fixed)"의 의미는 타당하지 않다고 판시하였다.[497)]

b. 연방 지방법원은 "a first arbitration unit was 'configured and arranged to operate independently' to a second arbitration unit"는 물리적인 분리가 요구되지 않고, 오직 제1부가 제2부와 상관없이 기능적인 동작이 요구된다고 판시하였다.[498)]

10) Or

ⅰ. 연방 항소법원(CAFC)

a. 연방 항소법원은 청구항 "multiple layers for displaying avatar functions or performing game item functions" 중 용어 "or"의 해석과 관련하여, 복수의 층들이 해당 기능을 표시하거나 수행할 수 있는 것을 내포한다고 판시하였다.[499)]

---

configured to do so, still met the claim")

497) *See Weatherford Technology Holdings, LLC v. Tesco Corporation,* 2018 WL 3239714, *12-*13 (E.D. Tex. 2018) (for claim directed to an apparatus for connecting a control line to a tubular string, ruling that the plain meaning applied to the term "operatively mounted" in a limitation reciting "wherein the control line holding assembly is operatively mounted proximate a floor of a rig," and construing the term to mean "attached to operate," the court rejecting the patentee's proposed narrow construction of "fixed")

498) *See MediaTek Inc. v. Freescale Semiconductor, Inc.*, 2013 Markman 3778314, 2013 WL 3778314 (N.D. Cal. 2013) (construing limitation that a first arbitration unit was "configured and arranged to operate independently" to a second arbitration unit to not require a physical separation, but only required that functionally the first unit operated without regard to the second unit as one of the disclosed embodiments showed each "unit" on the same integrated circuit chip")

499) *See Game and Technology Co., Ltd. v. Activision Blizzard Inc.*, 926 F.3d 1370, 1378-79 (Fed. Cir. 2019) (use of "or" in a claim reciting "multiple layers for displaying avatar functions or performing

b. 연방 항소법원은 청구항 "represented by at least one of two-digit, three-digit, or four-digit year-date representations"의 해석과 관련하여, "모든 디지트(예 : 2개, 3개, 및 4개의 디지트)를 포함하기 위한 장치"가 요구되진 않고, "오직 2개의 디지트, 3개의 디지트, 4개의 디지트, 또는 2개, 3개 및 4개의 디지트 데이터의 조합"을 의미한다고 판시하였다.500)

c. 연방 항소법원은 청구항 "means under operator control for selecting either a greater magnitude or highest frequency search, where by either strongest signal or fastest signal target identification is provided" 중 용어 "or" 및 "either"의 해석과 관련하여, "one or the other, but not both(하나 또는 나머지 것)"을 의미한다고 판시하였다.501)

d. 연방 항소법원은 휴대할 수 있는 메모리 장치를 확인 및 전송하는 시스템과 관련된 청구항 중 "labels with 'pre-set words or pre-set symbols'"와 관련하여, 특허청의 판단인 "선행 기술에 기호는 개시되어 있지 않으나, 단어의 이용이 개시되어 있으므로 해당 출원은 등록 받을 수 없음"은 해당 청구항에 단어 또는(or) 기호에 대해 작성되어 있으므로 타당하다고 판

---

game item functions" showed that the "multiple layers" could "display" or "perform" functions")

500) *See Brown v. 3M*, 265 F.3d 1349, 1352 (Fed. Cir. 2001) (construing limitation "represented by at least one of two-digit, three-digit, or four-digit year-date representations" in a patent directed to a Y2K fix date fix as covering "'only two-digit, only three-digit, only four-digit, or any combination of two-, three-, and four-digit date-data.'" and not requiring the device to handle all three because "[t]here is no basis in the specification or prosecution history for reading 'or' as 'and'"

501) *See Kustom Signals, Inc. v. Applied Concepts, Inc.*, 264 F.3d 1326, 1331–32 (Fed. Cir. 2001) (term "or" and "either" as used in claim limitation "means under operator control for selecting either a greater magnitude or highest frequency search, where by either strongest signal or fastest signal target identification is provided" construed to mean one or the other, but not both, based on application of the ordinary meaning of the term "or" as defined in the dictionaries, rejecting computer dictionary definition distinguishing between "or" (one or the other or both) and "exclusive or" (one or the other but not both) since nothing in the description indicated that this divergent meaning from the ordinary meaning was intended, the written description never taught using both the strongest and fastest target, but disclosed only using one or the other signals, and in the prosecution history the applicant amended claims reciting "magnitude and frequency" to operator selected magnitude "or" frequency to overcome prior art")

시하였다.[502)]

e. 연방 항소법원은 청구항 "accepting television (TV) broadcast signals, wherein said TV signals are based on a multitude of standards, including, but not limited to, National Television Standards Committee (NTSC) broadcast, PAL broadcast, satellite transmission, DSS, DBS, or ATSC"의 해석과 관련하여, 해당 장치가 용어 "or"에 기반하여 판단해 볼 때 청구항에 리스트된 모든 신호들을 처리할 수 있을 필요는 없다고 판시하였다.[503)]

f. 연방 항소법원은 청구항 "first transceiver transmitting or receiving signals, at a first transmission rate, on a first channel"의 해석과 관련하여, 용어 "or"에 기반하여 판단해 볼 때, 각각의 송수신기는 단일 채널에서 전송하거나 수신하는 것을 나타내는 것이지, 송수신을 동시에 하는 것은 포함하지 않는다고 판시하였다.[504)]

g. 연방 항소법원은 용어 "indentations"의 해석과 관련하여, 명세서에 구문

---

502) *See In re : Dominick Theresa.*, 2018 WL 473764, *3 (Fed. Cir. 2018) (nonprecedential) (for claims directed to system for identifying and transporting portable memory devices with three color-coded components, including labels, attachment members and wristbands, rejecting contention that where the claim recited the labels with "pre-set words or pre-set symbols" the PTO erred in rejecting the claims over prior art that only disclosed the use of words, the court noting that since the claim recited words or symbols, prior art that only disclosed words was sufficient to invalidate the claim")

503) *See TiVo, Inc. v. EchoStar Communications Corp.*, 516 F.3d 1290, 1296–97 (Fed. Cir. 2008) (ruling that claim limitation reciting "accepting television (TV) broadcast signals, wherein said TV signals are based on a multitude of standards, including, but not limited to, National Television Standards Committee (NTSC) broadcast, PAL broadcast, satellite transmission, DSS, DBS, or ATSC" did not require that the apparatus be able to process all the listed signals in view of the term "or")

504) *See Bell Atlantic Network Services, Inc. v. Covad Communications Group, Inc.*, 262 F.3d 1258, 1275 (Fed. Cir. 2001) (ruling that district court erred in construing term "channel" in limitation "first transceiver transmitting or receiving signals, at a first transmission rate, on a first channel" as permitting either unidirectional or bi-directional communication because use of the term "or" demonstrated that the channel could only transmit or receive at any given time but not do both: "The use of the word 'or' demonstrates that each transceiver either transmits or receives on a single channel, but not both simultaneously. Thus, the language of the claims themselves supports a construction of the first and second 'channels' that excludes bi-directional or two-way communications.")

"indentations or holes"를 기재한 것에 비추어볼 때, 용어 "indentations"는 "hole"을 제외하는 것으로 해석되어야 한다고 판시하였다.[505]

h. 연방 항소법원은 용어 "time window"의 해석과 관련하여, 명세서에 구문 "fixed duration or time window"로 기재한 것에 비추어볼 때, 용어 "time window"는 "fixed duration"과 다르게 해석되어야 함을 보여준다고 판시하였다.[506]

i. 연방 항소법원은 청구항 "wherein at least one of the jaws is perforated to permit the release of steam during use"의 해석과 관련하여, 특허청의 판단인 "용어 'perforated(관통하는)'는 용어 'passages(통과하는)'를 포함하여 해석될 수 있음"은, 명세서(specification)에 "the component 'may be perforated or otherwise provided with passages' and the 'or otherwise provided with'"로 기재되어 있으므로, 용어 "passages"는 용어 "perforated"와 달리 해석되어야 한다고 판시하였다.[507]

---

505) *See Joy MM Delaware, Inc. v. Cincinnati Mine Machinery, Co.*, 2012 WL 5439885, *3 (Fed. Cir. 2012) (nonprecedential) (affirming construction of "indentations" as excluding holes and relying on fact that in the specification that inventor used the phrase "indentations or holes" and the use of the disjunctive showed that an indentation was not a hole further noting that the specification used the words "bore" and "opening" when further referring to holes")

506) *See Pause Technology, LLC v. TiVo, Inc.*, 419 F.3d 1326, 1334-35 (Fed. Cir. 2005) (rejecting patentee's argument that statement in the specification describing a time interval as being "fixed duration or 'time window'" showed that the time interval could be fixed or variable because the use of quotations with the "or" showed that the "time window" was being used as another name for the interval of fixed duration")

507) *See Perfect Surgical Techniques, Inc. v. Olympus America, Inc.*, 841 F.3d 1004, 1012-13 (Fed. Cir. 2016) (PTO erred in construing claim term "perforated" in a claim limitation reciting "wherein at least one of the jaws is perforated to permit the release of steam during use" to include "passages" under the BRI standard where the specification stated the component "may be perforated or otherwise provided with passages" and the "or otherwise provided with" language showed that "passages" had to be something different from "perforated" and the claim was limited to a component that was "perforated")

P.

1) Parallel

ⅰ. 연방 항소법원(CAFC)

a. 연방 항소법원은 용어 "generally parallel"의 해석과 관련하여, 연방 지방법원의 해석인 "수학적으로 정확한 평행이 요구됨"은, 용어 "generally"에 기반하여 볼 때 타당하지 않고 "정확한 평행 대비 일정한 양의 편차가 허용된다고 판시"하였다.[508)]

b. 연방 항소법원은 청구항 구문 "horizontally disposed axes"의 해석과 관련하여, 수직적으로 지향된 것과 상대적/비교적인 관점에서 이해되어야 하지, 해당 축(axes)이 지면으로부터 정확하게 평행할 필요는 없다고 판시하였다.[509)]

---

508) *See Anchor Wall Systems, Inc. v. Rockwood Retaining Walls, Inc.*, 340 F.3d 1298, 1310-11 (Fed. Cir. 2003) (district court erred in construing term "generally parallel" to mean exactly parallel on the basis that as a mathematical concept parallel could not have any deviation and stating "While the term 'generally parallel,' as the district court noted, is mathematically imprecise, we note that words of approximation, such as 'generally' and 'substantially,' are descriptive terms commonly used in patent claims to avoid a strict numerical boundary to the specified parameter. And, while ideally, all terms in a disputed claim would be definitively bounded and clear, such is rarely the case in the art of claim drafting. In this case, exact parallelism is sufficient, but not necessary, to meet the limitation of the claim term 'generally parallel.' … the relevant definition of 'generally' is 'in disregard of specific instances and with regard to an overall picture; on the whole, as a rule.' Webster's Third New International Dictionary 945. Because the claim language itself expressly ties the adverb 'generally' to the adjective 'parallel,' the ordinary meaning of the phrase 'generally parallel' envisions some amount of deviation from exactly parallel. It is the claim limitation, as a whole, that must be considered in claim construction. … Accordingly, we hold that the phrase 'generally parallel' envisions some amount of deviation from exactly parallel.")

509) *See Cheese Systems, Inc. v. Tetra Pak Cheese and Powder Systems, Inc.*, 725 F.3d 1341, 1350 (Fed. Cir. 2013), cert. denied, 134 S. Ct. 1542, 188 L. Ed. 2d 557 (2014) (ruling that claim limitation "horizontally disposed axes" was properly construed in a comparative sense to something that was vertically oriented and rejecting proposed construction that would have required the axes to be exactly parallel to the ground as the evidence showed that in the industry the term "horizontal axes" permitted an incline to facilitate drainage")

ii. 연방 지방법원

a. 연방 지방법원은 동물성 사료 믹서와 관련된 청구항 "line parallel to the longitudinal axis of the rotor shaft" 중 용어 "parallel"은 'lines remain equidistant to each other(서로 같은 거리에 남아있는 선들)'이 요구되고, 특허권자의 제안된 주장 해석인 "오직 해당 선들이 교차되지 않을 것만 요구됨"은, 명세서(specification)에 기반하여 판단해 볼 때 출원인이 해당 용어 "parallel"의 일반적인 의미와 다른 의미를 기술하고 있지 않기 때문에 타당하지 않다고 판시하였다.[510)]

b. 연방 지방법원은 용어 "parallel"의 해석과 관련하여, 침해자의 주장 해석인 "엄격한 수학적인 구조가 요구됨"은 타당하지 않고, "spaced apart an equal distance within a reasonable tolerance to provide for a close fitting …(~가 일치하도록 합리적인 오차 범위내의 동일한 거리에서 떨어진 곳에 위치함)"을 의미한다고 판시하였다.[511)]

c. 연방 지방법원은 청구항 "generally parallel to the longitudinal axis" 중 용어 "generally parallel"의 해석과 관련하여, 해당 용어는 일반적인 의미(plain meaning)로 해석되기 때문에 별도의 해석은 요구되지 않는다고 판시하였다.[512)]

---

510) *See Roto-Mix LLC v. Sioux Automation Center Inc.*, 2017 WL 6610328, *8-*9 (N.D. Iowa 2017) (for claims directed to an animal feed mixer, construing term "parallel" in limitation reciting "line parallel to the longitudinal axis of the rotor shaft" as requiring that the "lines remain equidistant to each other" and rejecting patentee's proposed construction that only required that the lines did not intersect, the court finding that the intrinsic evidence showed that the inventor used the term in its ordinary sense")

511) *See International E-Z Up, Inc. v. Caravan Canopy Int'l, Inc*, 2002 Markman 34536685, 2002 WL 34536685, *3-*4 (C.D. Cal. 2002) (construing term "parallel" to mean "spaced apart an equal distance within a reasonable tolerance to provide for a close fitting …" and rejecting accused infringer's proposed strict mathematical construction since the context of the invention showed that one of skill in the art would accept a reasonable tolerance on the required degree of being parallel that permitted a function to be accomplished")

512) *See Douglas Dynamics, LLC v. Buys Products Co.*, 2010 Markman 744253, 2010 WL 744253, *19-*20 (W.D. Wis. 2010), related appeal, 717 F.3d 1336 (Fed. Cir. 2013) (ruling that limitation "generally parallel to the longitudinal axis" did not require construction since its plain meaning

2) Partially

i. 연방 지방법원

a. 연방 지방법원은 용어 "partially vacate"는 명세서(specification)에 기반하여 볼 때 불명확하지 않다고 판시하였다.513)

b. 연방 지방법원은 용어 "partially detachable"는 명세서(specification)에 어느 정도로 분리될 것(detachedness)인지에 대한 기술이 기재되어 있지 않기 때문에 불명확한 표현이라고 판시하였다.514)

3) Patient

i. 연방 항소법원(CAFC)

a. 연방 항소법원은 청구항 "a composition for inducing purgation of the colon of a patient, … wherein the composition does not produce any clinically significant electrolyte shifts …" 중 용어 "a patient"는 "환자군(a class of patients)을 의미하는 것이지 한 명의 환자(any single patient)를 의미하지 않는다고 판시하였다.515)

---

would govern, but noting that the accused infringer's proposed construction that added a requirement "without rotation in a direction perpendicular to that axis" was improper since it would defeat one of the purposes of the invention")

513) *See Legacy Separators LLC v. Halliburton Energy Services Inc*, 2016 Markman 3017140, 2016 WL 3017140, *3-*4 (S.D. Tex. 2016) (term "partially vacate" was not indefinite in view of the examples in the specification showing what was meant by the term")

514) *See Holmberg v. Stealth Cam, LLC*, 2013 Markman 3716646, 2013 WL 3716646, *13 (D. Minn. 2013) (ruling that term "partially detachable" was indefinite since there were no objective guideposts in the intrinsic evidence to know what amount of detachedness was sufficient")

515) *See Braintree Laboratories, Inc. v. Novel Laboratories, Inc.*, 749 F.3d 1349, 1356-57 (Fed. Cir. 2014) (over the dissent of Judge Moore, construing term "a patient" in a claim reciting "a composition for inducing purgation of the colon of a patient, … wherein the composition does not produce any clinically significant electrolyte shifts …" to refer to a class of patients and not any single patient, the court ruling that to permit the claim to be met if a single patient did not experience a clinically significant electrolyte shift while a majority of other patients did exhibit the shift would be absurd")

4) Percent by weight

i. 연방 지방법원

a. 연방 지방법원은 용어 "by weight"는 "제1 구성요소의 중량이 제2 구성요소의 중량 대비 비율을 의미한다고 판시"하였다.[516)]

b. 연방 지방법원은 "percent by weight"은 "전체 용량 대비 해당 성분의 중량 비율을 퍼센티지로 나타낸 것을 의미한다고 판시"하였다.[517)]

c. 연방 지방법원은 용어 "% by weight"는, 명세서(specification)에 어떻게 해당 용어가 중량(weight)을 언급하기 위해 이용되는지 충분한 설명이 기재되어 있으므로 불명확한 표현이 아니라고 판시하였다.[518)]

5) Permanently

i. 연방 항소법원(CAFC)

a. 연방 항소법원은 용어 "permanently affixed"의 해석과 관련하여, 특허권자의 주장인 "해당 용어는 오직 수평적인 움직임만 허용되지 않음을 의미함"은 용어 "permanently"의 의미에 기초하여 볼 때 타당하지 않은 해석이라고 판시하였다.[519)]

---

516) *See T.F.H. Publications, Inc. v. Doskocil Mfg. Co., Inc.*, 2012 Markman 715628, 2012 WL 715628, *8-*9 (D.N.J. 2012) (construing "by weight" to mean the weight of a first component was in a ratio to the weight of a second component, and rejecting the accused infringer's contention that the term was indefinite since there allegedly was ambiguity in what was the second component")

517) *See Allergan, Inc. v. Sandoz Inc.*, 2011 WL 1599049, *10–*11 (E.D. Tex. Apr. 27, 2011) (construing percent by weight to mean "ratio of the weight of the ingredient in question divided by the total volume of the solution, with this ratio expressed as a percentage.")

518) *See Mallinckrodt LLC v. Actavis Laboratories Fl., Inc.*, 2017 Markman 1882493, 2017 WL 1882493, *9-*10 (D.N.J. 2017) (term "% by weight" was not indefinite where the intrinsic evidence provided sufficient context to understand how the term was being used to refer to weight and not concentration")

519) *See K-2 Corp. v. Salomon S.A.*, 191 F.3d 1356, 1363 (Fed. Cir. 1999) (rejecting patentee's proffered claim construction of term "permanently affixed" as only requiring prevention of horizontal movement such that a removable screw would satisfy the limitation because that interpretation "would effectively expunge the term 'permanently' from the claim language")

b. 연방 항소법원은 독립 청구항의 해석과 관련하여, 일 당사자의 주장 해석인 "종속 청구항에 명확하게 압력 증가 수단(i.e., 링 구조)이 커버에 영구적으로 부착(permanently attached to the cover)되어야 한다는 것이 기재되었으므로, 독립 청구항은 해당 압력 증가 수단이 커버에 영구적으로 부착될 필요는 없다"는 명세서(specification)에 유일한 실시예로서 해당 압력 증가 수단이 커버에 부착되는 것만을 개시하고 있을 뿐이므로, 타당하지 않다고 판시하였다.520)

ⅱ. 연방 지방법원

a. 연방 지방법원은 용어 "permanently secured"의 해석과 관련하여, 해당 용어의 일반적인 의미로 해석이 요구되고, 특허권자의 주장 해석인 "도구의 이용 없이 쉽게 분리될 수 없음을 의미함"은 명세서(specification)에 특허권자가 해당 용어 "permanently secured"의 일반적인 의미와 다른 해석을 기재하고 있지 않으므로 타당하지 않다고 판시하였다.521)

6) Plurality

ⅰ. 연방 항소법원(CAFC)

a. 연방 항소법원은 청구항 "a panel having a plurality of cutting edges being disposed on a common plane"의 해석과 관련하여, 오직 2개 또는 그 이상의 칼날의 가장자리가 공통면(common plane)에 위치될 것이 요구되

520) *See Toro Co. v. White Consol. Industries, Inc.*, 199 F.3d 1295, 1302 (Fed. Cir. 1999) (fact that dependent claim expressly claimed that pressure increasing means(i.e., a ring structure) was permanently attached to the cover did not require that the independent claim be construed so as not to require the pressure means to be permanently affixed to the cover where the only embodiment disclosed in the specification had the pressure means affixed to the cover)

521) *See Munchkin, Inc. v. Luv N' Care, Ltd.*, 2014 Markman 4543161, 2014 WL 4543161, *4 (C.D. Cal. 2014) (giving "permanently secured" its plain and ordinary meaning and rejecting patentee's proposed construction of something that "not be easily de-attachable without the use of tools" since the evidence did not show that the inventor acted as his own lexicographer to limit the scope of the term")

고, 전체적인 패널이 평평할 필요는 없다고 판시하였다.[522)]

b. 연방 항소법원은 애플과 삼성전자 소송에서, "a 'plurality' of modules … 'each' have a different predetermined algorithm"의 해석과 관련하여, 연방 지방법원의 해석인 "적어도 2개의 모듈은 서로 다른 알고리즘을 가짐"은, 청구항 컨텍스트가 모듈의 부분집합을 별도로 언급하고 있지 않기 때문에, 적어도 2개의 모듈이 아니라 모든 모듈(every module)이 서로 다른 알고리즘을 가져야 한다고 판시하였다.[523)]

c. 연방 항소법원은 청구항은 "a plurality of stabilizing supports"을 포함하고, 침해 제품은 오직 하나의 안정화 지지대를 갖고 있기 때문에 비침해라고 판시하였다.[524)]

d. 연방 항소법원은 청구항 "each of a plurality of fields" 및 "a plurality of specific fields"의 해석과 관련하여, 용어 "plurality"의 일반적인 의미가 "at least two(적어도 둘)"을 의미하는 것이지 "every"를 의미하는 것은 아니기 때문에, "each of at least two fields(적어도 두 개의 필드들 중에 각각의 필드)"를 의미한다고 판시하였다.[525)]

---

522) *See Cheese Systems, Inc. v. Tetra Pak Cheese and Powder Systems, Inc.*, 2013 WL 3984991, *5 (Fed. Cir. 2013) (ruling that claim limitation requiring a panel having a plurality of cutting edges being disposed on a common plane only required two or more blade edges be on the common plane and rejecting contention that the overall panel had to be flat")

523) *See Apple Inc. v. Samsung Electronics Co., Ltd.*, 695 F.3d 1370, 1377-79 (Fed. Cir. 2012) (in a limitation requiring that a "plurality" of modules "each" have a different predetermined algorithm ruling that the district court erred in refusing to construe "each" as meaning that every module in the product had to have a different algorithm, but only requiring there be at least two modules that had different algorithms, the Federal Circuit noting that the claim language was not referring to a subset of modules for "each" to modify, but "each" referred to every member of the plurality, i.e., all the modules, and this requirement could not be trumped by the open "comprising" language of the preamble")

524) *See Helena Labs. Corp. v. Alpha Scientific Corp.*, 2008 WL 1743857, *3 (Fed. Cir. April 16, 2008) (nonprecedential) (affirming summary judgment of no infringement and ruling that where claim required a plurality of stabilizing supports and the accused product only had one structure that arguably met the stabilizing limitation under the proper construction of the term, there was no infringement")

525) *See ResQNet.Com, Inc. v. Lansa, Inc.*, 346 F.3d 1374, 1382 (Fed. Cir. 2003) (reversing district

e. 연방 항소법원은 구문 "a plurality of wafers"은, 연방 지방법원의 해석인 "해당 용어는 단일의 웨이퍼도 포함함"은 청구항 언어가 단일 에이퍼와 복수의 웨이퍼를 구분한 것에 기반하여 볼 때 타당하지 않은 해석이라고 판시하였다.[526)]

f. 연방 항소법원은 온라인 분쟁 처리 시스템과 관련된 청구항 "receiving a plurality of demands" 및 "receiving a plurality of settlement offers"의 해석과 관련하여, 연방 지방법원의 해석인 "적어도 2개의 요구(demands)와 적어도 2개의 합의 제안(settlement offers)을 수신할 가능성이 있는 경우 침해임"은 타당하지 않고, "해당 방법이 실제적으로 적어도 2개의 요구와 적어도 2개의 합의 제안이 수신할 것이 요구된다고 판시"하였다.[527)]

---

court's construction of term "each of a plurality of fields" and "a plurality of specific fields," in the claims of two patents, as requiring the use of each and every field because the plain meaning of "plurality" meant at least two, even though it could cover each and every and nothing in the written description or prosecution history showed the applicant disclaimed a construction of "plurality" of being "at least" and stating : "Claim 1 of the '608 patent recites 'each of a plurality of fields,' which does not carry the same meaning as 'every field.' Rather, the recitation of "plurality" suggests the use of "'at least two.' While 'at least two' may mean 'every' under some circumstances, the two terms are not synonymous. In sum, 'each of a plurality of fields" means "each of at least two fields.'"—but also affirming construction of term "each field" in other related patent to require the use of all fields based on written description and prosecution history)

526) *See August Technology Corp. v. Camtek Ltd.*, 655 F.3d 1278, 1284-86 (Fed. Cir. 2011) (district court erred in construing term "a plurality of wafers" as capable of being met by a single wafer as the claim language distinguished between a single discrete wafer and having more than one wafer, and while the specification showed embodiments of the invention that operated on multiple dies present in a single wafer, the specific asserted claim required multiple wafers while other unasserted claims only required a single wafer, and therefore restricting the asserted claims to multiple wafers did not read out a preferred embodiment, also noting that use of the terms in the parent patent showed that wafer referred to a single discrete wafer such that a plurality of wafers required multiple wafers")

527) *See Cybersettle, Inc. v. Nat'l Arbitration Forum, Inc.*, 2007 WL 2112784, *3-*4 (Fed. Cir. 2007) (nonprecedential) (in a claim directed to an on-line dispute resolution system, vacating a summary judgment of infringement and ruling that where method claim recited the steps "receiving a plurality of demands" and "receiving a plurality of settlement offers" infringement could only occur if the accused method actually received at least two demands and two settlement offers and ruling the district court erred in finding infringement merely because the accused system was capable of receiving at least two demands and two settlement offers, where it was not proven that in operation

g. 연방 항소법원은 특정 드라이빙 조건에서 차의 브레이크를 자동으로 가동하는 시스템과 관련된 청구항 중 용어 "plurality of sensors"의 해석과 관련하여, 적어도 2개의 센서가 요구되나, 모든 센서들이 해당 위험한 드라이빙 조건을 감지할 필요는 없고, 복수의 센서들 중 오직 하나의 센서만 해당 조건을 감지하면 충분하다고 판시하였다.[528]

7) Portable

i. 연방 지방법원

a. 연방 지방법원은 용어 "portable"의 해석과 관련하여, 사람에 의해 ~에 대하여 움직일 수 있는 것으로 해석하였다.[529]

8) Portion

i. 연방 항소법원(CAFC)

a. 연방 항소법원은 청구항 용어 "portion"은 한 제품의 별개의 부분(a discrete part of a product)으로 해석될 수 있고, 특허된 의약품은 지효성 약제(sustained release portion) 및 속방출형 약제(immediate release portion)를 포함하고, 침해제품은 오직 지효성 약제만을 포함하므로 비침해라고 판시하였다.[530]

---

the accused system actually received at least two demands and two settlement offers")

528) *See In re 55 Brake LLC*, 2015 WL 1610170, *1-*3 (Fed. Cir. 2015) (nonprecedential) (for claims directed to a system for automatically engaging a car's brakes under certain driving conditions, term "plurality of sensors" was properly construed by the board during a reexamination to include a vehicle motion sensor as one of the "sensors" where the plain language of one of the claims expressly recited that a vehicle motion sensor was one of the sensors, the Federal Circuit rejecting the contention that to be a "sensor" the sensor had to additionally actuate the braking and therefore the vehicle motion sensor could not be one of the "sensors," the Federal Circuit noting that while the claims required at least two sensors there was no requirement that both sensors sensed an unsafe driving condition, only one of the sensors had to do that")

529) *See Blitzsafe Texas, LLC v. Honda Motor Co., Ltd.*, 2016 Markman 4762083, 2016 WL 4762083, *23 (E.D. Tex. 2016) (construing "portable" to mean "capable of being moved about" by a person")

530) *See Reckitt Benckiser Inc. v. Watson Labs., Inc.*, No. 2011-1231, 2011 WL 2648723, *5–*6 (Fed.

b. 연방 항소법원은 컨베이어 벨트 시스템과 관련된 청구항 "chain links … including a link module portion … and a cantilevered portion extending laterally from said link module portion" 중 용어 "portion"의 해석과 관련하여, 연방 지방법원의 해석인 "링크 모듈 영역과 캔틸레버된 영역은 물리적으로 분리되어 함"은, 용어 "portion"가 분리된 구조뿐만 아니라 하나의 일체형 구조도 포함하기 때문에 타당하지 않은 해석이라고 판시하였다.[531]

c. 연방 항소법원은 청구항 "loosely contact the transmission rod over a portion of the transmission rod"의 해석과 관련하여, 명세서(specification)에 기반하여 판단해 볼 때, 몇몇 별개의 지점을 넘어서 발생하는 접촉이 요구된다고 판시하였다.[532]

d. 연방 항소법원은 청구항 "a first conductive layer disposed over a portion

---

Cir. July 7, 2011) (nonprecedential) (affirming construction of "portion" as meaning "a discrete part of a product" and affirming summary judgment of no infringement where claim required a drug product have both a sustained release (SR) and immediate release (IR) portions and the accused product only had an SR release portion, the court also finding that the prosecution history showed a disclaimer of a drug product having only a SR release portion).

531) *See Rexnord Corp. v. Laitram Corp.*, 274 F.3d 1336, 1344–48 (Fed. Cir. 2001) (reversing summary judgment of no infringement because district court erred in construing the term "portion" in a claim limitation "chain links … including a link module portion … and a cantilevered portion extending laterally from said link module portion," in an invention relating to a conveyor belt system, as requiring the link module portion and cantilevered portion to be physically separate, thereby excluding a one-piece construction as present in the accused product, because the plain meaning of the term "portion" included pieces that were separate or were integral, nothing in the written description or prosecution history disclaimed a one-piece or integral construction, and even though preferred embodiment only described two-piece construction, i.e., separate portions, the district court erred in reading into the claims the separate characteristic shown in the preferred embodiment")

532) *See Ethicon Endo-Surgery, Inc. v. Covidien, Inc.*, 2015 WL 4680726, *9-*10 (Fed. Cir. 2015) (limitation "loosely contact the transmission rod over a portion of the transmission rod" was properly construed to require that contact occur beyond just a few discrete points and therefore excluded embodiments where contact only occurred at fixed support points as this construction was consistent with the specification where the specification disparaged contacts at only the fixed support points")

of the first face of said semiconductor substrate" 중 구문 "disposed over a portion"은 "적어도 기판의 일 영역에 위치됨을 의미하고, 전체 기판에 위치되는 것 또한 제외되지 않는다고 판시"하였다."533)

ii. 연방 지방법원

a. 연방 지방법원은 LG 전자와 관련된 소송에서, 청구항 "a portion of the displayed message"은 "일부 표시된 메시지(less than the entire displayed message)"를 의미한다고 판시하였다.534)

b. 연방 지방법원은 청구항 용어 "display portion"의 해석과 관련하여, "보여질 수 있는 영역(area that was viewable)"으로 해석될 수 있다고 판시하였다.535)

c. 연방 지방법원은 "a floating gate extending over at least a portion of said channel, and a control gate extending over at least a portion of said floating gate" 중 용어 "at least a portion of"의 해석과 관련하여, "전체만큼 및 전체를 포함하는 일 영역(any portion of up to and including the whole)"이라고 판시하였다.536)

---

533) *See Crystal Semiconductor Corp. v. TriTech Microelectronics Intern., Inc.*, 246 F.3d 1336, 1347-48 (Fed. Cir. 2001) (ruling that the claim phrase "disposed over a portion" in limitation "a first conductive layer disposed over a portion of the first face of said semiconductor substrate" meant "disposed over at least one portion" of the substrate and did not exclude from the literal claim scope a device having a conductive layer disposed over the entire substrate")

534) *See Mobile Telecommunications Technologies, LLC v. LG Electronics Mobilecomm USA, Inc.*, 2015 Markman 2250418, 2015 WL 2250418, *7-*8 (E.D. Tex. 2015) (construing "a portion of the displayed message" to mean "less than the entire displayed message")

535) *See Rotatable Technologies LLC v. Nokia*, 2013 Markman 3992930, 2013 WL 3992930 (E.D. Tex. 2013) (limiting term "display portion" to area that was viewable")

536) *See Keranos, LLC v. Silicon Storage Technology, Inc.*, 2014 Markman 47749, 2014 WL 47749, *3-*4 (E.D. Tex. 2014) (construing "at least a portion of" in a claim limitation reciting "a floating gate extending over at least a portion of said channel, and a control gate extending over at least a portion of said floating gate," to mean "any portion of up to and including the whole" and rejecting patentee's narrower construction that would not include the whole")

9) Position

i. 연방 지방법원

a. 연방 지방법원은 제트 엔진의 연소기 부품과 관련하여 언급된 용어 "positioned between"의 해석과 관련하여, 침해자의 주장인 "연소기는 컴프레서와 터빈 사이에 "directly(직접적으로)" 위치되어야 함"은 명세서(specification)에 기반하여 볼 때 타당하지 않다고 판시하였다.537)

10) Predefined

i. 연방 지방법원

a. 연방 지방법원은 애완동물을 위한 쿨링(cooling) 플랫폼과 관련된 청구항 중 용어 "predefined distance"의 해석과 관련하여, 명세서(specification)에 관련분야의 통상의 기술자가 'predefined distance(미리 정해진 거리)'의 기본적인 한도를 이해할 수 있으므로, 'an established distance(소정의 거리)'를 의미한다고 판시하였다.538)

---

537) *See Rice v. Honeywell Intern., Inc.*, 2006 Markman 3420247, 2006 WL 3420247, *4 (E.D. Tex. 2006) (Construing term "positioned between" in reference to a combustor component of a jet engine to mean "positioned to receive the air flow from the high pressure compressor and to provide the combustion gas to the high pressure turbine" and not to require a spatial relation between the components, and further, rejecting the argument that "positioned between" should be construed to require that the combustor had to be "directly" between the compressor and turbine, as shown in one of the patent figures, because nothing in the text of the specification described the system as being so limited")

538) *See Green Pet Shop Enterprises, LLC v. European Home Design, LLC*, 2019 Markman 1172069, 2019 WL 1172069, *2-*4 (S.D. N.Y. 2019) (denying summary judgment that claims directed to a cooling platform for pets were invalid and ruling that the term "predefined distance" was not indefinite since the specification provided "enough for a person of ordinary skill in the relevant art to understand the basic parameters of 'predefined distance' as used in the patent," and construing the term to mean "an established distance")

11) Predetermined

i. 연방 항소법원(CAFC)

a. 연방 항소법원은 빙고 게임을 하는 방법과 관련된 청구항 "establishing a predetermined combination as a winning combination for the progressive jackpot pool"의 해석과 관련하여, 이기는 조합(combination)은 게임 전에 수립될 것이 요구된다고 판시하였다.[539)]

b. 연방 항소법원은 청구항 "time interval of predetermined duration" 중 용어 "predetermined"의 해석과 관련하여, 동작 이전에 결정된 고정 기간이 요구되므로, 침해 제품은 31분에서 37분까지 변화된 기간을 가질 수 있으므로 비침해라고 판시하였다.[540)]

c. 연방 항소법원은 청구항 "predetermined plunger performance" 중 용어 "predetermined"의 해석과 관련하여, 단순히 사전에 결정한 성능, 정상 또는 정정의 대상이 되는 성능을 포함함"을 의미한다고 판시하였다.[541)]

---

539) *See Planet Bingo, LLC v. GameTech Intern., Inc.*, 472 F.3d 1338, 1342-43 (Fed. Cir. 2006), cert. denied, 128 S. Ct. 50 (U.S. 2007) (in claims directed to a method for playing a bingo game involving a special jackpot for a second wager associated with the game, ruling that the district court properly construed a claim limitation reciting "establishing a predetermined combination as a winning combination for the progressive jackpot pool" as requiring the winning combination be established before the game began based on the claim language and description of the game contained in the specification")

540) *See Pause Technology, LLC v. TiVo, Inc.*, 419 F.3d 1326, 1334 (Fed. Cir. 2005) (construing term "predetermined" in claim limitation "time interval of predetermined duration" to require a fixed duration determined before operation and not met by an accused device that had a duration that varied from 31 to 37 minutes, even though a user only observed the device operating for fixed periods of 30 minutes")

541) *See Ferguson Beauregard/Logic Controls, Div. of Dover Resources, Inc. v. Mega systems, LLC*, 350 F.3d 1327, 1340 (Fed. Cir. 2003) (using dictionary definition of "predetermined" as meaning "to determine beforehand" to construe term "predetermined" in a claim limitation "predetermined plunger performance" as merely requiring performance that is "determined beforehand, and may include performance that is normal or subject to correction," and therefore the district court erred in construing the term to also be the same as "normal plunger performance," which merely required performance without correction)

d. 연방 항소법원은 청구항 구문 "predetermined rate schedule"의 해석과 관련하여, 고정되지 않은 실시간 입력을 포함하지 않는다고 판시하였다.[542)]

e. 연방 항소법원은 자동 믹서기와 관련된 청구항 "predetermined settling speed"의 해석과 관련하여, 특허권자의 주장인 "각각의 믹서기(blender) 사이에 다를수 있는 실증적 테스팅에 의존함"은 타당하지 않고, "믹서기 동작 속도 보다 느리고, 믹서기 내용물을 처리하는(settling) 속도"를 의미한다고 판시하였다.[543)]

f. 연방 항소법원은 용어 "predetermined pattern"의 해석과 관련하여, 명세서(specification)에 다양한 깊이에 대해 개시되어 있지 않으므로, 다양한 깊이를 가지는 구멍이 내포되지 않는다고 판시하였다.[544)]

g. 연방 항소법원은 청구항 "when the currents generated in the rotor windings by variation of the grid voltage amplitude triggering the decoupling are declined to a predetermined value" 중 용어 "predetermined value"의 해석과 관련하여, 명세서(specification)에 기반하여 볼 때 전류 값의 미리 정해진 값으로 제한되고, 미리 정해진 시간 동안에 이용되었던 풍차(wind mill) 요소로 연장되지 않는다고 판시하였다.[545)]

---

542) *See Lockheed Martin Corp. v. Space Systems/Loral, Inc.*, 324 F.3d 1308, 1321 (Fed. Cir. 2003) (construing "predetermined rate schedule" as requiring something that "did not include any unfixed real-time inputs")

543) *See Homeland Housewares, LLC v. Whirlpool Corporation*, 865 F.3d 1372, 1375-77 (Fed. Cir. 2017) (rejecting petitioner's proposed construction for the term "predetermined settling speed" in claims directed to an automatically pulsing blender that would depend on empirical testing that could vary between each blender, also rejecting patentee's proposed construction and instead, applying its own "broadest reasonable construction" of the term to mean "a speed that is slower than the operating speed and permits settling of the blender contents")

544) *See Capital Mach. Co., Inc. v. Miller Veneers, Inc.*, 2013 WL 1501579, *4 (Fed. Cir. 2013) (nonprecedential) (error to limit the term "predetermined pattern" to require holes of varying depths where the specification disclosed embodiments that did not have varying depths")

545) *See General Elec. Co. v. International Trade Com'n*, 685 F.3d 1034, 1039-41 (Fed. Cir. 2012) (construing "predetermined value" in claim limitation reciting "when the currents generated in the rotor windings by variation of the grid voltage amplitude triggering the decoupling are declined to a predetermined value" as being limited to a predetermined value of current and not extending to wind mill components that used a predetermined period of time, the court finding that the

h. 연방 항소법원은 청구항이 "predetermined distance from a target surface"를 요구하고, 침해 제품은 표면 대비 디스크의 적용 각도를 기반으로 변화되는 거리를 가지므로 비침해라고 판시하였다.546)

i. 연방 항소법원은 의학적 임플란트와 관련된 청구항 중 구문 "generally uniform predetermined"의 해석과 관련하여, 침해자의 해석 주장인 "스템(stem)은 삽입 전에 미리 코팅되어야만 함"은, 명세서(specification)에 기반하여 볼 때 용어 "predetermined"는 "스템 삽입 전에 코팅 두께 결정이 요구되는 반면, 스템을 골시멘트로 가득 채워진 소켓에 삽입함으로써 해당 스템이 코팅됨"을 의미하므로 타당하지 않은 해석이라고 판시하였다.547)

j. 연방 항소법원은 합판을 사출 성형(injection molding)하는 방법 청구항 중 "predetermined general direction"의 해석과 관련하여, 특허권자의 주장인 "금형의 형태에 의해 방향이 결정됨"은 타당하지 않고, "플라스틱 주입 전에 플라스틱의 이동흐름을 누군가가 이미 결정했거나 알고 있음"을 의미한다고 판시하였다.548)

---

specification only described using current as the predetermined value and that one of skill would understand that "time" did not serve as a proxy for a current value")

546) *See Helena Laboratories Corp. v. Alpha Scientific Corp.*, 2008 WL 1743857, *3 (Fed. Cir. 2008) (nonprecedential) (affirming summary judgment of no infringement under doctrine of equivalents where claim required a structure be a "predetermined" distance from a target surface and in the accused product the distance varied based on the angle of the application of the disk to the surface)

547) *See Howmedica Osteonics Corp. v. Tranquil Prospects, Ltd.*, 401 F.3d 1367, 1374 (Fed. Cir. 2005) (vacating summary judgment of no infringement and ruling that district court erred in construing claims to a "coated stem" of a medical implant to require that the stem be precoated before insertion and rejecting accused infringer's argument that to meet the claim limitation of a "generally uniform predetermined" thickness of the coating on the stem, the implant had to be precoated, as opposed to inserting bone cement in the bone cavity and then inserting the implant into the cavity with the stem of the implant being coated based on the insertion, because while the term "predetermined" did "require determination of the coating thickness before stem insertion, the invention disclosure explains a way to satisfy this requirement by inserting the stem into a socket already charged with bone cement.")

548) *See Koito Mfg. Co., Ltd. v. Turn-Key-Tech, LLC*, 381 F.3d 1142, 1150–51 (Fed. Cir. 2004) (patentee waived its right to challenge the district court's construction of the term "predetermined general direction," contained in a claim directed to a method for cross laminating injection molding, as meaning that the actor have chosen or knows a direction for the flow of plastic before

ii. 연방 지방법원

a. 연방 지방법원은 일정한 기준을 기반으로 데이터베이스의 축적이 요구되는 전화 정보 시스템 청구항 중 용어 "predetermined criteria"은 "데이터베이스 구축 이전에 수립된 기준이라고 판시하였다.[549]

b. 연방 지방법원은 전기 회로와 관련된 청구항 중 용어 "predetermined count"는 사전에 결정된 카운트를 의미하고, 용어 "predetermined level"은 사전에 결정된 레벨을 의미한다고 판시하였다.[550]

12) Preposition

i. 연방 지방법원

a. 연방 지방법원은 의학적 이식 시스템 특허 중 다른 구성요소들이 부착될 청구항 "at least one pre-positioned cervical plate" 중 용어 "prepositioned plate"의 해석과 관련하여, 명세서(specification)에 기반하여 볼 때, 환자의 척추(spine)에 이미 이식될 것이 요구된다고 판시하였다.[551]

---

injection of the plastic and not, as the patentee argued, a direction dictated by the shape of the mold, and under the construction adopted by the court the accused infringer's testimony that the plastic its used in its accused products was random and not injected with a predetermined direction in mind provided substantial evidence to support jury's verdict of noninfringement.")

549) *See 800 Adept, Inc. v. AT & T Mobility, LLC*, 2008 WL 4831093, *17–*18 (E.D. Tex. 2008) (in claims directed to a telephone information system to provide telephone numbers based on geographic location and requiring the building of a database based on criteria construing term "predetermined criteria" to mean criteria established before database was built")

550) *See GSK Technologies Inc. v. Eaton Elec. Inc.*, 2008 WL 906713, *6- (E.D. Tex. 2008) (in a claim directed to an electrical circuit construing terms "predetermined count" as "a count determined beforehand" and "predetermined level" as a "level determined beforehand")

551) *See Joseph D. Stern v. Globus Medical, Inc.*, 2018 WL 4567125, *3-*4 (D. Del. 2018) (for claims directed to a medical implant system that required "at least one pre-positioned cervical plate" to which other components would be attached, construing "pre-positioned" plate to require a plate that was already implanted in the patient's spine, the court finding that the specification supported this construction, and therefore since the accused product was only hardware that had not been installed in any patient, the offer to sell the accused product was not an offer to sell the claimed system, therefore granting summary judgment of no direct infringement")

13) Preliminary

ⅰ. 연방 지방법원

a. 연방 지방법원은 청구항 "using preliminarily an unfilled tubular sock-like projectile body having a closed front end …" 중 용어 "preliminary"의 해석과 관련하여, 청구항에 쓰여진 과정 중 첫 번째로 기술된 단계(step) 이전을 의미하는 것이지, 침해자의 주장과 같이 청구항에 쓰여진 모든 단계 이전을 의미하는 것이 아니라고 판시하였다.[552)]

14) Preventing

ⅰ. 연방 항소법원(CAFC)

a. 연방 항소법원은 용어 "prevent"의 해석과 관련하여, 명세서(speciation) 및 청구항 컨텍스트에 기반하여 볼 때, 유압유(hydraulic fluid)의 완벽한 차단을 의미하는 것이지, 특허권자의 해석인 유체(fluid)의 부분적인 차단으로 충분함은 타당하지 않다고 판시하였다.[553)]

b. 연방 항소법원은 청구항 "preventing said copy from being run"의 해석과 관련하여, 용어 "preventing"의 일반적인 의미는 여러 가지로 해석될 수 있는 모호함을 내포하고, 명세서(specification)에 기반하여 판단해 볼 때, 해

---

552) *See Combined Tactical Systems, Inc. v. Defense Technology Corp. of America*, 426 F. Supp. 2d 140 (S.D. N.Y. 2006) (construing term "preliminary" in method claim reciting the step of "using preliminarily an unfilled tubular sock-like projectile body having a closed front end …" as meaning before the first recited step of the claimed process and rejecting defendant's proposed construction that it should be construed to mean before any step in the accused method was undertaken")

553) *See Cloud Farm Associates v. Volkswagen Group of America, Inc.*, 2017 WL 74768, *5-*6 (Fed. Cir. 2017) (nonprecedential) (affirming construction of "seal" and "prevent" to require a complete stopping of hydraulic fluid and rejecting patentee's contention that a partial reduction in fluid flow was sufficient, the court rejecting the patentee's reliance on an embodiment of the specification showing a partial flow since that embodiment was not addressing the particular structure associated with the claim, further finding that a claim amendment replacing "prevent any substantial flow" to "prevent any flow" was a disclaimer that limited the scope of the claim to a complete stopping of hydraulic fluid")

당 동작을 금지하는 것이 아닌 복사(copy)가 이루어지지 않도록 단순히 신호를 전송하는 의미를 갖는다고 판시하였다.[554)]

ii. 연방 지방법원

a. 연방 지방법원은 청구항 "A composition for inhibiting an increase in, or lowering, a blood sugar level" 중 전제부에 기재된 용어 "inhibiting"의 해석과 관련하여, 침해자의 주장인 용어 "inhibiting"은 "preventing"을 의미함'은, 용어 "preventing"이 용어 "inhibiting" 보다 한정적인 의미를 갖기 때문에 타당하지 않은 주장이라고 판시하였다.[555)]

15) Processor 및 Processing

i. 연방 항소법원(CAFC)

a. 연방 항소법원은 용어 "a processor"는 "두 개 이상의 프로세서를 포함하도록 이해될 수 있지만, 프로세서가 하나의 사용자 인터페이스를 수행하여야 하는 경우, 청구항은 오직 하나의 프로세서가 해당 사용자 인터페이스에 대한 모든 방법 단계(all method steps)들을 수행하여야 한다고 판시"하였다.[556)]

---

554) *See Globetrotter Software, Inc. v. Elan Computer Group, Inc.*, 362 F.3d 1367, 1380-81 (Fed. Cir. 2004) (ruling that district court erred in construing claim limitation requiring the "preventing said copy from being run" as requiring an affirmative act of preventing rather than merely sending a signal indicating that a copy should not be permitted to run where the ordinary meaning of "preventing" left the construction ambiguous and the two embodiments in the specification showed the device sending a signal and not actively prohibiting the operation")

555) *See Use Techno Corp. v. Kenko USA, Inc.*, 2007 Markman 2140606, 2007 WL 2140606, *4 (N.D. Cal. 2007) (rejecting accused infringer's proposed construction of the term "inhibiting" in a claim preamble reciting "A composition for inhibiting an increase in, or lowering, a blood sugar level" as meaning "preventing" since "preventing" was more restrictive than "inhibiting")

556) *See Convolve, Inc. v. Compaq Computer Corp.*, 812 F.3d 1313, 1321 (Fed. Cir. 2016) (while claim term "a processor" in some claims permitted more than one processor to be used, as used in other claims that required the processor had to work with a user interface, those claims were necessarily narrowed to only permit the same processor to be used with the interface for all method steps")

ii. 연방 지방법원

a. 연방 지방법원은 기증된 모유가 특정 대상으로부터 왔는지 판단하는 방법과 관련된 청구항 "processing the donated mammary fluid whose identity marker has been matched with a reference identity marker profile" 중 용어 "processing"의 해석과 관련하여, 청구항 컨텍스트에 기반하여 판단해 볼 때, "필터링, 살균함, 크림 및 수용액으로 분리, 수용액에 크림을 추가함, 또는 저온 살균함 중 하나 또는 그 이상의 동작을 수행함"을 의미하는 것이지, 침해자의 주장과 같이 "필터링"에 한정됨은 타당하지 않다고 판시하였다.[557)]

b. 연방 지방법원은 청구항 "processor"는 데이터에 대한 동작을 수행할 수 있는 장치를 의미하고, 용어 "processing"은 데이터에 대한 동작을 수행함을 의미하는 것이지, 컴퓨터 인스트럭션을 실행하는 용어들로 한정되지 않는다고 판시하였다.[558)]

c. 연방 지방법원은 청구항 용어 "processing"과 관련하여, 프로그램과 함께 데이터를 처리함(manipulating)을 의미한다고 판시하였다.[559)]

---

557) *See Ni-Q, LLC v. Prolacta Bioscience, Inc.*, 2018 Markman 2943440, 2018 WL 2943440, *4-*7 (D. Or. 2018) (for a claim directed to a "method for determining whether a donated mammary fluid was obtained from a specific subject" construing the term "processing" in a limitation reciting "processing the donated mammary fluid whose identity marker has been matched with a reference identity marker profile" to have its plain broad meaning of "One or more of the following: filtering, heat-treating, separating into cream and skim, adding cream to the skim, or pasteurizing" and rejecting the accused infringer's proposed construction that would have specifically required "filtering" as part of the processing, the court noting that filtering was part of some of the dependent claims, and therefore the accused infringer's proposed construction would violate claim differentiation")

558) *See Personalized Media Communications LLC v. Zynga, Inc.*, 2013 WL 4630447, *8-*9 (E.D. Tex. 2013) (construing "processor" to mean "any device capable of performing operations on data" and "processing" to mean "performing operations on data" and refusing to limit the terms to just executing computer instructions")

559) *See Implicit Networks, Inc. v. F5 Networks, Inc.*, 2012 Markman 669861, 2012 WL 669861, *4 (N.D. Cal. 2012) (construing "processing" in a computer-related invention to mean "manipulating data with a program"")

d. 연방 지방법원은 용어 "processor"의 해석과 관련하여, 감시 태스크(monitoring task)를 수행할 수 있는 회로를 의미하는 것이지, 해당 프로세서가 컴퓨터로 제한될 필요는 없다고 판시하였다.[560)]

e. 연방 지방법원은 용어들 "computer processor," "a processor," "processing unit," 및 "processing device"는 "중앙 처리부(central processing unit), CPU"로 이해될 수 있다고 판시하였다.[561)]

f. 연방 지방법원은 청구항 "processor was configured to perform certain operations" 중 용어 "processor"는 기능식 청구항(means-plus-function)이 아니라고 판시"하였다.[562)]

g. 연방 지방법원은 청구항 "a processor for associating a text message with an attachment" 중 용어 "processor"는 기능식 청구항(means-plus-function)이 아니라고 판시하였다.[563)]

h. 연방 지방법원은 청구항 "a processor … for processing …" 중 용어 "processor"는 구조를 함축하고 있고, 임시로 만든(nonce) 용어가 아닐 뿐만 아니라, 청구항의 일부분이 프로세서에 의해 수행하는 기능들을 정의하고 있으므로 기능식 청구항(means-plus-function)이 아니라고 판시"하

---

560) *See Syneron Medical Ltd. v. Viora Ltd.*, 2015 Markman 1952360, 2015 WL 1952360, *26 (E.D. Tex. 2015) (construing term "processor" to mean a circuit that could perform a monitoring task, and not requiring the processor to be a computer, the court finding the intrinsic evidence did not mandate limiting the processor to something that was computer controlled")

561) *See Semcon IP Inc. v. Huawei Device USA Inc.*, 2017 WL 2972193, *8-*10 (E.D. Tex. 2017) (construing terms "computer processor," "a processor," "processing unit," and "processing device" to be a central processing unit, CPU, and rejecting accused infringer's contention that the patentee disclaimed processors that had an operating system, the court finding that while at one point during the prosecution the inventor did attempt to distinguish over prior art by arguing that the operating system was not involved, the Examiner had rejected the inventor's argument, and the inventor rescinded its disclaimer by agreeing with the Examiner")

562) *See Realtime Data, LLC v. Rackspace US, Inc.*, 2017 WL 2590195, *15-*17 (E.D. Tex. 2017) (term "processor" in a claim reciting that the processor "was configured" to perform certain operations was not a means-plus-function limitation")

563) *See Panoptis Patent Management, LLC v. Blackberry Ltd.*, 2017 Markman 497571, 2017 WL 497571, *18-*19 (E.D. Tex. 2017) (term "processor" as present in a limitation "a processor for associating a text message with an attachment" was not a means-plus-function limitation")

였다.564)

16) Prior

i. 연방 항소법원(CAFC)

a. 연방 항소법원은 청구항 "said first and second channels being maintained separate and apart prior to being fed to the two transducers" 중 용어 "prior"의 해석과 관련하여, 명세서(specification)에 기반하여 판단해 볼 때, "변환기(transducer)에 입력 이전 및 증폭 이후의 전체 시간 동안 해당 신호들은 분리되어 유지되어야 한다고 판시"하였다.565)

17) Program

i. 연방 항소법원(CAFC)

a. 연방 항소법원은 용어 "linked program"은 "단일 프로그램으로 한정되지 않고, 필요로 되는 기능을 수행하는 단일 또는 복수의 프로그램들"을 의미한다고 판시하였다.566)

---

564) *See Syncpoint Imaging, LLC v. Nintendo of America Inc.*, 2016 Markman 55118, 2016 WL 55118, *18-*21 (E.D. Tex. 2016) (claim limitations reciting "a processor … for processing …" were not means-plus-function limitations because the term "processor" connoted structure, was not a "nonce" term, and the rest of the claim defined the functions performed by the processor")

565) *See Desper Products, Inc. v. QSound Labs, Inc.*, 157 F.3d 1325, 1336 (Fed. Cir. 1998) (broad definition of "prior" meaning "preceding in time" offered by patentee in interpreting claim limitation "said first and second channels being maintained separate and apart prior to being fed to the two transducers" to support position that claim limitation was met if the signals were separate at any time before being fed to the transducer could not be applied given the statements in the specification that described that the signals were separated immediately after being amplified and remained separate until being fed to the transducer, therefore, the term "prior to" had to be construed consistent with its use in the specification to require that the signals be maintained separate for the entire time after being amplified and before being fed into the transducer")

566) *See Intertainer, Inc., v. Hulu, LLC.*, 2016 WL 5361513, *3-*5 (Fed. Cir. 2016) (nonprecedential) (in a CBM proceeding, PTO properly construed the term "linked program" to be broad enough to cover a single program or multiple programs that performed all of the required functionality, the court noting that the plain language did not limit the scope of the term to a single program,

b. 연방 항소법원은 보청기(hearing aid)관련 청구항에서, 침해자의 청구항 해석 주장인 "용어 'programmable filter'는 외부에서 프로그래밍된 필터를 이용하는 보청기로 제한됨"은 타당하지 않고, "발명 당시 해당 기술이 보청기 내부에 프로그래밍된 필터를 넣을 수 없었을지라도, 명세서(specification)에 프로그래밍이 외부에서 행해져야 한다는 제한이 없으므로, 보청기 내부에 프로그래밍된 필터(예: 적응 필터(adaptive filter))를 포함"한다고 판시하였다.[567)]

ii. 연방 지방법원

a. 연방 지방법원은 용어 "computer program"은 특허권자의 청구항 주장해석인 "독립적으로 실행할 수 있는 컴퓨터 어플리케이션"은 "모듈(module) 및 유틸리티(utility)의 의미"를 내포하고 있지 않기 때문에 타당하지 않고, "태스크(task)를 수행하기 위하여 컴퓨터에서 실행될 수 있도록 의도된 독립적인 인스트럭션들의 집합(set)"을 의미한다고 판시하였다.[568)]

b. 연방 지방법원은 용어 "program"은 "운영 시스템에 의해 작동(run)하는 인스트럭션들의 집합(set)"을 의미한다고 판시하였다.[569)]

---

the specification and the arguments made to overcome prior art did not act to limit the scope, therefore affirming anticipation rejection")

567) *See Energy Transp. Group, Inc. v. William Demant Holding A/S*, 697 F.3d 1342, 1348-50 (Fed. Cir. 2012) (for claims directed to a hearing aid with a programmable filter to cancel out feedback, rejecting accused infringer's argument that the claim term "programmable filter" limited the claims to a hearing aid with external programming of the filter, but could include "adaptive" filters, i.e., filters programmed within the hearing aid itself, as nothing in the specification limited the programming to be done externally even though at the time of the invention the technology could not put the programming of the filter inside the hearing aid")

568) *See Arendi S.A.R.L. v. LG Electronics, Inc.*, 2019 WL 3891150, *5-*6 (D. Del. 2019) (adopting accused infringer's proposed construction of "computer program" to mean "a self-contained set of instructions, as opposed to a routine or library, intended to be executed on a computer so as to perform some task" and rejecting patentee's proposed construction of "independently executable computer application" since the term had to be broad enough to cover "modules" and "utilities," the court noting that the patentee's "position that neither a 'module' nor a 'utility' can be an 'application program' was squarely rejected by the PTAB in a decision that was affirmed by the Federal Circuit")

c. 연방 지방법원은 용어 "script-based program"은, 보다 넓은 청구항 주장 해석인 "일반적인 텍스트, 해석할 수 있는 언어로 쓰여진 인스트럭션들의 집합(set)"은 타당하지 않고, "스크립트를 기반으로 하는 프로그램"이 타당하다고 판시하였다.[570)]

d. 연방 지방법원은 용어 "program"은 "컴퓨터가 구체적인 동작을 수행할 수 있도록, 컴퓨터에서 작동하는 컴퓨터 인스트럭션들의 집합(set)을 의미"한다고 판시하였다.[571)]

e. 연방 지방법원은 인터넷 쿠키와 관련된 청구항에서, 구문 "executable program instructions"는 "특정 동작을 수행하기 위해 클라이언트 또는 서버를 명령(direct)하는 컴퓨터 프로그램"을 의미한다고 판시하였다.[572)]

f. 연방 지방법원은 용어 "host program"의 청구항 해석과 관련하여, 침해자의 해석주장인 "호스트 컴퓨터의 운영 시스템에 의해 실행되는 어플리케이션 프로그램"은 타당하지 않고, "호스트 컴퓨터에 의한 실행을 위한 인스트럭션들의 집합(set)"을 의미한다고 판시하였다.[573)]

---

569) *See Blue Spike, LLC v. Toshiba America, Inc.*, 2017 WL 2798411, *5-*6 (E.D. Tex. 2017) (construing "program" to mean "a set of instructions run by an operating system" and that the term "executable program" used in the claims did not include an operating system")

570) *See BMC Software, Inc. v. ServiceNow, Inc.*, 2015 Markman 4776970, 2015 WL 4776970, *20-*22 (E.D. Tex. 2015) (construing "script-based program" to mean a "program based on a script" and rejecting proposed broader construction of "a set of instructions written in a plain text, interpretable language" as that construction read out the term "program," further refusing to limit the term to programs written in "plain text")

571) *See REC Software USA, Inc. v. Bamboo Solutions Corp.*, 2012 Markman 1533965, 2012 WL 1533965, *5-*6 (W.D. Wash. 2012) (construing "program" to mean "a set of computer instructions running on a computer that enables the computer to perform a specific operation or operations")

572) *See Netscape Communications Corp. v. ValueClick, Inc.*, 2009 Markman 3422918, 2009 WL 3422918, *13-*14 (E.D. Va. 2009) (for claims directed to internet "cookies," construing term "executable program instructions" as meaning "a computer program that directs a client or server to perform certain operations" and rejecting accused infringer's proposed construction of compiled object code")

573) *See Accolade Systems LLC v. Citrix Systems, Inc.*, 634 F. Supp. 2d 738 (E.D. Tex. 2009) (rejecting accused infringer proposed construction of "host program" as requiring an application program executed by the operating system of the host computer, and instead construing it to mean "a set of instructions for execution by the host computer" in view of the ordinary meaning of the term

g. 연방 지방법원은 구문 "a program running on a computer"의 청구항 해석은 "단일의 컴퓨터 프로그램 또는 단일의 컴퓨터 프로그램에서 동작하는 하나의 프로그램으로 제한되지 않는다"고 판시하였다.[574)]

18) Projection

i. 연방 지방법원

a. 연방 지방법원은 귀덮개(ear warmer) 프레임을 조립하는 방법과 관련된 청구항 "a second frame member including a plurality of projections" 중 용어 "projection"의 해석과 관련하여, '밖으로 연장되는 것'을 의미하는 것이지, 구체적인 모양이 요구되지 않는다고 판시하였다.[575)]

19) Providing

i. 연방 항소법원(CAFC)

a. 연방 항소법원은 청구항 용어 "providing"의 해석과 관련하여, 제공함의 의미를 내포하는 'furnishing, supplying, making available, or preparing'을 의미하고, 고객이 장치를 설치하는 것도 포함한다고 판시하였다.[576)]

b. 연방 항소법원은 스텐트를 혈관에 삽입하는 방법과 관련된 청구항 "providing in the sleeve a material which increases in rigidity after expansion

---

"program")

574) *See Aircraft Technical Publishers v. Avantext, Inc.*, 2009 WL 3817944, *5 *6 (N.D. Cal. 2009) (ruling that claim limitation reciting "a program running on a computer" was not limited to a single computer program or to a program run on a single stand-alone computer")

575) *See 180s, Inc. v. Gordini U.S.A., Inc.*, 2010 WL 1223603, *5 (D. Md. 2010) (in a claim directed to a method of assembling an ear warmer frame, construing the term "projection" in a limitation reciting "a second frame member including a plurality of projections," to mean "something that extends outward" and rejecting proposed construction that would have required a specific shape")

576) *See Meyer Intellectual Properties Ltd. v. Bodum, Inc.*, 690 F.3d 1354, 1369 (Fed. Cir. 2012) (construing "providing" to mean "furnishing, supplying, making available, or preparing" and concluding the term was broad enough that it could cover a customer's setting up a device, and therefore did not require the joint action of the accused infringer selling the device to the customer")

of said balloon" 중 용어 "providing"의 해석과 관련하여, 용어 "including/containing"과 용어 "providing"을 달리 기재한 청구항 컨텍스트에 기반하여 판단해 볼 때, 슬리브(sleeve) 그 자체와 별개의 물질을 슬리브에 공급하는 것을 의미한다고 판시하였다.[577)]

c. 연방 항소법원은 청구항 "a supply of stored gas is provided"의 해석과 관련하여, 처리과정의 구성품으로서 저장된 가스를 공급하는 과정이 요구될 뿐이지, 가스 공급이 물리적으로 하나의 섀시에 모든 다른 구성품에 공급될 필요는 없다고 판시하였다.[578)]

d. 연방 항소법원은 벽에 나사 및 브래킷을 이용하는 앵커 시스템과 관련된 청구항 "providing a foundation support for the foundation at a plurality of positions"의 해석과 관련하여, 명세서(specification)에 기반하여 판단해 볼 때, 앵커 나사/스크루(anchor screw)가 설치될 때, 브래킷이 안정화된 위치 근처에 부착되거나 위치될 필요는 없다고 판시하였다.[579)]

---

577) *See Arlaine & Gina Rockey, Inc. v. Cordis Corp.*, 175 Fed. Appx. 329, 323-33 (Fed. Cir. 2006) (nonprecedential) (affirming district court's construction of term "providing" as used in a patent directed to a method for inserting a stent into a blood vessel and reciting the step of "providing in the sleeve a material which increases in rigidity after expansion of said balloon" to mean supplying in the sleeve a material that is "separate and distinct from the sleeve itself" and rejecting patentee's argument that the term could encompass a sleeve that had been pre-formed with the material that increases in rigidity, also rejecting patentee's argument that "providing" should be treated the same as "including" or "containing" since the applicant used these words when it meant that something was part of a component and used "providing" when referring to something added to a component")

578) *See Epcon Gas Systems, Inc. v. Bauer Compressors, Inc.*, 279 F.3d 1022, 1029–30 (Fed. Cir. 2002) (construing term in a method claim "a supply of stored gas is provided" as only requiring a step of supplying a stored gas as a component part of the process, but not requiring that the gas supply be physically combined on one chassis with all of the other component parts")

579) *See Ruiz v. A.B. Chance Co.*, 234 F.3d 654, 669 (Fed. Cir. 2000) (claim limitation in a wall anchoring system using an anchor screw and bracket requiring the step of "providing a foundation support for the foundation at a plurality of positions" did not require that the bracket be supplied near the stabilizing position when the anchor screw was installed because nothing in the specification indicated that the bracket had to be physically attached to or located next to the foundation position before the other steps of the method could proceed—affirming infringement verdict, but remanding for determination of invalidity).

e. 연방 항소법원은 삼성전자와 관련된 소송에서, 청구항 "said one or more preprocessing parameters being provided to said client device from a device separate from said client device" 중 용어 "being provided to"의 해석과 관련하여, 전체 구문이 "said … parameter" 형식으로 기재되어 있기 때문에, 'parameter(파라미터)'의 특징을 묘사하는 것으로 이해되어야 하지, 청구항 내의 또 다른 과정의 추가가 아니라고 판시하였다.[580)]

f. 연방 항소법원은 인터넷 빌링 방법과 관련된 청구항 "providing a communications link through equipment of a third party"의 해석과 관련하여, 제3자가 고객을 위한 인터넷 접근을 제공하는 것이 요구된다고 판시하였다.[581)]

g. 연방 항소법원은 책을 고속으로 복사하는 방법과 관련된 청구항 "providing means for a customer to visually review said sale information"의 해석 및 침해 가능성과 관련하여, 침해자가 사용자에게 컴퓨터를 제공하지 않으므로 비침해라고 판시하였다.[582)]

---

580) *See Summit 6, LLC v. Samsung Electronics Co., Ltd.*, 802 F.3d 1283, 1290-92 (Fed. Cir. 2015) (term "being provided to" in limitation reciting "said one or more preprocessing parameters being provided to said client device from a device separate from said client device" was properly construed to be describing a characteristic of the "parameter" and did not recite an affirmative step of the claimed method, especially since the full limitation was referencing "said … parameter")

581) *See Netcraft Corp. v. eBay, Inc.*, 549 F.3d 1394, 1397-1400 (Fed. Cir. 2008) (for claims directed to internet billing methods, affirming construction of claim limitation reciting "providing a communications link through equipment of a third party" as requiring that a third party provide internet access for the customer, based on the consistent description in the specification that the "present invention" related to internet access, the specification failed to describe any other alternatives for a customer "communications link," and the prosecution history lacked "clarity" to aide in the claim construction of the disputed term")

582) *See On Demand Machine Corp. v. Ingram Industries, Inc.*, 442 F.3d 1331, 1341 (Fed. Cir. 2006), cert. denied, 127 S. Ct. 683 (U.S. 2006) (in a claim directed to a method for a high speed manufacture of a single copy of a book, which would permit a retail customer at a store to sit at a computer, view information regarding a book, and have a single copy of that book printed, ruling that step of method reciting "providing means for a customer to visually review said sale information" was not met where the accused infringer's did not provide a computer for the user, but the user itself, through its own personal computer and internet connection, provided the computer on the accused product when it ordered through Amazon.com.")

20) Proximate 및 Proximal

i. 연방 항소법원(CAFC)

a. 연방 항소법원은 용어 "proximate end"은, 명세서(specification)에 기반하여 볼 때 부품의 거의 끝(extreme end) 또는 마지막 부분이기 때문에, 침해제품은 끝에서부터 길이의 35% 부착점을 가지므로 비침해라고 판시하였다.[583]

ii. 연방 지방법원

a. 연방 지방법원은 청구항 "variations in the proximal locations of electrodes"의 해석과 관련하여, 전극들이 겹쳐지는 것을 제외하지 않는다고 판시하였다.[584]

b. 연방 지방법원은 용어 "proximate"의 해석과 관련하여, 명세서(specification)에 기반하여 판단해 볼 때, 'adjacent(인접한)'의 의미보다 넓은 범위인 'near to(가까운)'의 의미를 내포한다고 판시하였다.[585]

c. 연방 지방법원은 청구항 "wherein the baffle and the first sound reflecting surface define a sound duct terminating in a first sound output aperture proximate an outer edge of said first drive unit" 중 용어 "proximate"의 해석과 관련하여, 불명확한 표현이 아니고 용어 자체의 일반적인 의미

---

583) *See Advanced Steel Recovery, LLC v. X-Body Equipment, Inc.*, 808 F.3d 1313, 1317-18 (Fed. Cir. 2015) (term "proximate end" properly construed to be limited to the extreme end or the last part of the component part, as this construction was consistent with the specification and drawings, further affirming summary judgment of no infringement where the accused product had its attachment point 35% of the length from the end, the Federal Circuit finding that the patentee failed to show that the accused product operated in the same "way" as the claim limitation and, due to the narrow language of the claim, finding infringement under the doctrine of equivalents would vitiate the locational limitation of being attached at the "proximate end")

584) *See Neurovision Medical Products, Inc. v. Medtronic Public Limited Company*, 2016 Markman 6277241, 2016 WL 6277241, *14-*16 (E.D. Tex. 2016) (claim limitations reciting variations in the proximal locations of electrodes did not exclude overlapping electrodes")

585) *See Transdata, Inc. v. Centerpoint Energy Houston Electric LLC*, 2016 WL 3172791, *3 (E.D. Tex. 2016) (refusing to limit scope of "proximate" to mean adjacent, and rather construing it as a term of degree that meant "near to" based on the figures in the specification showing that the term was broader than adjacent")

(plain meaning)인 'very near or close(가까운)'의 의미를 내포한다고 판시하였다.[586]

21) Pure 또는 Purity

i. 연방 항소법원(CAFC)

a. 연방 항소법원은 중간체 화합물과 함께 만들어지는 의약품과 관련된 청구항 중 용어 "substantially pure"과 관련하여, "중간체 화합물의 전체적이진 않으나 대체적으로 (largely but not wholly) 순수한(pure)"의 의미를 내포한다고 판시하였다.[587]

b. 연방 항소법원은 청구항 "having a purity of at least 95%"은 원하지 않는 불순물의 정도가 5% 미만일 것이 요구되고, 침해자의 주장인 "의도적으로 추가된 비활성 성분인 첨가물(excipients)이 불순물의 정도를 판단하는 데에 있어 포함됨"은, 용어 "impurities(불순물)"의 일반적인 의미에 비추어 볼 때 타당하지 않다고 판시하였다.[588]

---

586) *See THX, Ltd. v. Apple, Inc.*, 2016 Markman 6563340, 2016 WL 6563340, *14 (N.D. Cal. 2016) (term "proximate" in claim limitation reciting "wherein the baffle and the first sound reflecting surface define a sound duct terminating in a first sound output aperture proximate an outer edge of said first drive unit" was not indefinite and would be given its plain meaning of "very near or close")

587) *See Aventis Pharmaceuticals Inc. v. Amino Chemicals Ltd.*, 715 F.3d 1363, 1375-77 (Fed. Cir. 2013) (for claims directed to a drug product made with an intermediate compound having a great purity than the intermediate compound used in the prior art, construing the term "substantially pure" when referring to that intermediate compound to mean "largely but not wholly" of the intermediate compound shown by the structural formula in the patent and ruling that the district court erred in requiring 98% purity when measured against all possible impurities, where the district court noted that the specification used the term "substantially pure" in referring to the drug end product, and pharmaceutical products typically had to be at least 98% purity, the Federal Circuit, over the dissent of Judge Bryson, noting that the in the modifying phrase "substantially pure" was present only in reference to the intermediate compound so it was error to conclude that the meaning of "substantially pure" as applied to the end product had to also apply to the intermediate compound as the court found that the term was being used in different contexts, further ruling that the comparison of purity was limited to the purity of the intermediate compound and not to all impurities present in the solution that would lead to the end drug product")

R.

1) Real time

i. 연방 항소법원(CAFC)

a. 연방 항소법원은 청구항 "displaying real-time data"의 해석과 관련하여, 침해자의 주장인 "해당 청구항은 즉각적으로 데이터를 표시할 것이 요구됨"은, 전기적 구성요소의 물리적 특성상 불가능하므로, "의도적인 지연 없이 데이터를 표시함"으로 해석함이 타당하다고 판시하였다.[589)]

ii. 연방 지방법원

a. 연방 지방법원은 용어 "real time"은, 일반적인 의미인 "입력 데이터 스트림을 유지하기 위해 충분히 빠름"을 내포하기 때문에 불명확하지 않다고 판시하였다.[590)]

---

588) *See Glaxo Group Ltd. v. Apotex, Inc.*, 376 F.3d 1339, 1346–47 (Fed. Cir. 2004) (construing claim limitation "having a purity of at least 95%" as meaning that the level of impurities, unwanted products, had to be less than 5% and rejecting accused infringer's argument that excipients, inactive ingredients intentionally added, counted in determining the level of impurities since a construction that treated excipients as impurities was contrary to the ordinary meaning of impurities, contrary to the patent specification, and would result in a construction that would omit all preferred embodiments)

589) *See Paragon Solutions, LLC v. Timex Corp.*, 566 F.3d 1075, 1088–93 (Fed. Cir. 2009) (in claims directed to an exercising monitoring system and performing the function of "displaying real-time data" rejecting accused infringer's argument that the claim required displaying instantaneous data since it was a physical impossibility for the electrical components to instantaneously measure, process, and then send the data to the display the data, some inherent delay for processing time existed, therefore construing the term to require "displaying data without intentional delay, given the processing limitations of the system and the time required to accurately measure the data," the Federal Circuit further rejecting the district court's construction of "displaying data substantially immediately without contextually meaningful delay …" since that construction would depend on the specific use of the device and could have different acceptable delays for different uses, and because the claim was to a structure it was not proper to construe it in a manner that depended upon its use")

590) *See Parthenon Unified Memory Architecture, LLC v. HTC Corporation*, 2015 Markman 4594583, 2015 WL 4594583, *8-*11 (E.D. Tex. 2015) (term "real time" was not indefinite as the prosecution history did not show a disavowal of its commonly understood meaning of "fast enough to keep

2) Received

i. 연방 지방법원

a. 연방 지방법원은 화물 수송기와 관련된 청구항 "received in said recess" 및 "is received in said recess and abuts said facer" 중 용어 "received"의 해석과 관련하여, 해당 용어의 일반적인 의미 이외에 별다른 해석이 요구되지 않는다고 판시하였다.[591]

b. 연방 지방법원은 잠재적인 환자들에게 헬스케어 정보를 제공하는 방법과 관련된 청구항 "received from the first healthcare provider"의 해석과 관련하여, 명세서(specification)에 기반하여 판단해 볼 때, 구체적인 헬스케어 제공자로부터 직접 또는 간접적으로 자료를 수신하는 것이 요구되는 것이지, 독립적인 제3자로부터 해당 자료가 오는 것을 포함하고 있지는 않다고 판시하였다.[592]

3) Related

i. 연방 항소법원(CAFC)

a. 연방 항소법원은 청구항 "the sensor was associated with the origin point" 및 "produced a signal that was 'related to' the output of the light"의 해석

---

up with an input data stream")

591) *See Great Dane Ltd. Partnership v. Stoughton Trailers, LLC*, 2009 WL 5200085, *5 (M.D. Ga. 2009) (for claims directed to a cargo liner, ruling that term "received" in limitations reciting "received in said recess" and "is received in said recess and abuts said facer" required no construction and rejecting accused infringer's contention that the claim should be construed to require a pre-formed recess and that the fastener head had to reside below a certain location")

592) *See Health Grades, Inc. v. MDX Medical, Inc.*, 2012 Markman 450810, 2012 WL 450810, *8-*9 (D. Colo. 2012) (for claims directed to a "computer-implemented method of providing healthcare provider information to potential patients," construing "received from the first healthcare provider" as requiring receiving material directly or indirectly from the specific healthcare provider, and rejecting patentee's contention that material could come from an independent third party as described in alternative embodiments in the specification since the construction was contrary to the plain meaning of the claim terms")

과 관련하여, 센서가 감지하고 있는 지점에 위치하고 있을 필요는 없고, 오직 해당 광원의 출력을 측정하는 것을 내포하고 있다고 판시하였다.[593)]

b. 연방 항소법원은 용어 "related to"는 일반적으로 또 다른 객체와 관계가 있거나 연결되는 일 객체를 의미한다고 판시하였다.[594)]

ⅱ. 연방 지방법원

a. 연방 지방법원은 청구항 "the flat mounting surface has an upper extent terminating at a point substantially related to the first circuit board" 중 구문 "substantially related"이 명확한지에 대하여, 명세서(specification)에 구문 "substantially related"는 특정 기능을 구현하기 위한 위치에 'close enough(충분히 가까운)'을 기술하고 있으므로 불명확하지 않다고 판시하였다.[595)]

4) Relative

ⅰ. 연방 항소법원(CAFC)

a. 연방 항소법원은 청구항 "recording a relative time of programming" 중 용어 "relative"의 해석과 관련하여, 해당 용어 "relative"는 실제적 또는

593) *See In re Shaneour, Fed. Appx.*, 2015 WL 115137, *3 (Fed. Cir. 2015) (nonprecedential) (rejecting patent applicant's proposed narrow construction of claim to require a sensor be placed at the point of origin of the parameter it was sensing, a light intensity, and measured only the output of a given light since the claim language merely recited that the sensor was "associated with" the origin point and produced a signal that was "related to" the output of the light, the court finding that under the "broadest reasonable construction" standard the terms "associated with" and "related to" were broader than what the applicant proposed")

594) *See Tyco Healthcare Group LP v. Ethicon Endo-Surgery, Inc.*, 587 F.3d 1375, 1378 (Fed. Cir. 2009) ("In general, 'related to' means one thing has some relationship or connection to another thing. … In many patent contexts, the term 'related' adopts a similarly encompassing meaning.")

595) *See Advanced Cartridge Technologies, LLC v. Lexmark Intern., Inc.*, 2012 Markman 555954, 2012 WL 555954, *3-*4 (M.D. Fla. 2012) (rejecting accused infringer's contention that "substantially related" in a recitation "the flat mounting surface has an upper extent terminating at a point substantially related to the first circuit board" was indefinite since the specification showed that "substantially related" meant "close enough" in location to achieve a certain function")

절대적 시간이 기록될 것이 요구되지 않는다고 판시하였다.[596]

ii. 연방 지방법원

a. 연방 지방법원은 청구항 "relative transmission rate"의 해석과 관련하여, 명세서(specification)에 무엇이 "relative"인지를 판단하는 객관적인 기준을 제공하지 않았으므로 불명확한 표현이라고 판시하였다.[597]

b. 연방 지방법원은 골프 클럽헤드와 관련된 청구항 "a relatively thin shell"의 해석과 관련하여, 내부 구멍의 용량이 클럽헤드 바디 용량의 적어도 50%를 갖는 속이 빈 외부셸(shell)을 의미한다고 판시하였다.[598]

5) Remote

i. 연방 항소법원(CAFC)

a. 연방 항소법원은 용어 "remote"의 해석과 관련하여, 출원 경과과정에서의 출원인의 대응에 기반하여 판단해 볼 때, 해당 용어 "remote"는 분리된 위치가 요구되고, 같은 공간에 위치된 두 개의 장치들을 의미하지는 않는

---

596) *See SanDisk Corp. v. Kingston Technology Co., Inc.*, 695 F.3d 1348, 1356-59 (Fed. Cir. 2012) (over the dissent of Judge Reyna, district court erred in limiting term "recording a relative time of programming" to exclude a "block recording method" that was described in the specification and to require a recordation of actual time, the Federal Circuit finding that the claim term "relative" expressly did not require an actual or absolute time be recorded, and that the plain language of the claim was broad enough to include the "block recording method" described in the specification")

597) *See Netgear, Inc. v. Ruckus Wireless, Inc.*, 2013 Markman 5436641, 2013 WL 5436641, *14 (D. Del. 2013) (claim limitation reciting "relative transmission rate" was indefinite because the specification did not provide an objective way to determine what was "relative")

598) *See Dogleg Right Partners, LP v. Taylor Made Golf Co., Inc.*, No. 2:07-CV-533-TJW-CE, 2011 WL 1100145, *5 *6 (E.D. Tex. Mar. 22, 2011) (for claims directed to golf club heads that allow a user to customize the location of the center of gravity, construing limitation "a relatively thin shell" to mean "a hollow shell in which the volume of the interior cavity is at least 50% of the volume of the club head body," as proposed by the accused infringer since this construction was consistent with the prosecution history and the patentee's broader functional construction of "a shell that is sufficiently thin to enable significant center-of-gravity customization by a user" was not supported by the specification, prosecution history, and appeared to be an after thought")

다고 판시하였다.[599)]

b. 연방 항소법원은 수술을 수행하는 로봇과 관련한 청구항 "means for transmitting … to a remote location beyond a range of direct manual contact with said patient's body and said endoscopic instrument" 중 용어 "remote location"의 해석과 관련하여, 외과 전문의가 수술실 밖에 있을 필요는 없고, 오직 환자의 팔 길이를 넘어서 외과 전문의가 있을 것이 요구된다고 판시하였다.[600)]

ii. 연방 지방법원

a. 연방 지방법원은 청구항 "a second chamber … remotely mounted from said first chamber" 중 용어 "remotely mounted"의 해석과 관련하여, 제2 챔버가 제1 챔버로부터 멀리 떨어져 있을 것이 요구되는 것이지, 제2 챔버가 제1 챔버로부터 물리적으로 분리되어 있을 필요는 없다고 판시하였다.[601)]

---

599) *See Baker v. Microsoft Corporation*, 2018 WL 1719113, *2-*3 (Fed. Cir. 2018) (nonprecedential) (affirming construction of the term "remote" to require separate locations, and therefore requirement was not met by two devices located in the same room, the court finding that the inventor had disclaimed the construction of "remote" permitting the two devices to be in the same room during prosecution by expressly amending his claims to specify "a remote second location" and arguing that this amendment distinguished over prior art, further affirming summary judgment of no literal infringement and that prosecution history estoppel barred infringement under the doctrine of equivalents")

600) *See Brookhill-Wilk 1, LLC. v. Intuitive Surgical, Inc.*, 334 F.3d 1294, 1301 (Fed. Cir. 2003) (reversing stipulated judgment of noninfringement because district court erred in construing term "remote location" in a claim limitation for a robotic device for perform surgery that recited "means for transmitting … to a remote location beyond a range of direct manual contact with said patient's body and said endoscopic instrument," as requiring the surgeon had to be outside of the operating room containing the patient, instead proper construction only required surgeon when using the invention had to be beyond arm-length reach of the patient even if the surgeon remained in the operating room since the plain meaning of the entire claim limitation compelled this result and nothing in the written description or prosecution history showed that the patentee stated that the invention could only be used if the surgeon was outside of the operating room even though the stated objective of the invention and background section described a preferred embodiment and advantage of the invention that the surgeon could be outside of the patient's operating room")

6) Removable

i. 연방 항소법원(CAFC)

a. 연방 항소법원은 아이들 카시트와 관련된 청구항 "a seat and a base 'removeably attached'" 및 "the seat being 'removeably secured' to the base"의 해석과 관련하여, 해당 카시트가 쉽게 제거될 필요는 없고, 카시트가 파손되지 않는 한 특별한 도구를 이용하여 제거될 수 있다고 판시하였다.[602)]

b. 연방 항소법원은 청구항 "attachment means for removably securing said air inlet cover to said housing"의 해석과 관련하여, 하우징으로부터 커버의 완벽한 제거를 고려할 지라도, 커버는 공기 흡입구(air inlet)와 관련하여 제거할 수 있다(removable)고 기재하였기에 힌지 커버 구조(hinged cover configuration)를 배제하지 않는다고 판시하였다.[603)]

---

601) *See Cloud Farm Associates, L.P. v. Volkswagen Group of America, Inc.*, 2015 Markman 4730898, 2015 WL 4730898, *3-*4 (D. Del. 2015) (construing term "remotely mounted" in limitation reciting "a second chamber … remotely mounted from said first chamber" to require the second chamber be located a great distance away, but rejecting the accused infringer's contention that the second chamber had to additionally be physically separate from the first chamber")

602) *See Dorel Juvenile Group, Inc. v. Graco Children's Products, Inc.*, 429 F.3d 1043, 1046-47 (Fed. Cir. 2005) (ruling that, in a claim directed to a child's car seat, claim limitations reciting a seat and a base "removeably attached" and the seat being "removeably secured" to the base did not require that the seat be easily removable only that the seat at some point in its life be capable of being removed from the base, even if that required the use of special tools, so long as the seat was not destroyed, because the specification did not describe relative ease of removal as being a claim requirement")

603) *See Toro Co. v. White Consol. Industries, Inc.*, 199 F.3d 1295, 1300 (Fed. Cir. 1999) (claim limitation 'attachment means for removably securing said air inlet cover to said housing' did not foreclose a hinged cover configuration from being within the literal scope of the claim, although considering the clause in isolation appears to require a complete removal of the cover from the housing, and a hinged configuration would not completely remove the cover from the housing, a second clause provided that cover was removable in relation to the air inlet, not the entire housing, in view of both clauses, therefore the Federal Circuit determined that the 'district court correctly held that it is irrelevant whether the cover in the accused device is attached to the housing, for clause 5 [the attachment means clause] relates only to the attachment means for removably securing the cover to the air inlet opening.')

c. 연방 항소법원은 용어 “removably attached”와 관련하여, 특허권자의 주장인 “일반적인 사용으로 분리될 수 없을 정도로 ~에 연결됨”은 타당하지 않고, “영구적으로 ~에 연결되거나 결속되지 않음(not permanently joined, connected or bound to something)”이라고 판시하였다.[604)]

ii. 연방 지방법원

a. 연방 지방법원은 용어 “removably attached”는 “합리적인 사용 또는 외관에 손상을 끼치지 않고 부착되거나 분리할 수 있음”을 의미한다고 판시하였다.[605)]

7) Representing

i. 연방 항소법원(CAFC)

a. 연방 항소법원은 청구항 “means for processing data representing at least air viscosity …, barometric pressure, lung elastance … and measured levels of carbon dioxide and oxygen levels” 중 용어 “representing”의 해석과 관련하여, 사전적인 의미는 ~을 대리하거나 나타내는 의미를 갖는 ‘symbolizing’ 또는 ‘to stand for’를 가지나, 두 개의 아이템 사이에 어떤 방식으로든 관계가 있는 경우까지 포함할 수는 없고, 제1 아이템과 제2 아이템이 직접적으로 연결되거나, 나타내거나, 합리적인 대리 관계이어야 한다고 판시하였다.[606)]

---

604) *See Tinnus Enterprises, LLC v. Telebrands Corp.*, 2016 Markman 1713535, 2016 WL 1713535, *12 (E.D. Tex. 2016), related appeal, 846 F.3d 1190 (Fed. Cir. 2017) (construing “attached” to mean “connected or joined to something” and refusing to limit scope of the term, as urged by the accused infringer, to require a permanent attachment, further construing “removably attached” to mean “not permanently joined, connected or bound to something” and rejecting patentee's proposed construction of “connected to something such that it can be disconnected in ordinary use”)

605) *See Sliding Door Company v. KLS Doors, LLC*, 2014 Markman 12591675, 2014 WL 12591675, *15 (C.D. Cal. 2014) (construing “removably attached” to mean “Capable of being attached and detached without detrimentally affecting the reasonable use or appearance”)

b. 연방 항소법원은 항공기 지역 경고 시스템과 관련된 청구항 "signals representative of a position of the aircraft …"의 해석과 관련하여, 파일럿에게 보여지는 수치적(numerical) 신호로 한정되지 않고, 시스템에 대한 입력 값으로서 이용될 수 있는 모든 신호를 포함한다고 판시하였다.[607)]

ⅱ. 연방 지방법원

a. 연방 지방법원은 화면에 이미지를 표시하는 방법과 관련된 청구항 "representing the data for the field of view"의 해석과 관련하여, 출원 경과 과정에 비추어볼 때 용어 "representing"은 "displaying"보다 넓은 의미라고 판시하였다.[608)]

8) Resilient

ⅰ. 연방 항소법원(CAFC)

a. 연방 항소법원은 유리 프레임을 둘러싼 플라스틱 프레임을 갖는 냉장고

---

606) *See Tehrani v. Hamilton Medical, Inc.*, 331 F.3d 1355, 1361 (Fed. Cir. 2003) (term "representing" in claim limitation to a respirator reciting "means for processing data representing at least air viscosity …, barometric pressure, lung elastance … and measured levels of carbon dioxide and oxygen levels" would be construed under its ordinary dictionary meaning to mean "'symbolizing' or 'to stand for'" but could not "be interpreted so broadly as to include any case in which the two items are related in some way. Rather, the first item must be directly related to and stand for, or be a reasonable proxy for, the latter item.")

607) *See Honeywell Intern. Inc. v. Universal Avionics Systems Corp.*, 488 F.3d 982, 992–93 (Fed. Cir. 2007) (in claims directed to an aircraft terrain-warning system, ruling that district court erred in construing term "signals representative of a position of the aircraft …" as requiring numerical or instantaneous signals, instead the claim limitation properly covered any signal that could be used as an input to the system and not necessarily a signal capable of being read by a pilot")

608) *See ART+COM Innovationpool Gmbh v. Google Inc.*, 2016 Markman 2945194, 2016 WL 2945194, *1 *2 (D. Del. 2016) (in a supplemental claim construction rendered in response to a motion in limine, rejecting accused infringer's contention that method step reciting "representing the data for the field of view" required displaying an image on a screen, the court finding that the term "representing" was broader than "displaying" and in view of the prosecution history showing that the claims expressly claiming a display device or the step of displaying had been withdrawn, the court would not limit the scope of "representing" to require a display since the term "display" notably had not been used in the claim limitation")

선반과 관련된 청구항 "frame …(comprising)… a relatively resilient end edge portion which temporarily deflects and subsequently rebounds to snap-secure one of said glass piece front and rear edges in the glass piece edge-receiving channel"의 해석과 관련하여, 명세서(specification)에 기반하여 판단해 볼 때, 해당 탄력(resilient) 특징이 모든 과정에서 관찰될 필요는 없고, 오직 제조 공정 동안의 굴절(deflection) 및 회복(snap-back)만이 허용된다고 판시하였다.[609)]

b. 연방 항소법원은 사전적인 정의로서 용어 "resilient" 또는 "resilience"는 모양의 변형이후에 원래의 모양으로 돌아오는 것을 의미한다고 판시하였다.[610)]

9) Respectively

ⅰ. 연방 항소법원(CAFC)

a. 연방 항소법원은 스피커 시스템과 관련된 청구항 "the sound radiators

---

609) *See Gemtron Corp. v. Saint-Gobain Corp.*, 572 F.3d 1371, 1377-79 (Fed. Cir. 2009) (for claims directed to a refrigerator shelf having a plastic frame that surrounded a glass plate and the frame had "a relatively resilient end edge portion which temporarily deflects and subsequently rebounds to snap-secure one of said glass piece front and rear edges in the glass piece edge-receiving channel," affirming construction that the resilient characteristic only had to permit the deflection and snap-back during the manufacturing process, where the plastic frame was at an elevated temperature upon being released from its mold, and rejecting accused infringer's argument that the resilient characteristic had to be observed for all time, including when the shelf assembly was at room temperature or the shelf was operating in a cooling condition, the court noting that the specification only referred to the resilient capability for the manufacturing step, distinguished the claimed invention having that characteristic from the prior art that required applying an adhesive to secure the frame to the glass during manufacturing, and the specification never referred to the resilient feature for any other operational aspects of the refrigerator, also noting that the "snap-secure" function further supported that the resilient characteristic only had to exist during manufacture since the "snap-secure" function had to be performed thereafter to keep the shelf assembly operational and the resilient during manufacturing construction helped attain the "snap-secure" function")

610) *See Transclean Corp. v. Bridgewood Services, Inc.*, 290 F.3d 1364, 1374 (Fed. Cir. 2002) ("Dictionaries, both general and technical, define the adjective 'resilient' or its noun form 'resilience' as encompassing that which returns to its original shape following a deformation in shape.")

mounted in respective first, second and third mutually spaced apart sound enclosures" 및 "first, second and third sound radiators, each sound radiator mounted in a respective enclosure" 중 "respective enclosure"은 각각의 사운드 라디에이터가 각각의 울(enclosure)에 분리되어 실장될 것이 요구되므로, 모든 스피커가 하나의 캐비넷에 실장되는 침해 주장 제품은 비침해라고 판시하였다.[611]

b. 연방 항소법원은 청구항 "elongated operator bodies, with each of the operator bodies being operably coupled with a respective one of said gripper, knotter, cutting element and cover" 중 용어 "each" 및 "a respective one"의 해석과 관련하여, 각각의 오퍼레이터 바디가 4개의 기재된 기능들 중 오직 하나만 수행할 필요는 없고, 해당 오퍼레이터 바디는 하나 또는 그 이상의 기능을 수행할 수 있다고 판단하였다.[612]

ii. 연방 지방법원

a. 연방 지방법원은 청구항 "corresponding respectively to"의 해석과 관련하

---

611) *See Pazandeh v. Yamaha Corporation of America, Fed. Appx.*, 2018 WL 1677167, *3-*5 (Fed. Cir. 2018) (nonprecedential) (term "respective enclosure" for claims to a speaker system and reciting "the sound radiators mounted in respective first, second and third mutually spaced apart sound enclosures" and "first, second and third sound radiators, each sound radiator mounted in a respective enclosure" was properly construed to require that each sound radiator be separately mounted in its own enclosure and therefore affirming a summary judgment of no infringement where the accused product had all of its speakers mounted in a single cabinet, the Federal Circuit finding that by arguing that the claim only required that each speaker be mounted to that "is acoustically directed and oriented as claimed" the patentee was trying to read out the limitation that each speaker had to be in its own enclosure")

612) *See Accent Packaging, Inc. v. Leggett & Platt, Inc.*, 707 F.3d 1318, 1325-26 (Fed. Cir. 2013) (ruling that the presence of "each" and "a respective one" in claims reciting "elongated operator bodies, with each of the operator bodies being operably coupled with a respective one of said gripper, knotter, cutting element and cover" did not require four separate operator bodies such that each individual operator body performed only one of the four recited functions, i.e., grip, knot, cut and cover, rather the operator bodies could perform one or more of the functions, the Federal Circuit noting that the district court's construction requiring each operator body perform only one of the functions read out the preferred embodiment which showed two operator bodies each performing two of the four functions")

여, 특허권자의 주장인 "특정한 것과 연관됨(associated with a particular thing)"은 용어 "respectively"의 한정적인 해석을 포함하지 않기 때문에 타당하지 않고, "오직 하나와 연관된 각각의 ~ (each associated with only one)"를 내포할 수 있다고 판시하였다.613)

b. 연방 지방법원은 청구항 "a vend price establishing device associated respectively with each of the vend selection switches"의 해석과 관련하여, 특허권자의 주장인 "각각의 장치는 스위치가 하나 이상의 장치와 연관될 수 없는 게 아니라면 각각의 장치는 복수의 스위치를 가질 수 있음"은 일대일 대응을 나타내는 용어 "respectively"의 일반적인 의미에 비추어볼 때 타당하지 않고, 각각의 장치는 서로 다른 스위치와 연관되기 위해 일대일 대응이 요구된다고 판시하였다.614)

---

613) *See Trover Group, Inc. v. Tyco International, Ltd.*, 2014 Markman 3736340, 2014 WL 3736340, *1-*2 (E.D. Tex. 2014) (Bryson, C.J., sitting by designation) (construing "corresponding respectively to" to mean "each associated with only one" and rejecting patentee's broader proposed construction of "associated with a particular thing" because that construction did not give effect to the limitation's use of the term "respectively," which while not necessarily requiring a strict one-to-one correspondence between the two related items did require that each first item be associated with only one second item")

614) *See Mars, Inc. v. Coin Acceptors, Inc.*, 514 F. Supp. 2d 624 (D.N.J. 2007) (ruling that claim limitation reciting "a vend price establishing device associated respectively with each of the vend selection switches" required a one-to-one correspondence so that each device was associated with a separate switch and rejecting the patentees argument that each device could have multiple switches associated with it so long as no switch was associated with more than one device, the court based its construction on its analysis of the ordinary meaning of respectively as defining a one-to-one correspondence, that the drawings in the patent only showed a one-to-one correspondence, expert testimony from the accused infringer, and unrebutted by the patentee, that one of ordinary skill would understand that patent to be referring to a one-to-one correspondence, and applied the rule of Athletic Alternatives, that when an ambiguity existed after exhausting the intrinsic evidence, the narrower interpretation should be adopted, the court rejecting the patentee's evidence that because the device could be modified to permit more than one switch the claims should be so construed.")

10) Responsive to

ⅰ. 연방 항소법원(CAFC)

a. 연방 항소법원은 청구항 "means, responsive to pressure increases in said chamber caused by said cleaning means, for moving particulate matter in a downward direction to a bottommost point in said portion"의 해석과 관련하여, 명세서(specification)에 해당 구조가 압력 증가에 대한 응답으로 입자성 물질이 움직인다고 기재되어 있기 때문에, 유연한 가로막 구조를 포함한다고 판시하였다.[615)]

b. 연방 항소법원은 청구항 "in response to receiving the request, making a first version of the piece of selectable content available … and a second version of the piece of selectable content available; sending the first version of the piece of selectable content to the wireless user device; and sending the second version of the piece of selectable content to the personal computer" 중 용어 "in response to"의 적용범위와 관련하여, 과정을 분리할 때 이용되는 세미콜론(';')의 이용에 비추어볼 때, 해당 용어 "in response to"는 과정 "making …"에만 적용되는 것이지, 과정 "sending …"에는 적용되지 않는다고 판시하였다.[616)]

c. 연방 항소법원은 컴퓨터 해킹을 방지하는 시스템과 관련된 청구항 "in

615) *See In re Donaldson Co., Inc.*, 16 F.3d 1189, 1196-97 (Fed. Cir. 1994) (en banc) (construing claim limitation "means, responsive to pressure increases in said chamber caused by said cleaning means, for moving particulate matter in a downward direction to a bottommost point in said portion", as covering a flexible diaphragm structure since that structure was described in the specification as moving the particulate matter in response to a pressure increase")

616) *See In re Affinity Labs of Texas, LLC*, 856 F.3d 902, 907 (Fed. Cir. 2017) (where method claim recited steps of "in response to receiving the request, making a first version of the piece of selectable content available … and a second version of the piece of selectable content available; sending the first version of the piece of selectable content to the wireless user device; and sending the second version of the piece of selectable content to the personal computer" holding that the use of the semicolons to separate the steps showed that the "in response to" qualifier only applied to the "making" step, and not, as the patentee urged, also to the two "sending" steps")

response to the software key logging through the API stack to an internet communication port"의 명확한 기재와 관련하여, 용어 "in response to"가 키 로깅(key logging)의 모든 경우를 의미하는 것인지 멀웨어 공격(malware threat)의 실제적인 예를 언급하는 지 불명확하므로, 해당 청구항은 불명확한 표현이라고 판시하였다.617)

d. 연방 항소법원은 청구항 "applet was generated 'in response to' a client request"의 해석과 관련하여, 용어 "in response to"의 해석에 기초해볼 때, 해당 애플릿(applet)은 클라이언트 요청이 생성되기 전에는 존재할 수 없다고 판시하였다.618)

e. 연방 항소법원은 자동차 시스템과 관련된 청구항 "identifying one of the plurality of providers in response to the vehicle condition" 및 "selecting at least one service provider for servicing the vehicle when the vehicle needs a service" 중 용어 "in response to"의 해석과 관련하여, 명세서(specification)에 사용자와의 상호작용을 나타내는 실시예를 기재하지 않았기 때문에 사용자 간섭 없이 자동으로 동작하는 것이 요구되므로, 침해제품은 사용자 행동에 대한 응답으로 동작하기 때문에 비침해라고 판시하였다.619)

---

617) *See Trusted Knight Corporation, v. International Business Machines Corporation*, 2017 WL 899890, *4 (Fed. Cir. 2017) (nonprecedential) (for claims directed to a system and method for thwarting "key logging" to steal passwords, affirming judgment that claim limitation reciting "in response to the software key logging through the API stack to an internet communication port" was invalid since it was ambiguous whether the "in response to" was referring to any event of "key logging" or actual instance of a malware threat")

618) *See Parallel Networks, LLC v. Abercrombie & Fitch Co.*, 704 F.3d 958, 969 (Fed. Cir. 2013) (affirming construction of "applet" as requiring the presence of both the functionality and the data to be used with that functionality, therefore accused website that only had a link to another site to get the data were not "applets" as that term was used in the claim and noting that the recitation that the applet was generated "in response to" a client request showed that the applet could not exist before the client request was created")

619) *See American Calcar, Inc. v. American Honda Motor Co., Inc.*, 651 F.3d 1318, 1340 (Fed. Cir. 2011) (for claims directed to an automobile system, affirming construction of "in response to" and "when" in claim limitations reciting "identifying one of the plurality of providers in response to

f. 연방 항소법원은 청구항 "in response to the switch"의 해석과 관련하여, 명세서에 기반하여 판단해 볼 때, 특허권자의 주장과 같이 "스위치의 활성 여부와는 관계없이 신호가 스위치의 상태를 기반으로 함"은 타당하지 않고, "신호가 활성화된 스위치를 기반으로 전송될 것이 요구"된다고 판시하였다.[620]

ii. 연방 지방법원

a. 연방 지방법원은 용어 "responsive to"의 해석과 관련하여, ~의 제어 아래 자동적으로 ~의 기능을 수행함을 의미한다고 판시하였다.[621]

b. 연방 지방법원은 용어 "in response to"의 해석과 관련하여, 침해자의 주장인 "이벤트 발생시 다른 이벤트의 개입은 허용되지 않음"과 같은 추가적인 한정은 타당하지 않고, 일반적인 의미로 해석될 수 있다고 판시하였다.[622]

---

the vehicle condition" and "selecting at least one service provider for servicing the vehicle when the vehicle needs a service" as requiring a cause and effect relationship without any further intervening user action since the specification failed to describe any embodiment requiring further user interaction, and affirming summary judgment of no infringement because accused product operated in response to a user action, and not automatically based on the system")

620) *See WNS Holdings, LLC v. United Parcel Service, Inc.*, 2009 WL 2136961, *11 (W.D. Wis. 2009), aff'd without opn., 2010 WL 785169 (Fed. Cir. Mar. 8, 2010) (nonprecedential) (construing claim limitation reciting "in response to the switch" as requiring that a signal be transmitted based on the switch being activated and rejecting patentee's broader construction that a signal only had to be based on the state of the switch and not whether the switch was activated, the court finding that the specification only described the signal as being transmitted when the switch was activated and that the inventor could have claimed the invention in the manner that the patentee urged, but did not")

621) *See Ampex Corp. v. Eastman Kodak Co.*, 460 F. Supp. 2d 541 (D. Del. 2006) (relying on prosecution history to construe term "responsive to" to mean "performs its function automatically under the control of")

622) *See Optis Wireless Tech., LLC v. Huawei Device Co. Ltd.*, 2018 Markman 476054, 2018 WL 476054, *35-*36 (E.D. Tex. 2018) (ruling that "in response to" would be given its plain and ordinary meaning and rejecting accused infringer's position that the term should have a negative limitation such that "no other event may intervene, or have any impact whatsoever on, the occurrence of the second event")

c. 연방 지방법원은 청구항 "in response to a user selecting the audio file using controls of the car audio/video system"의 해석과 관련하여, 청구항의 실제적인 과정이 아닌, 해당 구조의 가능성을 기술하고 있다고 판시하였다.[623)]

11) Rigid

i. 연방 항소법원(CAFC)

a. 연방 항소법원은 깔창과 관련된 청구항 "An orthotic device … comprising a deep rigid heel seat …"의 해석과 관련하여, 청구항 출원 경과 과정에서 유연한 물질을 갖는 선행기술을 극복하기 위해 용어 "rigid"를 추가한 점에 비추어볼 때 해당 청구항은 반강체(semi-rigid) 물질을 포함하지 않기 때문에, 오직 반강체 힐 영역을 갖는 침해 주장 제품은 비침해라고 판시하였다.[624)]

ii. 연방 지방법원

a. 연방 지방법원은 자동차 운전자의 헬멧 시스템의 부품으로서 이용되는

---

623) *See Blitzsafe Texas, LLC v. Honda Motor Co., Ltd.*, 2016 Markman 4762083, 2016 WL 4762083, *32-*33 (E.D. Tex. 2016) (claim limitation in an apparatus claim reciting "in response to a user selecting the audio file using controls of the car audio/video system" did not require a method step, but was claiming the capability of the structure, not the actual performance of a step")

624) *See Schoenhaus v. Genesco, Inc.*, 440 F.3d 1354, 1357-59 (Fed. Cir. 2006) (In a claim to a shoe insert reciting "An orthotic device … comprising a deep rigid heel seat …," rejecting patentee's argument that because the specification disclosed the use of semi-rigid material for portions of the insert, the term "rigid" in the claim should be construed to cover "semi-rigid" material as the applicant allegedly acted as his own lexicographer since the reference to semi-rigid material in the specification was only a general reference and did not specifically state that the heel seat was made from a semi-rigid material and the prosecution history showed that the Examiner, by an Examiner's Amendment, added the term "rigid," together with other amendments, to allow the claim over a prior art reference having flexible material; further construing claim as requiring that the insert itself meet the recited rigidity limitation and rejecting patentee's argument that a combination of the shoe insert and other portions of the shoe could satisfy the claim limitation ... affirming summary judgment of no infringement where the accused product only had a semi-rigid heel portion in its insert)

장치와 관련된 청구항 중 용어 "rigid"의 해석과 관련하여, 명세서에 기반하여 판단해 볼 때, 작은 양의 유연성을 갖는 단단함(principally rigid with no more than a minor amount of flexibility)을 의미한다고 판시하였다.[625]

12) Row

i. 연방 지방법원

a. 연방 지방법원은 청구항 "a first conductive strip of material overlying and electrically contacting central portions of a first row of said source regions …; and a second conductive strip of material overlying and electrically contacting central portions of a second row of drain regions adjacent to said first row of said source regions" 중 용어 "row"의 해석과 관련하여, 직선(straight line)으로 한정 해석되지 않고, 오직 선형적으로 정리된 그룹(linearly organized group)"일 것이 요구된다고 판시하였다.[626]

S.

1) Said

i. 연방 항소법원(CAFC) 및 연방 지방법원은 용어 "said"와 관련해서 이전에 언급된 용어를 의미한다고 판시하였다.[627]

---

625) *See Simpson Performance Products, Inc. v. Zamp Inc.*, 2019 Markman 1052031, 2019 WL 1052031, *19-*20 (W.D. N.C. 2019) (for claims directed to a device to be used as part of a race car driver's helmet system, construing term "rigid," in view of the definition given in the specification, to mean "principally rigid with no more than a minor amount of flexibility" and rejecting accused infringer's proposed construction of "no significant deformation under stresses that would occur in a vehicular crash")

626) *See Micrel, Inc. v. Monolithic Power Systems, Inc.*, 2006 WL 1795130 (N.D. Cal. 2006) (construing term "row" in claim limitation reciting "a first conductive strip of material overlying and electrically contacting central portions of a first row of said source regions …; and a second conductive strip of material overlying and electrically contacting central portions of a second row of drain regions adjacent to said first row of said source regions" as not begin limited to a straight line but only requiring a "linearly organized group")

2) Salt form

i. 연방 항소법원(CAFC)

a. 연방 항소법원은 청구항 "14-Hydroxymorphinone"는 "14-Hydroxymorphinone Hydrochloride"로 이해될 수 있다고 판시하였다.[628)]

b. 연방 항소법원은 청구항 용어 "alkaline salt" 및 "pharmaceutically acceptable salt"의 해석과 관련하여, 명세서에 약학적으로 용인되는 공식에 알맞은 구체적인 염(salts)으로 한정해석된다고 판시하였다.[629)]

c. 연방 항소법원은 엽산 및 비타민 B12와 함께 "pemetrexed disodium"를 복용하는 치료방법과 관련해서, 침해자의 방법인 "pemetrexed ditromethamine"는 서로 다른 염의 형태를 갖기 때문에 직접 침해는 아니나, 균등론에 기반하여 볼 때 침해를 인정할 수 있다고 판시하였다.[630)]

---

627) *See Transperfect Global, Inc. v. Joseph Matal.*, 2017 WL 2963553, *3-*6 (Fed. Cir. 2017) (nonprecedential) (for claims directed to a computerized method of translating a document from one language into another, and as part of the translation to change hyperlinks that were in the original document such that the translated hyperlink in the translated document pointed to a different URL address, PTO, in a CBM proceeding, properly construed the term "said hyperlink" to refer to the hyperlink in the original document and the URL address that the original hyperlink pointed to and did not include a "translated hyperlink" that, while having the same label as the original hyperlink, pointed to a different URL address, the court noting that the specification did not support the patentee's construction and that in a prior reexamination the patentee had argued the opposite of what it argued in the current case"); Warsaw Orthopedic, Inc. v. Nuvasive, Inc., 824 F. 3d 1344, 1349 (Fed. Cir. 2016) (noting that "said signal" referred back to a particular signal previously mentioned and did not apply to all possible signals")

628) *See Endo Pharmaceuticals Inc. v. Actavis LLC*, 922 F.3d 1365, 1371-72 (Fed. Cir. 2019) (14-Hydroxymorphinone was properly construed as 14-Hydroxymorphinone Hydrochloride")

629) *See AstraZeneca AB v. Hanmi USA, Inc.*, 2013 WL 6670610, *2-*5 (Fed. Cir. 2013) (nonprecedential) (narrowly construing terms "alkaline salt" and "pharmaceutically acceptable salt" to be limited to the specific salts identified in the specification as being suitable for the pharmaceutical formulation, the court finding that statements in the specification showed that the applicant had disclaimed a broader scope and any acceptable salt, and rejecting patentee's reliance on claim differentiation to support a broader construction")

630) *See Eli Lilly and Company v. Hospira, Inc.*, 2019 WL 3756065, *5-*11 (Fed. Cir. 2019) (claims directed to a method of treatment by administering "pemetrexed disodium" with folic acid and vitamin B12 were not literally infringed by a method that administered "pemetrexed ditromethamine," a different salt form of pemetrexed, but were infringed under the doctrine of equivalents and finding

ⅱ. 연방 지방법원

a. 연방 지방법원은 용어 "or a salt, solvate or hydrate thereof"의 해석과 관련하여, "염(salt), 용매 화합물(solvate), 또는 수화물(hydrate)"의 종류들 중 하나 또는 그 이상의 정의에 부합하는 화합물을 의미하므로, 염수화물(salt-hydrate)을 포함할 수 있다고 판시하였다.[631]

3) Sandwiched

ⅰ. 연방 항소법원(CAFC)

a. 연방 항소법원은 청구항 용어 "sandwiched"의 해석과 관련하여, "~에 삽입되거나 위치함"을 의미한다고 판시하였다.[632]

b. 연방 항소법원은 청구항 "sandwiched between and contacting"의 해석과 관련하여, 청구항에 언급된 세 개의 층 이외에 추가적인 층의 물리적 존재 또한 내포하고 있다고 판시하였다.[633]

---

that a claim amendment that amended the claim by replacing "antifolate" with "pemetrexed disodium" was only tangentially related to asserting that "pemetrexed ditromethamine" was an equivalent to "pemetrexed disodium" and therefore prosecution-history estoppel did not bar equivalents, the court finding that, under the circumstances, narrowing a claim that generally claimed antifolates to one specific antifolate, pemetrexed, and reciting one specific salt form of pemetrexed, did not surrender other salt forms of pemetrexed since the claim amendment was not related to the salt forms of pemetrexed)

631) *See Endo Pharmaceuticals Inc. v. Mylan Pharmaceuticals Inc.*, 2013 Markman 4402311, 2013 WL 4402311 (D. Del. 2013) (construing "or a salt, solvate or hydrate thereof" to mean a compound that met the definition of one or more of the types of "salt, solvate or hydrate" and thus could include a salt-hydrate, and rejecting contention that the claim recited a closed Markush group")

632) *See Georgia-Pacific Corp. v. U.S. Gypsum Co.*, 195 F.3d 1322, 1331 (Fed. Cir. 1999), opinion amended on reh'g, 204 F.3d 1359 (Fed. Cir. 2000) ("sandwiched" would be given its ordinary meaning of "to insert or place between"; in view of other express limitations requiring an outer surface of the glass mats to be substantially free of the material being sandwiched between the glass mats, the term "sandwiched" would not be construed to also require that the material had to remain between both glass mats, especially where one dependent claim expressly claimed that one of the outer surfaces had portions coated with the material sandwiched between the glass mats as a result of diffusion through the mat)

633) *See Bradford Co. v. Jefferson Smurfit Corp.*, No. 00-1511 (Fed. Cir. Oct. 30, 2001) (unpublished) (limitation "sandwiched between and contacting" permitted the physical presence of more than the

4) Sealed

i. 연방 항소법원(CAFC)

a. 연방 항소법원은 청구항 "sealed tank"의 해석과 관련하여, 연방 지방법원의 해석인 "모든 물질의 입출입을 막는 ~것"은 명세서에 기재된 실시예에 비추어볼 때 타당하지 않다고 판시하였다.634)

5) Search Engine

i. 연방 지방법원

a. 연방 지방법원은 용어 "search engine"은 "검색 요청을 수신하고 데이터베이스와의 상호작용을 통해 수신된 요청을 이행하기 위한 장치 또는 어플리케이션을 의미"한다고 판시하였다.635)

6) Secure

i. 연방 항소법원(CAFC)

a. 연방 항소법원은 용어 "fixedly secured"는 두 개의 부품들(components) 사

---

recited three layers where expert testimony of patent provided that one of skill in the art would construe contact to only mean electrical contact and not direct physical contact, thus indirect contact established by the presence of additional layers literally met the claim limitation)

634) *See Kaneka Corp. v. Xiamen Kingdomway Group Co.*, 790 F.3d 1298, 1303-05 (Fed. Cir. 2015) (district court erred in construing "sealed tank" to be something that prevented the entrance or exit of all material, since the specification showed embodiments where solvent entered and exited the tank, and indeed, the district court's construction excluded all embodiments shown in the specification, the Federal Circuit also rejected the contention that because the term "sealed" was added during prosecution and was not used in the specification its narrow plain and ordinary meaning, as given by a dictionary, had to apply, the Federal Circuit instructing that a verbatim use of the claim term in the specification was not necessary to use the specification to show that a broader construction of "sealed" applied in the context of the patent")

635) *See GeoTag, Inc. v. Frontier Communications Corp.*, 2013 Markman 693852, 2013 WL 693852, *27-*28 (E.D. Tex. 2013) (following construction given in a prior case, and construing "search engine" to mean a "device or application that receives search requests and fulfills the received requests through interaction with a database")

이에 상대적 움직임(relative movement)이 없음을 의미한다고 판시하였다.[636]

7) Select

i. 연방 항소법원(CAFC)

a. 연방 항소법원은 부동산을 목록화하는 방법과 관련된 청구항 "selecting a first area having boundaries"의 해석과 관련하여, 사용자에 의한 선택 또는 컴퓨터에 의한 자동 선택 모두를 포함할 수 있다고 판시하였다.[637]

b. 연방 항소법원은 수면 무호흡증을 치료하는 방법과 관련하여, 청구항 "providing a flow of breathing gas … at selected higher and lower pressure magnitudes" 및 "utilizing said instantaneous flow rate … to select one of said higher and said lower pressure magnitudes" 중 용어 "selected"는 명세서에 기반하여 판단해 볼 때, 컴퓨터 회로가 해당 데이터를 처리하기 전에 해당 장치가 적용하는 압력 레벨이 선택되는 것이 요구된다고 판시하였다.[638]

---

636) *See Black & Decker, Inc. v. Positec USA, Inc.*, 2016 WL 2898012, *3-*5 (Fed. Cir. 2016) (nonprecedential) (in view of specification, and applying the Philips standard, term "fixedly secured" meant no relative movement between the two components, i.e., "rigidly coupled," and therefore prior art that prevented rotational movement, but permitted axially movement and wobbling between the two components did not meet the limitation)

637) *See Move, Inc. v. Real Estate Alliance Ltd.*, 2011 WL 995939, *3–*4 (Fed. Cir. 2011) (nonprecedential) (ruling that claim to a method for listing real estate properties and having the step of "selecting a first area having boundaries" did not require that the boundaries be created as part of the selection step or that the user use a specific tool in the selecting process, the Federal Circuit noting that the district court erred in reading into the claim a tool requirement present in another claim of a related patent, but not in the claim at issue, further ruling that the claim was broad enough to cover both selection by a human user or automated selection by a computer")

638) *See Respironics, Inc. v. Invacare Corp.*, 2008 WL 5216019, *4 (Fed. Cir. 2008) (nonprecedential) (for claims directed to a method of treating sleep apnea with a medical device, affirming construction of term "selected" in a claim limitation reciting "providing a flow of breathing gas … at selected higher and lower pressure magnitudes" and, processing data of flow rate and then "utilizing said instantaneous flow rate … to select one of said higher and said lower pressure magnitudes" as requiring that the higher and lower pressure levels that the device would apply be

ii. 연방 지방법원

a. 연방 지방법원은 청구항 "effective to provide"에서 "selected to provide"의 정정은 청구항을 보다 명확히 하기 위함이지 청구항의 범위를 한정하기 위함이 아니므로, 용어 "selected"는 단순히 선택됨의 의미를 갖는 "chosen or picked"를 의미한다고 판시하였다.[639]

8) Separate

i. 연방 항소법원(CAFC)

a. 연방 항소법원은 용어 "separate"의 해석과 관련하여, 분리된의 의미를 내포하는 "Parted, divided, or withdrawn from others; disjoined, disconnected, detached, set or kept apart"로 해석될 수 있다고 판시하였다.[640]

b. 연방 항소법원은 MPEG 스트림과 관련된 청구항 "separated into its video and audio components"의 해석과 관련하여, 특허권자의 주장인 "해당 스트림은 데이터베이스의 인덱스에 의해 논리적으로 분리됨"은 명세서에 의해 타당하지 않고, 스트림의 비디오 및 오디오 영역이 물리적으로 분리되고 서로 다른 버퍼에 저장될 것이 요구된다고 판시하였다.[641]

---

chosen before the computer circuitry processed the flow data because the only embodiment disclosed in the specification had the two pressure levels chosen in this manner")

639) *See Kraft Foods Group Brands LLC v. TC Heartland, LLC*, 2016 Markman 873435, 2016 WL 873435, *7-*8 (D. Del. 2016) (amendment changing claim limitation from "effective to provide" to "selected to provide" was a clarifying amendment, not a narrowing amendment, and therefore it did not create a disclaimer to support a narrow claim construction, and therefore "selected" simply meant "chosen or picked" and rejecting accused infringer's proposed construction of "chosen to provide, and not merely effective to provide")

640) *See Electro Scientific Industries, Inc. v. Dynamic Details, Inc.*, 307 F.3d 1343, 1350 (Fed. Cir. 2002) ("The meaning of 'separate' is … 'Parted, divided, or withdrawn from others; disjoined, disconnected, detached, set or kept apart.'")

641) *See TiVo, Inc. v. EchoStar Communications Corp.*, 516 F.3d 1290, 1300-01 (Fed. Cir. 2008) (ruling that a claim limitation reciting that an MPEG stream be "separated into its video and audio components" required that the video portion and audio portion of the stream be physically separated and stored in two different buffers, and rejecting patentee's argument that the claim limitation was met if the stream was merely "logically" separated by indexes in a database since statements in

c. 연방 항소법원은 스트랩 어셈블리와 관련된 청구항 "auxiliary strap means including first and second separate end sections made of a relatively non-stretchable material, and also including a separate center section made of material which is longitudinally stretchable"의 해석과 관련하여, 중앙부(center section)가 가장자리부(end section)와 다를 것이 요구된다고 판시하였다.[642)]

d. 연방 항소법원은 청구항 "a second separate cutter" 중 용어 "separate"의 해석과 관련하여, 제2 커터는 제1 커터와 독립적으로 움직일 것이 요구된다고 판시하였다.[643)]

ii. 연방 지방법원

a. 연방 지방법원은 수표의 원거리 승인 시스템과 관련된 청구항 "wherein the central system is separate from MICR capture, deposit accounting, cash management, and float processing systems for a bank of first deposit" 중 용어 "separate from"의 해석과 관련하여, 불명확한 표현이 아니고, 해당 용어의 일반적인 의미로 해석된다고 판시하였다.[644)]

---

the specification describing the "invention" as a whole, and not just the preferred embodiment stated that the stream "must be" physically separated and the specification provided no textual support for the patentee's contention that logical separation was sufficient")

642) *See Wleklinski v. Targus, Inc.*, 2007 WL 4460620 (Fed. Cir. 2007) (nonprecedential) (in claims directed to a strap assembly construing the limitation "auxiliary strap means including first and second separate end sections made of a relatively non-stretchable material, and also including a separate center section made of material which is longitudinally stretchable" as requiring that the center section be made for a material that was different from the end sections")

643) *See Springs Window Fashions LP v. Novo Industries, L.P.*, 323 F.3d 989, 993–96 (Fed. Cir. 2003) (construing term "separate" in limitation "a second separate cutter" as requiring that the second cutter move independently from the first cutter based on distinguishing statements made in the file history")

644) *See PPS Data, LLC v. Jack Henry & Associates, Inc.*, 2019 Markman 1040742, 2019 WL 1040742, *21-*22 (E.D. Tex. 2019) (for claims directed to processes and technologies involved in remote deposit presentment of all types of checks, finding that the term "separate from" in limitation reciting "wherein the central system is separate from MICR capture, deposit accounting, cash management, and float processing systems for a bank of first deposit" was not indefinite and would

b. 연방 지방법원은 용어 "separate input device"의 해석과 관련하여, "위치 감지 장치로부터 물리적으로 독립된 입력 장치"가 요구된다고 판시하였다.[645]

c. 연방 지방법원은 청구항 "electrically separated from"의 해석과 관련하여, 두 개의 층들 사이에 부전도 또는 절연층이 위치될 것이 요구되는 것이지, 침해자의 주장과 같이 전기적 연결의 완전한 단절을 의미하는 것은 아니라고 판시하였다.[646]

9) Server

i. 연방 지방법원

a. 연방 지방법원은 용어 "server"는 "네트워크를 통해 다른 컴퓨터 시스템으로 서비스를 제공하는, 하나 또는 그 이상의 컴퓨터 및 프로그램을 포함하는 컴퓨터 시스템"이라고 판시하였다.[647]

b. 연방 지방법원은 전자 엽서(electronic postcards)의 생성 및 분배하는 방법과 관련된 청구항 중 용어 "a server"의 해석과 관련하여, "명세서(specification)에 하나 이상의 서버를 포함하는 시스템을 기재하였을지라도, 복수의 서버들을 이용하여 전자 엽서를 분배하는 방법에 대해 기재되어 있지 않고 복수의 서버들을 이용하는 경우 내재적인 문제점(inherent problem)이 있기 때문에, 오직 하나의 서버(a single server)만을 의미"한다고 판시

---

be given its plain meaning")

645) *See Adidas AG v. Under Armour, Inc.*, 2015 Markman 3766017, 2015 WL 3766017, *5 (D. Del. 2015) (construing "separate input device" to require "an input device that is a physically independent unit from the position monitoring device")

646) *See Lonestar Inventions LP v. Nintendo of America, Inc.*, 2009 WL 1011734, *7 (E.D. Tex. 2009) (construing term "electrically separated from" to require a nonconducting or insulating layer be positioned between two layers, and rejecting accused infringer's proposed construction of an absolute "not electrically connected" since that construction was inconsistent with the independent claim")

647) *See Pragmatus Telecom, LLC v. Volkswagen Group of America, Inc.*, 2014 Markman 4447272, 2014 WL 4447272, *3 (D. Del. 2014) (construing "server" to mean "A computer system, including one or more computers and programs, that provides services to other computer systems over a network.")

하였다.[648]

c. 연방 지방법원은 용어 "server"는 "하나 또는 복수의 컴퓨터일 수 있고, 컴퓨터들 및 프로세서들의 집합(collection)이 전반적인 서버 기능들을 수행하는 한 해당 서버의 일부인 각각의 컴퓨터가 모든 서버 기능들을 수행할 필요는 없다고 판시"하였다.[649]

10) Set

i. 연방 항소법원(CAFC)

a. 연방 항소법원은 항공 좌석 예약 시스템을 언급할 때 이용된 용어 "set"의 해석과 관련하여, 해당 용어 "set"은 한 명의 개인 좌석을 내포할 수 있다고 판시하였다.[650]

ii. 연방 지방법원

a. 연방 지방법원은 청구항 "set of transmitters"의 해석과 관련하여, 적어도 두 개의 전송기가 요구된다고 판시하였다.[651]

---

648) *See FotoMedia Technologies, LLC v. AOL, LLC*, 2009 Markman 2175845, 2009 WL 2175845, *6-*7 (E.D. Tex. 2009) (construing term "a server" in a claim directed to a method for creation and distribution of electronic postcards and other formats of electronic images to require a single server even though the specification did disclose systems having more than one server because the court found persuasive the accused infringer's argument that while disclose multiple servers, the specification did not disclose distributing the steps of the method among more than one server and there were inherent problems in implementing the method on multiple servers")

649) *See Copy Protection LLC v. Netflix, Inc.*, 2015 Markman 4639954, 2015 WL 4639954, *6-*7 (D. Del. 2015) (ruling that the term "server" permitted one or more computers and that each computer that was part of the server did not have to perform all of the mandated server functions, so long as the overall collection of computers and processors did")

650) *See CEATS, Inc. v. Continental Airlines, Inc.*, 2013 WL 1776814, *6 (Fed. Cir. 2013) (nonprecedential) (over the dissent of Judge Schall, ruling that the term "set" when referring to seats in an airline reservation system could cover a set consisting of only an individual seat, therefore affirming denial of JMOL to overturn jury's anticipation verdict based on a prior art system that only showed individual seats for booking purposes")

651) *See Mobile Telecommunications Technologies, LLC v. Clearwire Corp.*, 2013 Markman 3339050, 2013 WL 3339050 (E.D. Tex. 2013) (construing the term "set of transmitters" to require at least

11) Several

i. 연방 지방법원

a. 연방 지방법원은 청구항 용어 "several"의 해석과 관련하여, 특허권자의 주장인 "하나 또는 그 이상"은 타당하지 않고, "둘 또는 그 이상"이 타당하다고 판시하였다.[652)]

12) Sheets

i. 연방 항소법원(CAFC)

a. 연방 항소법원은 용접 방법과 관련된 청구항 "sheets"의 해석과 관련하여, "일반적으로 일정한 두께를 갖는 폭이 넓고 가는 물질을 의미"한다고 판시하였다.[653)]

13) Significant

i. 연방 지방법원

a. 연방 지방법원은 동물 먹이 믹서와 관련된 청구항 "each of the paddles is free from surfaces that would impart significant axial movement to a mixture in the second chamber as the rotor shaft is rotated" 중 용어 "significant"의 해석과 관련하여, 중요한(important and notable) 축 이동을 의

---

two transmitters and rejecting contention that, in the context of the claim, a set could be a single member, further rejecting contention that the members of the set had to be spatially dispersed")

652) *See AutoForm Engineering GmbH v. Engineering Technology Associates, Inc.*, 2013 Markman 5874547, 2013 WL 5874547, *4 (E.D. Mich. 2013) (construing "several" to require "two or more" and rejecting patentee's proposed construction of one or more")

653) *See Laserfacturing, Inc. v. Old Carco Liquidation Trust*, 2012 WL 4054135, *2-*3 (Fed. Cir. 2012) (nonprecedential) (term "sheets" in claims directed to a welding method, was limited to "a broad thin piece of material with generally uniform thickness" and was properly not construed to the scope urged by the patentee as being any "element to be welded," the Federal Circuit affirming the district court's construction because it was consistent with the plain and ordinary meaning of the term "sheets," and how the specification used the term")

미한다고 판시하였다.[654]

b. 연방 지방법원은 청구항 "significantly smaller than the combined probability of occurrence of all the signal values represented by the first group" 중 용어 "significantly smaller"의 명확한 기재와 관련하여, 명세서에 청구항의 범위를 합리적으로 특정할 수 있는 충분한 기재를 제공하지 않았기 때문에 불명확한 표현이라고 판시하였다.[655]

14) Similar

i. 연방 지방법원

a. 연방 지방법원은 청구항 구문 "similar data blocks" 중 용어 "similar"의 해석과 관련하여 불명확한 표현이 아니라고 판시하였다.[656]

15) Simultaneously

i. 연방 항소법원(CAFC)

a. 연방 항소법원은 청구항 "to cause both switching transistors to be simultaneously OFF for a period of time …"의 해석과 관련하여, 모든

---

654) *See Roto-Mix LLC v. Sioux Automation Center, Inc.*, 2017 WL 6610328, *9-*10 (N.D. Iowa 2017) (for claims directed to an animal feed mixer, construing term "significant" in a limitation reciting "each of the paddles is free from surfaces that would impart significant axial movement to a mixture in the second chamber as the rotor shaft is rotated" to mean "important and notable" axial movement and rejecting accused infringer's construction of merely perceptible or observable movement, the court finding that nothing in the intrinsic evidence showed that the term was used inconsistent with its ordinary meaning")

655) *See Princeton Digital Image Corporation v. Amazon.com, Inc.*, 2019 WL 351258, *9 (D. Del. 2019) (finding that claim term "significantly smaller" in limitation reciting "significantly smaller than the combined probability of occurrence of all the signal values represented by the first group" was, under the circumstances, indefinite since the specification did not provide "sufficient guidance to reasonably ascertain the scope of the claim")

656) *See Realtime Data, LLC v. Actian Corporation*, 2016 WL 6471289, *1-*2 (E.D. Tex. 2016) (adopting magistrate's recommendation that term "similar" as used in claim phrase "similar data blocks" was not indefinite and meant that "data blocks that can be treated as the same for purposes of run-length encoding")

트랜지스터가 동시에 멈출 필요는 없고, 용어 "period of time"의 일반적인 의미에 비추어 볼 때 특정한 시점에 모든 트랜지스터가 멈추는 것만이 요구된다고 판시하였다.[657)]

b. 연방 항소법원은 청구항 구문 "substantially simultaneously activating"의 해석과 관련하여, "두 개의 광원이 동시에 활성화되는 것을 의미"하는 것이라고 판시하였다.[658)]

ii. 연방 지방법원

a. 연방 지방법원은 청구항 중 구문 "a method step (d)··· was done simultaneously with step (b)"의 해석과 관련하여, 단계 (b) 및 (d)는, 적어도 일부가, 동시에 수행되어야만 한다고 판시하였다.[659)]

b. 연방 지방법원은 청구항 용어 "simultaneous" 및 "concurrently"의 해석과 관련하여, 명세서에 기반하여 판단해 볼 때 동일한 의미를 갖는다고 판시하였다.[660)]

---

657) *See Linear Technology Corp. v. Impala Linear Corp.*, 379 F.3d 1311, 1324 (Fed. Cir. 2004) (ruling that district court erred in construing claim limitation "to cause both switching transistors to be simultaneously OFF for a period of time ···" as requiring that both transistors shut off at the same time because reference to a "period of time" showed that the plain meaning required construing the claim only to require that at some point in time both transistors be off regardless if one was turned off before the other")

658) *See Texas Digital Systems, Inc. v. Telegenix, Inc.*, 308 F.3d 1193, 1205–06 (Fed. Cir. 2002) (construing phrase "substantially simultaneously activating" by its ordinary meaning as requiring two lights to be turned on at the same time and rejecting patentee's argument that it only meant that the two lights had to be on at the same time since claim said "activating" and not "activated")

659) *See Cascades Streaming Technologies, LLC v. Big Ten Network, LLC*, 2016 Markman 2344578, 2016 WL 2344578, *11—*23-*25 (N.D. Ill. 2016) (construing claim limitation reciting that a method step (d), requiring outputting the second video file, the second video file being different from the first video file, was done "simultaneously with step (b)" as requiring that "Steps (b) and (d) must be performed, at least in part, at the same time" and rejecting the patentee's proposed construction that the "second video file is synchronous in time with the now substituted first video file")

660) *See Luminati Networks Ltd. v. UAB Tesonet*, 2019 Markman 3943459, 2019 WL 3943459, *15 (E.D. Tex. 2019) (noting that terms "simultaneous" and "concurrently" could have the same meaning since they appeared in different claims of the patent, and finding, after considering the

16) Smooth

ⅰ. 연방 항소법원(CAFC)

a. 연방 항소법원은 청구항 용어 "smooth surface"의 해석과 관련하여, 출원경과과정에 비추어볼 때, 특정 기능이 해당 표면에서 수행될 수 있는 경우 해당 표면을 "smooth"한 것으로 고려될 수 있다고 판시하였다.[661)]

b. 연방 항소법원은 콘택트렌즈와 관련된 청구항 중 용어 "smooth"의 해석과 관련하여, 콘택트렌즈를 착용한 사람의 눈꺼풀을 악화시키거나 거슬리게 하지 않기에 충분한 부드러움(smooth)을 의미한다고 판시하였다.[662)]

17) Span

ⅰ. 연방 지방법원

a. 연방 지방법원은 아기놀이울(playpen) 테이블과 관련된 청구항 중 용어 "span"은 "적어도 두 개의 영역을 연결함"을 의미하고, 침해자의 주장인 "~사이의 전체 공간을 커버함"은 타당하지 않다고 판시하였다.[663)]

intrinsic evidence that that "the patentee used 'simultaneous' and 'concurrently' to have the same meaning" and construing both terms to mean "in overlapping time periods")

661) *See Cordis Corp. v. Medtronic Ave, Inc.*, 511 F.3d 1157, 1180 (Fed. Cir. 2008) (ruling that, based on the prosecution history, claim limitation "smooth surface" had to be defined functionally, i.e., surface would be considered "smooth" if a certain function could be performed on the surface")

662) *See Bausch & Lomb, Inc. v. Barnes-Hind/Hydrocurve, Inc.*, 796 F.2d 443, 450 (Fed. Cir. 1986) (in claims to a contact lens, applying functional definition of term "smooth" to mean "smooth enough to serve the inventor's purposes, i.e., not to inflame or irritate the eyelid of the wearer of be perceived by him at all when in claim")

663) *See Graco Children's Products Inc. v. Kids II, Inc.*, 2016 Markman 6994114, 2016 WL 6994114, *6 (N.D. Ga. 2016) (for claims directed to a playpen/changing table, giving the term "span" a broad construction to mean "connect at least two portions," in view of the broad use in the specification, and rejecting accused infringer's narrower construction of "to cover the entire space between")

18) Stabilizing amount

ⅰ. 연방 항소법원(CAFC)

a. 연방 항소법원은 청구항 "in a stabilizing amount between 0.001% and 1.0% wt/vol" 중 용어 "in a stabilizing amount"는 단순히 청구항에 기술된 무게 대 용량의 비율을 이용하는 결과를 기술하기 때문에 청구항을 한정하지 않는다고 판시"하였다.[664)]

19) Store

ⅰ. 연방 지방법원

a. 연방 지방법원은 구문 "to store in the memory"는 침해자의 청구항 해석 주장인 "메모리에 영구적인 기록(writing) 또는 사용 중 오직 특정한 시점 동안에만 일어나는 저장"은 타당하지 않고, 메모리에 보유하기 위해(to retain in the memory)를 의미한다고 판시"하였다.[665)]

20) Structure

ⅰ. 연방 지방법원

a. 연방 지방법원은 청구항 "a handle … having a … structure, wherein the structure is configured to allow a position of the guide catheter to be controlled by all of three fingers of one hand of an operator of the handle" 중 용어 "structure"의 해석과 관련하여, 기능식 청구항이 아닐 뿐

---

664) *See Syntex (U.S.A.) LLC v. Apotex, Inc.*, 407 F.3d 1371, 1378 (Fed. Cir. 2005) (affirming district court's ruling that the phrase "in a stabilizing amount" did not operate as a claim limitation where the full limitation recited the presence of a chemical ingredient "in a stabilizing amount between 0.001% and 1.0% wt/vol" because the "stabilizing amount" phrase "simply describe[d] the intended result of using the weight to volume ratios recited in the claims")

665) *See Audionics System, Inc. v. AAMP of Florida, Inc.*, 2013 Markman 9602634, 2013 WL 9602634, *22-*24 (C.D. Cal. 2013) (construing "to store in the memory" to mean "to retain in the memory" and rejecting accused infringer's contention to require a permanent writing to the memory or that storing occur only during a specific point in the operation use")

만 아니라, 전형적이고 일반적인 의미와 다른 별도의 설명이 요구되지 않는다고 판시하였다.666)

21) Sub

i. 연방 지방법원

a. 연방 지방법원은 청구항 "sub-category flags" 중 용어 "sub"의 해석과 관련하여, 카테고리 플래그의 2차적인 레벨을 의미한다고 판시하였다.667)

b. 연방 지방법원은 청구항의 용어 "subset"은 일반적인 의미에 비추어볼 때 전체 셋을 의미하지는 않는다고 판시하였다.668)

22) Substantially

i. 연방 항소법원(CAFC)

a. 연방 항소법원은 야구배트와 관련된 청구항 "insert having a substantially circular cross-section"의 해석과 관련하여, 완벽한 원형(circular)이 삽입될 필요는 없다고 판시하였다.669)

---

666) *See Albritton v. Acclarent, Inc.*, 2019 Markman 1379984, 2019 WL 1379984, * (N.D. Tex. 2019) (term "structure" in limitation reciting "a handle … having a … structure, wherein the structure is configured to allow a position of the guide catheter to be controlled by all of three fingers of one hand of an operator of the handle" did "not require additional explanation, description, or deviation from its typical, ordinary meaning" and did not transform the claim limitation into a means-plus-function limitation")

667) *See MOAEC, Inc. v. Pandora Media, Inc.*, 2008 WL 4500704, *9 (W.D. Wis. 2008) (construing term "sub" in term "sub-category flags" as meaning a secondary level of category flags and rejecting patentee's proposed construction based on an order in which the flags were selected")

668) *See Cardionet, Inc. v. Scottcare Corp*, 2014 Markman 5090029, 2014 WL 5090029, *8-*9 (E.D. Pa. 2014) (rejecting patentee's proposed construction of "subset" as including the entire set since that construction was contrary to the ordinary meaning of the claim term and the intrinsic evidence did not support the patentee's construction, also noting that the purpose of the invention was to achieve efficiency by only reporting a portion of the data and adopting the patentee's proposed construction of all the data would defeat that objective")

669) *See Wilson Sporting Goods Co. v. Hillerich & Bradsby Co.*, 442 F.3d 1322, 1329 (Fed. Cir. 2006) ("a claim directed to a baseball bat with a metal insert, and reciting a limitation an "insert having

b. 연방 항소법원은 청구항 "substantial helical flow path"의 해석과 관련하여, 완벽한 나선형류(helical flow)가 요구되지 않는다고 판시하였다.670)

c. 연방 항소법원은 삼성전자와 관련된 소송에서, 청구항 "a substantially flexible semiconductor second substrate"중 용어 "substantially flexible"은 출원 경과과정에서 언급된 한정기재에 기반하여 볼 때, 해당 기판(substrate)은 특정한 두께로 얇은 층 또는 구조로 한정해석되고, 용어 "substantially flexible circuit layers"는 끊어짐(breaking) 없이 크게 구부러질 수 있는 회로층으로 해석된다고 판시하였다.671)

d. 연방 항소법원은 MRI 장치와 관련된 청구항 "substantially uniform first magnetic field"의 해석과 관련하여, "적절한 이미지(good image)를 산출하기 위해 충분한 균일성이 요구"된다고 판시하였다.672)

---

a substantially circular cross-section" ruling that the "insert in this claim need not be perfectly circular")

670) *See Liquid Dynamics Corp. v. Vaughan Co., Inc.*, 355 F.3d 1361, 1368 (Fed. Cir. 2004) ("vacating and remanding and summary judgment of noninfringement because district court erred in construing the term "substantial helical flow path" as requiring a perfect helical flow path since that construction read out the modifier "substantial" and the patentee had introduced sufficient evidence to raise a fact issue that the flow in the accused product was substantially helical)

671) *See Samsung Electronics Co., Ltd. v. Elm 3DS Innovations, LLC*, 925 F.3d 1373 (Fed. Cir. 2019) (for claims directed to a flexible integrated substrate, giving the same construction, for purposes of an IPR proceeding, to the term "substantially flexible" in limitations reciting "a substantially flexible semiconductor second substrate" and "substantially flexible circuit layers" and other "similar terms" as used in 105 claims over 11 related patents, and rejecting both parties proposed constructions, and also finding that the Board construed the term too broadly to simply mean "largely able to bend without breaking," and finding that in view of narrowing statements made in the prosecution histories, the term "substantially flexible ⋯ substrate" had to be limited in scope to mean a layer or substrate that was thinned to a certain thickness, and was subsequently polished or smoothed so that it is largely able to bend without breaking and that the term "substantially flexible circuit layers" was limited in scope to a circuit layer that it is largely able to bend without breaking, contains a substantially flexible semiconductor substrate, and had a sufficiently low tensile stress dielectric material")

672) *See Medrad, Inc. v. MRI Devices Corp.*, 401 F.3d 1313, 1318-20 (Fed. Cir. 2005) (construing term "substantially uniform first magnetic field" in a claim directed to a MRI device as requiring only "a sufficient uniformity to give a good image" and rejecting patentee's argument that the claim required a comparison to a "gold" standard because that construction would read out the preferred

e. 연방 항소법원은 여성 용품의 그립부와 관련한 청구항 "rearward portion of said barrel comprising two diametrically opposed, substantially flattened surfaces"의 해석과 관련하여, 해당 표면은 제작 공차(manufacturing tolerance)의 의미 내에서 평평(flat)할 것이 요구된다고 판시하였다.[673)]

f. 연방 항소법원은 용어 "substantially below"는 상당한 규모 아래를 내포하고, 용어 "substantially constant"는 단일 값의 근사치를 내포한다고 판시하였다.[674)]

g. 연방 항소법원은 청구항 "substantially completely wetted"의 해석과 관련하여, 대체로, 하지만 필수적으로 전적이지는 않게 수지(resin)에 의해 둘러싸인 것을 의미한다고 판시하였다.[675)]

h. 연방 항소법원은 용어 "substantially"는 특허 청구항에서 엄격한 수치적 경계한도를 피하기 위해 일반적으로 이용된다고 판시하였다.[676)]

i. 연방 항소법원은 청구항 구문 "substantially free of water"의 해석과 관련

---

embodiment, and finding under broad construction claims were anticipated by prior art device)

673) *See Playtex Products, Inc. v. Procter & Gamble Co.*, 400 F.3d 901, 907–09 (Fed. Cir. 2005) (vacating summary judgment of no infringement because district court erred in construing a claim limitation directed to a gripping portion of a feminine product applicator that recited a "rearward portion of said barrel comprising two diametrically opposed, substantially flattened surfaces" as requiring that the surfaces be flat within the meaning of manufacturing tolerances for flatness of plastics")

674) *See Epcon Gas Systems, Inc. v. Bauer Compressors, Inc.*, 279 F.3d 1022, 1030–31 (Fed. Cir. 2002) (construing "substantially below" as requiring a considerable magnitude below, and construing "substantially constant" as being an approximation for a single value, i.e., "essentially," and noting that the use of the same term "substantially" in different contexts justified applying different meanings to each clause)

675) *See LNP Engineering Plastics, Inc. v. Miller Waste Mills, Inc.*, 275 F.3d 1347, 1354 (Fed. Cir. 2001) ("affirming district court's construction of claim limitation "substantially completely wetted" to mean "largely, but not necessarily wholly, surrounded by resin" and JMOL finding infringement where jury verdict found no infringement)

676) *See Ecolab, Inc. v. Envirochem, Inc.*, 264 F.3d 1358, 1367 (Fed. Cir. 2001) ("We note that like the term 'about,' the term 'substantially' is a descriptive term commonly used in patent claims to 'avoid a strict numerical boundary to the specified parameter.' … In this case, 'substantially' avoids the strict 100% nonuniformity boundary." Further stating at 1368, 1182 "'substantially uniform' … means what it says, 'largely, but not wholly the same in form'")

하여, 출원 경과과정에서 5% 내지 30%의 물 함량을 갖는 선행기술을 극복하기 위해 제출된 전문가의 진술에 기초하여 볼 때, 해당 구문은 5% 미만의 물함량이 요구된다고 판시하였다.[677]

j. 연방 항소법원은 청구항 "substantially free of mature lymphoid and myeloid cells"의 해석과 관련하여, 명세서 및 전문가의 증언에 기초하여 판단해 볼 때, 해당 구문은 10% 미만의 'mature lymphoid and myeloid cells'를 의미한다고 판시하였다.[678]

k. 연방 항소법원은 용어 "substantially aligned"의 해석과 관련하여, 명세서 및 출원 경과 과정에 기반하여 볼 때, 완벽한 정렬 또는 완벽에 가까운 것을 의미하고, "substantially zero overlap"는 겹치지 않거나 거의 겹치지 않는 것을 의미한다고 판시하였다.[679]

l. 연방 항소법원은 청구항 "ring and lens components of eye lens implant were 'substantially coplanar'"의 해석과 관련하여, 두 개의 부품이 정확히 동일 평면상(coplanar)일 것이 요구되지 않고, 두 개의 부품 사이에 10도의

---

677) *See Biotec Biologische Naturverpackungen GmbH & Co. KG v. Biocorp, Inc.*, 249 F.3d 1341, 1346–47 (Fed. Cir. 2001) (affirming, as being supported by the evidence, district court's construction of claim term "substantially free of water" to only require no more than 5% by weight of water based statements in the declaration of an expert the applicant submitted during prosecution to distinguish over a prior art reference that had a water content of 5–30% even though other statements specifically noted percentages as low as 1% or 3% where the statements of the low percentages were for specific embodiments and did not affect the other statements in the declaration that supported a broad reading of less than 5%)

678) *See Johns Hopkins University v. CellPro, Inc.*, 152 F.3d 1342, 1355–56 (Fed. Cir. 1998) (claim limitation "substantially free of mature lymphoid and myeloid cells" would be construed to mean a cell suspension with no more than ten percent of mature lymphoid and myeloid cells because this was the level of impurity shown in the example of the only disclosed embodiment of the invention and the construction was further supported by expert testimony that indicated that the disclosed FACS cell separation techniques available to one of skill in the art and described in the specification were only capable of producing cell suspensions of 85–90% purity")

679) *See EMI Group North America, Inc. v. Intel Corp.*, 157 F.3d 887, 895 (Fed. Cir. 1998) (affirming construction of term "substantially aligned" and "substantially zero overlap" as meaning "the same as or very close to perfect alignment" and "the same as or very close to zero overlap" based on statements in the specification and prosecution history noting the perfect alignment and zero overlap were keys to distinguishing invention over the prior art")

기울기를 포함한다고 판시하였다.[680]

m. 연방 항소법원은 매핑(mapping) 프로그램과 관련된 청구항 "depicting views of objects in the geographic area, the views being substantially elevations of the objects in the geographic area"의 해석과 관련하여, 명세서에 기반하여 볼 때 입면도(elevation)뿐만 아니라, 곡선 또는 구면 뷰(view)도 포함한다고 판시하였다.[681]

n. 연방 항소법원은 청구항 "wherein the combustion … is a substantially isothermal process" 중 용어 "substantially isothermal"의 해석과 관련하여, 특허권자의 주장과 같이 단순히 연소 단계(combustion step) 중 상당 부분이 아닌, 연소 단계 전체 동안 대체로 일정한 온도가 유지될 것이 요구되므로, 연소 단계 동안 오직 23% 내지 48% 일정한 온도 상태인 침해 주장된 제품은 비침해라고 판시하였다.[682]

---

680) *See Pannu v. Iolab Corp.*, 155 F.3d 1344, 1352 (Fed. Cir. 1998) (proper to interpret claim limitation that ring and lens components of eye lens implant were "substantially coplanar" as permitting up to a 10-degree angle between these components and not limited to arrangements where the only deviations from being exactly coplanar occurred as a result of manufacturing tolerances or natural flexibility because the intrinsic evidence showed two examples, set forth in the drawings, of arrangements of the ring and lens at angles up to ten degrees and nothing in the prosecution history was shown to preclude angles less than or equal to 10 degrees from being considered "substantially coplanar")

681) *See Vederi, LLC v. Google, Inc.*, 744 F.3d 1376, 1382-84 (Fed. Cir. 2014) (for claims directed to a mapping type program, district court erred in construing that phrase "depicting views of objects in the geographic area, the views being substantially elevations of the objects in the geographic area" as excluding all curved or spherical views based on a strict construction obtained from extrinsic evidence that the term "elevations" as used in the architectural arts only covered a vertical flat depiction since the claim phrase used the term "substantially elevations" implying that something more than a strict "elevation" was claimed and the specification disclosed using fish-eye lens cameras, which produced curved views, and thus the intrinsic evidence showed that a broader construction that included curved surfaces was warranted")

682) *See Kruse Technology Partnership v. Volkswagen AG*, 2013 WL 5526526, *5-*8 (Fed. Cir. 2013) (nonprecedential) (over the dissent of Judge Wallach, affirming construction of "substantially isothermal" in a claim limitation reciting "wherein the combustion … is a substantially isothermal process" to require a substantially constant temperate condition for the entire combustion step and not just a substantial portion of the combustion step as urged by the patentee since the claim limitation referred to "the combustion", and affirming summary judgment of no literal infringement

o. 연방 항소법원은 두 개의 주요한 성분을 갖는 의약품과 관련된 청구항 "substantially all of the first ingredient in the first layer" 및 "substantially all" of the second ingredient in the second layer"의 해석과 관련하여, 각각의 층(layer)은 90%의 성분을 포함한 것으로 해석되나, 각각의 층에 85% 성분을 갖는 침해 주장된 의약품의 경우 90% 성분이 포함된 것과 동일한 기능, 방식 및 효과를 산출하는 것에 기초하여 균등론에 의거 침해라고 판시하였다.683)

p. 연방 항소법원은 언제 고무풍선이 물로 채워지는지에 관한 청구항 용어 "substantially filled"의 명확하게 기재되었는지 여부와 관련하여, 해당 분야의 통상의 기술자가 해당 용어가 주관적이지 않다는 것을 알고 있고, 명세서에 객관적인 가이드라인이 기술되어 있으므로 불명확하지 않다고 판시하였다.684)

q. 연방 항소법원은 청구항 구문 "substantially equal"이 명확하게 기재되었는지 여부와 관련하여, 해당 분야의 통상의 기술자가 이해할 수 있기 때문에 불명확하지 않다고 판시하였다.685)

---

and no infringement under the doctrine of equivalents where the accused product had a constant temperature condition for only 23% to 48% of the combustion step)

683) *See Pozen Inc. v. Par Pharmaceutical, Inc.*, 800 F. Supp.2d 789, 809-10 (E.D. Tex. Aug. 5, 2011), aff'd, 696 F.3d 1151, 1169-72 (Fed. Cir. 2012) (finding that claims to drug product having two primary ingredients, packaged in a two-layer pill with "substantially all" of the first ingredient in the first layer and "substantially all" of the second ingredient in the second layer, which the court construed to literally require 90% of the ingredient be in the respective layer, was met under the doctrine of equivalents by a drug product have 85% of its two ingredients in the respective layers since at that percent the accused product still performed the same function, in the same way, to achieve the same result as the 90% formulation")

684) *See Tinnus Enterprises, LLC v. Telebrands Corporation*, 846 F.3d 1190, 1205-06 (Fed. Cir. 2017) (ruling that term "substantially filled," in reference to when a balloon was sufficiently filled with water that it could be removed from the claimed device for filling water balloons, was not indefinite as a person of ordinary skill in the art would know that the term was not subjective, where the specification based on its description of the functionality of the device and its components provided objective guideposts to know when something was "substantially filled")

685) *See Andrew Corp. v. Gabriel Electronics, Inc.*, 847 F.2d 819, 821-22 (Fed. Cir. 1988) (phrases such as "approach each other", "substantially equal", "closely approximate" and "close to" as used

r. 연방 항소법원은 구체적인 두께와 관련한 청구항 구문 "substantially equal to"의 해석과 관련하여, 명세서에 구조적인 구성요소에 대해 명확하게 설명하고 있으므로 불명확한 표현이 아니라고 판시하였다.[686)]

ⅱ. 연방 지방법원

a. 연방 지방법원은 청구항 "substantially congruent to said first layer of conducting strips in a top view"의 해석과 관련하여, 위에서 바라보았을 때, 모양 및 크기가 동일하거나 매우 유사한 것을 의미한다고 판시하였다.[687)]

23) Such as

ⅰ. 연방 항소법원(CAFC)

a. 연방 항소법원은 용어 "such as"는 목록화된 것과 유사한 종류의 것으로 한정할 수 있다고 판시하였다.[688)]

---

in claims were not so vague as to render claims indefinite where other patents in same art used similar terms of approximation and the record did not support a conclusion that one of ordinary skill in the art would not know when the RPE's were "substantially equal" or "closely approximate", the court also noting that "Such usages, when serving reasonably to describe the claimed subject matter to those of skill in the field of the invention, and to distinguish the claimed subject matter from the prior art, have been accepted in patent examination and upheld by the courts.")

686) *See Seattle Box Co., Inc. v. Industrial Crating & Packing, Inc.*, 731 F.2d 818, 826 (Fed. Cir. 1984) (affirming finding that claim containing phrase "substantially equal to" a specific thickness was not indefinite where the specification clearly set forth that the structural component had to be able to absorb the weight of an overhead load, and therefore, one of skill in the art could experiment, without undue experimentation, to determine limits of the claim)

687) *See Lonestar Inventions LP v. Nintendo of Am., Inc.*, 2009 WL 1011734, *5–*6 (E.D. Tex. 2009) (construing "substantially congruent to said first layer of conducting strips in a top view" as meaning "having the same or very close shape and dimensions when viewed from the top" and rejecting accused infringer's proposed construction to limit the variations to be just within manufacturing tolerances")

688) *See International Business Machines Corporation v. Iancu*, 2019 WL 1452681, *5 (Fed. Cir. 2019) (nonprecedential) (PTO construed claim too broadly where it failed to account for the specification's use of "such as" the court noting that "such as" can limit a term to "only things of a type similar to the itemized ones")

b. 연방 항소법원은 용어 "such as"의 해석과 관련하여, 예를 든다는 의미를 내포하는 용어들 "of a kind or character about to be indicated, suggested, or exemplified; for instance"을 의미한다고 판시하였다.[689)]

24) Such that

i. 연방 지방법원

a. 연방 지방법원은 용어 "such that"은 인과관계가 요구된다고 판시하였다.[690)]

b. 연방 지방법원은 청구항 "folding … such that"의 해석과 관련하여, 동작 "folding"이 기재된 결과가 성취되도록 한다고 판시하였다.[691)]

25) Suffering from

i. 연방 지방법원

a. 연방 지방법원은 골량(bone mass)의 손실의 예방과 관련된 청구항 "persons suffering from secondary hyperparathyroidism using certain vitamin D analogs" 중 용어 "suffering from"은 용어 "having"을 의미한다고 판시하였다.[692)]

---

689) *See Catalina Marketing International, Inc. v. Coolsavings.com, Inc.*, 289 F.3d 801, 811 (Fed. Cir. 2002) ("The district court correctly found that the term 'such as' means 'of a kind or character about to be indicated, suggested, or exemplified; for instance.' … 'Such as' introduces an example of a broader genus rather than limiting the genus to the exemplary species.")

690) *See 3M Innovative Properties Co. v. GDC, Inc.*, 2015 Markman 2381046, 2015 WL 2381046, *15-*16 (D. Minn. 2015) (for claims directed to a "thermally stable acoustical insulation microfiber web for attenuation of sound waves," ruling that the term "such that" required a causal relationship")

691) *See Taltech Ltd. v. Esquel Enterprises Ltd.*, 410 F. Supp. 2d 977 (W.D. Wash. 2006) (in claim construction order, construing term "folding … such that" a recited result was achieved as requiring that the "folding" operation be the operation that causes the recited result to be achieved)

692) *See Bone Care Intern., LLC v. Pentech Pharmaceuticals, Inc.*, 2010 WL 2266518, *5 (N.D. Ill. 2010) (for a claim directed to a method for preventing loss of bone mass or bone mineral content in persons suffering from secondary hyperparathyroidism using certain vitamin D analogs,

26) Sufficient

i. 연방 항소법원(CAFC)

a. 연방 항소법원은 청구항 "sufficient graphical separation for the computer to definitively recognize a symbol immediately upon delimitation or pen lift" 의 해석과 관련하여, 용어 "sufficient"는 청구항 컨텍스트 내에서 판단되어야만 한다고 판시하였다.[693]

ii. 연방 지방법원

a. 연방 지방법원은 얼룩 보호장치(splash shield)와 관련된 청구항 "sufficient mass"이 명확하게 기재되었는지 여부와 관련하여, 해당 장치의 기능에 의해 "sufficient mass"을 정의하고 있고, 해당 분야의 통상의 기술을 가진 자가 해당 용어가 무엇을 의미하는지 쉽게 이해할 수 있으므로 불명확한 표현이 아니라고 판시하였다.[694]

b. 연방 지방법원은 청구항 "the spring force being sufficient to overcome an adhesive force"의 해석과 관련하여, 실행되어야만 하는 특정 행동이 아닌 가능성(capability)에 대하여 기재한 것이고 불명확한 표현이 아니라고 판시하였다.[695]

---

construing "suffering from" to mean "having" the specific aliment")

693) *See Xerox Corp. v. 3Com Corp.*, 458 F.3d 1310 (Fed. Cir. 2006) (considering application of a claim construction of the term "unistroke symbols" that required "sufficient graphical separation for the computer to definitively recognize a symbol immediately upon delimitation or pen lift," instructing that the term "sufficient" had to be determined in context")

694) *See f'real Foods, LLC v. Hamilton Beach Brands, Inc.*, 2019 WL 3533006, *2-*3 (D. Del. 2019) (for claims directed to a commercial blender, finding that claim term "sufficient mass" in describing a "splash shield" was not indefinite where "[t]he challenged claims define the term 'sufficient mass' by its function and a person of ordinary skill in the art (POSITA) could easily determine by simply observing the blender in action whether the splash shield had a 'sufficient mass' to be covered by the disputed claim limitation")

695) *See Actavis Laboratories UT, Inc. v. UCB, Inc.*, 2016 WL 3678987, *11-*12 (E.D. Tex. 2016) (limitation reciting "the spring force being sufficient to overcome an adhesive force" was claiming a capability and not an act that had to be performed and was not indefinite")

27) Suitable

i. 연방 지방법원

a. 연방 지방법원은 음료 용기 내부에 이용되는 페인트 코팅과 관련된 청구항 "the coating composition is suitable for forming an inside spray coating of a two-piece drawn and ironed aluminum beverage can" 중 용어 "suitable for"이 명확하게 기재되었는지 여부와 관련하여, 명세서에 해당 코팅에 의한 기능적인 결과물이 기재되어 있고, 언제 코팅이 적절하고 적절하지 않은지에 대한 충분한 가이드가 되어 있으므로 불명확하지 않다고 판시하였다.[696)]

b. 연방 지방법원은 청구항 용어 "suitable"이 명확한지에 관하여, 해당 용어의 범위가 주관적이라고 하더라도, 합리적인 확실성에 대한 객관적인 기준이 있으면 불명확하지 않다고 판시하였다.[697)]

28) Supplying

i. 연방 지방법원

a. 연방 지방법원은 데이터와 관련한 청구항 용어 "directly supplied"은 메모리에 저장되지 않고 공급하는 것을 의미한다고 판시하였다.[698)]

---

696) *See Sherwin-Williams Co. v. PPG Industries, Inc.*, 2018 WL 3845239, *6-*8 (W.D. Pa. 2018) (term "suitable for" in a claim limitation reciting "the coating composition is suitable for forming an inside spray coating of a two-piece drawn and ironed aluminum beverage can" for claims directed to a paint coating used on the inside surface of a beverage container was not indefinite where the specification identified four functional requirements that had to be achieved by the coating, and these functions as described in the specification and prosecution history gave sufficient guidance as to when the coating was or was not "suitable for")

697) *See C-Cation Technologies, LLC v. Time Warner Cable, Inc.*, 2015 Markman 1849014, 2015 WL 1849014, *10-*11 (E.D. Tex. 2015) (finding that in the context of the claims the terms "suitable" "useable" and "needs" were not indefinite for being subjective, but had sufficient objective criteria so that their scope was reasonably certain")

698) *See Parthenon Unified Memory Architecture LLC v. Apple Inc.*, 2016 Markman 3365945, 2016 WL 3365945, *24-*25 (E.D. Tex. 2016) (construing phrase "directly supplied" in reference to data to mean supplied without first being stored in memory")

29) Supporting

ⅰ. 연방 항소법원(CAFC)

a. 연방 항소법원은 난간(rail)이 애완동물보호소의 바닥을 'support(지지함)' 및 'elevate(들어올림)'이 요구되는 청구항의 침해 여부와 관련하여, 침해 주장된 제품은 해당 보호소의 바닥이 아닌 측면에서 지지하고 있으므로 비침해라고 판시하였다.[699)]

ⅱ. 연방 지방법원

a. 연방 지방법원은 청구항 용어 "support"는 ~것을 지탱하거나 지지하는 구조를 의미하는 것이지, 침해자의 주장과 같이 추가적인 한정사항인 "해당 부품의 전체 중량을 지지하는 구조"는 요구되지 않는다고 판시하였다.[700)]

b. 연방 지방법원은 청구항 "supporting"의 해석과 관련하여, 명세서에 기반하여 판단해 볼 때 직접적인 물리적 접촉은 요구되지 않는다고 판시하였다.[701)]

---

699) *See Red Dog Mobile Shelters, LLC v. Kat Industries, Inc.*, 2016 WL 6518549, *3-*4 (Fed. Cir. 2016) (nonprecedential) (affirming summary judgment of no infringement where claim required rails to "support" and "elevate" a floor of a pet shelter, and the accused product had rails on the side of the shelter, not underneath the shelter floor, the court finding that the patentee's expert's force analysis that attempted to show that the side rails carried some of the vertical load, and therefore "supported" that shelter was not how the term "support" was used in the patent, and therefore did not prove infringement, neither did the side rails "elevate" the floor as the claim required")

700) *See GoPro, Inc. v. 360Heros, Inc.*, 2017 Markman 2617906, 2017 WL 2617906, *3-*4 (N.D. Cal. 2017) (construing "support" to mean "structure that holds or positions something" and rejecting accused infringer's proposed construction that would have added the additional requirement that the support member "bear the entire weight of the components")

701) *See Columbia Mach., Inc. v. Besser Co.*, 2012 Markman 1378726, 2012 WL 1378726, *4-*5 (W.D. Wash. 2012) (refusing to limit "supporting" as requiring direct physical contact since the intrinsic evidence did not impose that requirement")

30) Surround

i. 연방 항소법원(CAFC)

a. 연방 항소법원은 충격 보호 장치와 관련된 청구항 중 "an impact protection body that surrounds a structural support" 중 용어 "surround"의 해석과 관련하여, 용어 "surrounding"은 일 객체의 상당 부분(substantially all)이 둘러싸이는 것을 암시하는 것이지, 해당 객체의 모든 부분이 둘러싸이는 것은 아니라고 판시하였다.[702)]

b. 연방 지방법원

i. 연방 지방법원은 청구항 용어 "surround"는 "해당 외곽에 위치함(disposed)"을 의미하고, 명세서에 기반하여 판단해 볼 때 침해자의 주장과 같이 해당 외곽을 둘러싸는 것(enclosed)을 의미하지 않는다고 판시하였다.[703)]

ii. 연방 지방법원은 청구항 용어 "surrounds"는 "완벽하거나 거의 완벽하게(nearly completely) 둘러쌈(enclosed)"을 의미하는 것이지, 특허권자인 "대체로(generally) 둘러쌈"은 명세서에 기반하여 볼 때 타당하지 않다고 판시하였다.[704)]

---

702) *See Sentry Protection Products, Inc. v. Eagle Mfg. Co.*, 400 F.3d 910, 917 (Fed. Cir. 2005) (instructing that a claim limitation to an impact protection device requiring an impact protection body that "surrounds" a structural support was met by a prior art device showing a component that wrapped around a substantial part of a cylindrical surface, even if some gaps remained, and stating "The small gap opposite the connecting strip in Figure 5 does not preclude the assembly from surrounding the post, because 'surrounding' only implies that substantially all, not necessarily 100%, of the circumference of something is enclosed. The gap, moreover, is closed by a narrow 'C-shaped closure member' when the assembly is in use (reference numeral 86 in Figure 4, above). Accordingly, Chase discloses an 'elongated impact protection body that surrounds the structural support' as recited in claims 10 and 23 of the '781 patent.")

703) *See GE Lighting Solutions, LLC v. Technical Consumer Products, Inc.*, 2014 Markman 4339088, 2014 WL 4339088, *5 (N.D. Ohio 2014) (construing "surround" to mean disposed about the perimeter and rejecting accused infringer's narrower construction of to enclose since the specification showed at least one embodiment where the component was located along the perimeter but was not enclosed")

704) *See Changzhou Kaidi Elec. Co., Ltd. v. Okin America, Inc.*, 2014 Markman 1896730, 2014 WL 1896730, *2-*3 (D. Md. 2014) (construing "surrounds" to mean "completely or nearly completely enclosed" and rejecting patentee's proposed construction of "generally" enclosed since the

iii. 연방 지방법원은 청구항 "zone surrounding the component" 중 용어 "surrounding"의 해석과 관련하여, 해당 부품을 둘러쌈(encircle)은 타당하지 않고, 명세서에 기반하여 판단해 볼 때 "해당 부품과 바인더 사이의 부품을 따라 연장되는 하나 또는 그 이상의 표면들"을 의미한다고 판시하였다.[705]

31) Synchronously

i. 연방 지방법원

a. 연방 지방법원은 청구항 "shifting to a power on state synchronously with a received timing of a beacon signal" 중 용어 "synchronously"의 해석과 관련하여, 특허권자의 주장인 "at the same time(동시에)"는 물리적으로 불가능하기에 타당하지 않고, "바로 전 또는 동시에"를 내포하는 것이 타당하다고 판시하였다.[706]

32) System

i. 연방 지방법원

a. 연방 지방법원은 청구항 용어 "system"은 해당 용어의 일반적인 의미인

---

specification described the component as being completely surrounded by a guide section except for a single slit")

705) *See AutoForm Engineering GmbH v. Engineering Technology Associates, Inc.*, 2013 Markman 5874547, 2013 WL 5874547, *3 (E.D. Mich. 2013) (refusing to limit term "surrounding" in a claim limitation reciting a "zone surrounding the component" to require encircling that component but instead construing "surrounding" to mean "one or more surfaces that extend along the component between the component and the binder" since the narrow construction excludes some embodiments shown in the specification")

706) *See Fujitsu Ltd. v. Netgear Inc.*, 620 F.3d 1321, 1335 (Fed. Cir. 2010) (construing term "synchronously" in phrase "shifting to a power on state synchronously with a received timing of a beacon signal" to mean "just before or at the same time" as receiving the beacon signal based on the disclosure of the specification, and rejecting the patentee's argument that construing the phrase to mean "at the same time" gave a construction that was a physical impossibility")

"한 집단(collective entity)을 형성하는 상호작용 구성요소들의 결합"을 의미한다고 판시하였다.[707)]

b. 연방 지방법원은 고관적 대체술(hip replacement) 장치와 관련된 청구항 용어 "system"의 해석과 관련하여, 관련된 부품들의 집단(group of related parts)을 의미한다고 판시하였다.[708)]

c. 연방 지방법원은 청구항 "a system for detecting a failure in the at least one of …" 중 용어 "system"이 명확하게 기재되었는지 여부와 관련하여, 해당 용어는 수단(means)을 나타내는 기능식 청구항(means-plus-function)으로 이해될 수 있고, 명세서에 해당 기능을 수행하는 구조가 개시되어 있지 않기 때문에 해당 청구항은 불명확하여 무효라고 판시하였다.[709)]

d. 연방 지방법원은 청구항 "communication monitoring system … operative"이 명확하게 기재되었는지 여부와 관련하여, 해당 구문은 특정 기능을 수행하는 기능식 청구항(means-plus-function)으로 이해될 수 있고, 명세서에 해당 시스템에 대한 구조, 다시 말해, 해당 시스템에 대한 알고리즘을 개시하는데 실패였기 때문에 불명확하다고 판시하였다.[710)]

---

707) *See Optimizerx Corp. v. Skyscape.com*, 2014 Markman 2051182, 2014 WL 2051182, *2 (E.D. Mich. 2014) (giving term "system" its plain meaning "a combination of interacting elements forming a collective entity")

708) *See Howmedica Osteonics Corp. v. DePuy Orthopaedics, Inc.*, 2013 Markman 3455727, *4 (D.N.J. 2013) (for claims directed to a hip replacement device, construing "system" to mean a group of related parts, and rejecting proposed construction of being a set of related component parts, while construing "kit" to mean a "subset of related parts" and construing "assembly" to mean "a collection of related parts that have been combined to form a completed unit")

709) *See Joao Control & Monitoring Systems, LLC v. Protect America, Inc.*, 2015 Markman 4937464, 2015 WL 4937464, *4-*6 (W.D. Tex. 2015) (claim term "system" as used in the claim reciting "a system for detecting a failure in the at least one of …" was a "nonce" term like means, and thus the claim would be construed as a means-plus-function limitation, further holding the claim invalid for indefiniteness since the specification failed to describe the structure that performed the detecting function")

710) *See Verint Systems Inc. v. Red Box Recorders Ltd.*, 2016 Markman 54688, 2016 WL 54688, *11-*10 (S.D. N.Y. 2016) (term "communication monitoring system … operative" to perform certain functions was a means-plus-function limitation since insufficient structure of the system had been recited in the body of the claim and ruling that the limitation was indefinite since the

T.

1) Through

ⅰ. 연방 지방법원

a. 연방 지방법원은 압축된 대나무 장대(bamboo strips)를 갖는 대나무와 관련된 청구항 중 "a plurality of slots penetrating through said bamboo strip"의 해석과 관련하여, 용어 "through"의 사전적인 정의는 소송 당사자 간에 일치된 별도의 정의가 있으므로 본 청구항의 해석에 도움이 되지 않고, 명세서 및 출원 경과과정에 기반하여 판단해 볼 때, 해당 슬롯이 장대(strip) 통해 완전히 연장될 필요는 없지만 해당 슬롯이 새김(incision)보다는 더 깊어야 한다고 판시하였다.[711)]

b. 연방 지방법원은 청구항 "extending through the housing"의 해석과 관련하여, 명세서의 일 도면이 해당 객체가 하우징을 통해(through) 전체적으로 연장되지 않는다는 것을 보여주었기 때문에, "해당 객체가 전체 하우징을 관통하는 것"으로 해석될 필요는 없다고 판시하였다.[712)]

---

monitoring system was in essence reciting a computer system and specification failed to disclose an algorithm for the system")

711) *See Dasso International, Inc. v. MOSO North America, Inc.*, 2019 Markman 2135855, 2019 WL 2135855, *3-*6 (D. Del. 2019) (for claims directed to a bamboo scrimber having a plurality of pressure-pressed bamboo strips, ruling that limitation reciting "a plurality of slots penetrating through said bamboo strip" did not require that the slots extend the entire way through the strip, but the slots had to be deeper than an "incision," the court finding that dictionary definitions of "through" were not helpful as there were definitions consistent with both parties positions, the court finding that in view of the specification, if a slot extended through the strip it would transform one strip into two strips, and this supported its construction, also finding that the prosecution history showed that the inventors had not disclaimed slots that penetrate through less than the entire strip, but there was a disclaimer of a slot being merely an "incision" that was shown in the prior art")

712) *See K2M, Inc. v. Orthopediatrics Corp.*, No. 17-61-GMS, 2018 WL 2426660, *1 n.3 (D. Del. May 30, 2018) (refusing to construe claim phrase "extending through the housing" as requiring that the object be extended through the entire housing as that construction would read out a preferred embodiment since the patent figures showed that the object did not entirely extend through the housing, the court noting that "both parties improperly assume that 'through' necessarily means in

2) Throughout

i. 연방 지방법원

a. 연방 지방법원은 서비스를 위해 차량을 들어 올리는 램프(ramp)와 관련된 청구항 "interlocking vertical cross members running longitudinally and transversely throughout the length and width of the structure" 및 "longitudinal members extending lengthwise throughout the interior of the structure" 중 용어 "throughout"의 해석과 관련하여, 피소된 당사자의 주장인 "램프의 전면부터 후면까지 연속적이고 간섭 받지 않음"은 명세서에 기반하여 볼 때 타당하지 않고, "항상 존재함(ever present)"을 의미한다고 판시하였다.[713)]

b. 연방 지방법원은 청구항 용어 "through"는 "일 측면에서 다른 측면까지 연장됨"을 의미한다고 판시하였다.[714)]

3) To

i. 연방 항소법원(CAFC)

a. 연방 항소법원은 컴퓨터 광고를 생성하는 방법과 관련된 청구항 "publishing

---

one end and completely out the other end")

713) *See Rhino Associates, L.P. v. Berg Mfg. and Sales Corp.*, 482 F. Supp. 2d 537 (M.D. Pa. 2007) (in a claim directed to a ramp to elevate a car for servicing, construing term "throughout" in limitation "interlocking vertical cross members running longitudinally and transversely throughout the length and width of the structure' and 'longitudinal members extending lengthwise throughout the interior of the structure" as meaning "ever present" and rejecting accused infringer's proposed construction of "continuously and uninterrupted from the front of the ramp to the back of the ramp," the court stating that "[n]othing in the specification or accompanying drawings, which clearly refer to the preferred embodiment of the invention, requires the [continuously and uninterrupted] limitation proposed by Berg)

714) *See Arrow Communication Laboratories, Inc. v. John Mezzalingua Associates, Inc.*, 2009 Markman 290398, 2009 WL 290398, *3 (N.D. N.Y. 2009) (construing "through" to require extending from one end to another end and rejecting proposed construction that term permitted something that only partially traversed an element where other claim language used modifiers to through where a partially traversed was meant")

the electronic advertisement to one or more of the selected internet media venues"의 해석과 관련하여, 사용자가 해당 광고를 인식하지 못할지라도, 해당 웹사이트에 실제적으로 광고가 게재되는 것이 요구된다고 판시하였다.[715)]

b. 연방 항소법원은 머니 오더와 관련된 청구항 "ink permeates through the sheet from said printed front surface to said back surface to provide the indicia in mirror image form on said back surface"의 해석과 관련하여, 청구항 컨텍스트 및 명세서에 기반하여 판단해 볼 때, 해당 잉크가 시트의 후면 그 자체를 통해 스며들 필요는 없고, 대신에, 오직 해당 잉크가 후면에 도달하는 것만이 요구된다고 판시하였다.[716)]

c. 연방 항소법원은 청구항 "heating the resulting batter-coated dough to a temperature in the range of about 400°F. to 850°F" 중 용어 "to"의 해석과 관련하여, 반죽(dough)은 구체화된 온도까지 열이 가해지는 것을 의미하는 것이지, 구체화된 온도에서 해당 반죽에 열이 가해지는 것은 아니라고 판시하였다.[717)]

---

715) *See Function Media, L.L.C. v. Google, Inc.*, 708 F.3d 1310, 1322-24 (Fed. Cir. 2013) (for claims directed to a method of generating computer ads, affirming construction of limitation reciting "publishing the electronic advertisement to one or more of the selected internet media venues" as requiring the publication on the website and not just displaying the final ad on the user's computer without having the ad actually published on the website as the accused system did, even though the user would not perceive that the advertisement was not actually on the website")

716) *See Paymaster Technologies, Inc. v. U.S.*, 180 Fed. Appx. 942 (Fed. Cir. 2006) (unpublished) (in a patent claim directed to money orders, affirming construction of "ink permeates through the sheet from said printed front surface to said back surface to provide the indicia in mirror image form on said back surface" as not requiring that the ink also permeate through the back surface itself, but only that the ink had to reach the back surface and ruling that a construction that required the ink to permeate through the back surface was not supported by the claim language; the written description, where the specification disclosed that the ink permeated only to the back surface; or practicality, since a money order having the ink permeate through the back surface would result in smearing)

717) *See Chef America, Inc. v. Lamb-Weston, Inc.*, 358 F.3d 1371, 1373–74 (Fed. Cir. 2004) (construing term "to" in claim limitation reciting "heating the resulting batter-coated dough to a temperature in the range of about 400°F. to 850°F" as requiring that the dough be heated to the specified

4) Trace amount

i. 연방 지방법원

a. 연방 지방법원은 청구항 용어 "trace amount"는 제약품의 권고되는 정도 또는 그 미만의 일정량(non-zero amount)을 의미한다고 판시하였다.[718]

5) Transverse

i. 연방 지방법원

a. 연방 지방법원은 용어 "transverse"의 해석과 관련하여, 수직적인 각도가 요구되지 않는다고 판시하였다.[719]

6) Treat

i. 연방 항소법원(CAFC)

a. 연방 항소법원은 "oxygen-carrying protective solution in an amount effective to deliver oxygen to the heart"을 이용하는 단계를 포함하는 청구항 "a method of treating a subject in cardiac arrest"의 전제부에 기재된 "treat"의 해석과 관련하여, 단순히 하나의 분자와 같은 산소량을 의미하는 것이 아니

---

temperature and rejecting argument that the claim should be construed to mean that the dough was heated at the specified temperature since any other construction would result in a dough that was burned beyond use, and therefore would not achieve the purpose of the invention, because the ordinary meaning of the claim language supported the construction, during prosecution the inventor had amended the claim to add the disputed limitation and at that time the patent specification described an example stating that the dough was heated at 600°F. to 850°F., and therefore the inventor knew the difference between "to" and "at," and the patentee made no attempt to correct the alleged error, further stating that "As noted, the claim requires 'heating the resulting batter-coated dough to a temperature in the range of about 400°F. to 850°F.' These are ordinary, simple English words whose meaning is clear and unquestionable)

718) *See In re Bendamustine Consolidated Cases*, 2015 Markman 3509277, 2015 WL 3509277, *3 (D. Del. 2015) (construing "trace amount" to mean a non-zero amount that is equal to or less than recommended levels for pharmaceutical products")

719) *See Orthophoenix LLC v. Dfine Inc.*, 2016 Markman 402491, 2016 WL 402491, *3 (D. Del. 2016) (refusing to limit "transverse" to require a perpendicular angle.")

라, 심장 마비 시 환자의 심장에 치료 효과를 주는 심장에 전달되는 최소한의 산소량을 의미한다고 판시하였다.[720]

7) Trench

i. 연방 지방법원

a. 연방 지방법원은 삼성전자와 관련된 소송에서, 직접회로 칩을 제조하는 반도체 토포그래피(topography)를 제공하는 방법 중 용어 "trench"는 일반적인 의미를 내포하고 구체적인 모양이나 깊이가 요구되지 않는다고 판시하였다.[721]

U.

1) Uniform

i. 연방 항소법원(CAFC)

a. 연방 항소법원은 청구항 용어 "uniform"은 "같은 형태를 항상 가짐"을 내포할 수 있다고 판시하였다.[722]

---

720) *See Manning v. Paradis*, 296 F.3d 1098, 1103-04 (Fed. Cir. 2002) (term "treat" construed in count preamble "a method of treating a subject in cardiac arrest" comprising the steps of blocking the aorta and using an "oxygen-carrying protective solution in an amount effective to deliver oxygen to the heart" used as a limitation requiring at least a minimal amount of oxygen be delivered to the heart that would give a therapeutic effect on a subject's heart while in cardiac arrest and not just any amount of oxygen, like one molecule")

721) *See Invensas Corp. v. Samsung Elec. Co.*, 2018 WL 5306757, *3 (E.D. Tex. 2018) (for claims directed to methods of providing a substantially planar semiconductor topography in manufacturing integrated circuit chips, term trench given is plain meaning and did not require any specific shape or depth")

722) *See Middleton, Inc. v. Minnesota Mining and Manufacturing Co.*, 311 F.3d 1384, 1387 (Fed. Cir. 2002) ("The accustomed meaning of 'uniform' is having always the same form.")

2) Unit

ⅰ. 연방 항소법원(CAFC)

a. 연방 항소법원은 청구항 "data acquisition unit"의 해석과 관련하여, 명세서에 기반하여 판단해 볼 때, 'unit'을 구성하기 위해 함께 기능을 수행하는 물리적으로 분리된 구조를 포함할 수 있다고 판시하였다.[723)]

b. 연방 항소법원은 청구항 용어 "integrated unit"의 해석과 관련하여, 명세서에 기반하여 판단해 볼 때, 기능적으로 통합된 'unit'이면 충분하고, 물리적으로 통합될 필요는 없다고 판시하였다.[724)]

ⅱ. 연방 지방법원

a. 연방 지방법원은 청구항 용어 "unit"의 해석과 관련하여, 명세서에 기반하여 판단해 볼 때, 부품들의 집합(collection of components)를 의미한다고 판시하였다.[725)]

3) Unitary

ⅰ. 연방 항소법원(CAFC)

a 연방 항소법원은 누전 차단기와 관련된 청구항 "a unitary, electrically conducting member carrying a pair of spaced electrical contacts" 중 용어 "unitary"의 해석과 관련하여, 해당 전기 접점(electrical contacts)이 물리적으로

---

723) *See Paragon Solutions, LLC v. Timex Corp.*, 566 F.3d 1075, 1083-86 (Fed. Cir. 2009) (construing "data acquisition unit" to permit physically separate structures that functioned together to make up the "unit" as the patent's intrinsic evidence supported this construction")

724) *See USHIP Intellectual Properties, LLC v. United States*, 98 Fed.Cl. 396, 413 (Fed. Cl. 2011), related appeal, 714 F.3d 1311 (Fed. Cir. 2013) (construing "integrated unit" to mean one functionally integrated unit but not requiring one physically integrated where the specification/figure showed at least one embodiment made from at least two physically separate components and used the term "system" interchangeably with the term "unit")

725) *See Keystone Autonics, Inc. v. Sirius Satellite Radio Inc.*, 2009 WL 185420, *7 (E.D. Tex. 2009) (construing term "unit" to include a collection of components based on the specifications description of the unit as encompassing a collection of components")

단일부(single unit)에 위치될 것이 요구되므로, 침해 주장된 제품은 물리적으로 두 개로 분리된 접점을 가지고 있으므로 비침해라고 판시하였다.[726)]

4) Until

i. 연방 항소법원(CAFC)

a. 연방 항소법원은 청구항 단계 "until CPE is observed"은 해당 과정의 마지막 지점을 의미하는 게 아니라, 해당 단계를 수행하기 위한 최소한의 시간을 의미한다고 판시하였다.[727)]

5) Upon

i. 연방 지방법원

a. 연방 지방법원은 청구항 "upon an occurrence of the default condition in the loan status" 중 용어 "upon"의 해석과 관련하여, 명세서에 기반하여 판단해 볼 때 'following(다음에 나오는)'를 의미하는 것이지, 침해자의 주장과 같이 'immediately(즉시)' 또는 'very soon(곧)'을 의미하지는 않는다고 판시하였다.[728)]

---

726) *See Pass & Seymour, Inc. v. International Trade Com'n*, 617 F.3d 1319, 1324-25 (Fed. Cir. 2010) (for claims directed to a ground fault interrupter wiring device and reciting the limitation "a unitary, electrically conducting member carrying a pair of spaced electrical contacts," affirming Commission's construction that the claim required a pair of spaced contacts to be located in a physical single unit, and therefore accused products having its contacts mounted on two physically separate metal plates electrically connected by a braided wire did not meet the "unitary" limitation")

727) *See Boehringer Ingelheim Vetmedica, Inc. v. Schering-Plough Corp.*, 320 F.3d 1339, 1349-50 (Fed. Cir. 2003) (claim limitation to do a step "until CPE is observed" construed to mean the minimum time to do the step and not the ending point of the process")

728) *See Spireon, Inc. v. CallPass Tech, LLC*, 2013 Markman 706867, 2013 WL 706867, *7 (N.D. Cal. 2013) (construing "upon" in claim limitation reciting "upon an occurrence of the default condition in the loan status" as meaning "following" and rejecting accused infringer's contention that "upon" should mean "immediately" or "very soon" because one of skill in the relevant art of loan transactions would understand that "upon" in this context could mean a day or two later")

6) Up to

i. 연방 항소법원(CAFC)

a. 연방 항소법원은 청구항 용어 "up to about 10%"의 해석과 관련하여, 용어 "up to"의 객체가 비수치적(nonnumeric)이라면 해당 객체를 제외하여 해석(예: 'painting the wall up to door'(문까지 벽을 페인트칠함))하고, 객체가 수치적 한정(numerical limit)이라면 해당 한정을 포함하는 것이 자연스러우므로, 해당 청구항은 'about 10%'를 포함하는 것으로 해석할 수 있다고 판시하였다.[729]

7) Urge

i. 연방 항소법원(CAFC)

a. 연방 항소법원은 용어 "urge"의 사전정인 정의로서 "to cause to move(~을 이동하기/바꾸기 위해 ~을 야기함)"을 의미한다고 판시하였다.[730]

8) User

i. 연방 항소법원(CAFC)

a. 연방 항소법원은 청구항 용어 "user-interface"의 해석과 관련하여, "사람에게 직접적 또는 간접적으로 파라미터를 변경할 수 있도록 하는 소프트웨

---

729) *See AK Steel Corp. v. Sollac and Ugine*, 344 F.3d 1234, 1241 (Fed. Cir. 2003) (construing term "up to about 10%" to include 10% as the end-point and stating "we conclude that the ordinary meaning of the phrase 'up to about 10%' includes the 'about 10%' endpoint. As pointed out by AK Steel, when an object of the preposition 'up to' is nonnumeric, the most natural meaning is to exclude the object (e.g., painting the wall up to the door). On the other hand, as pointed out by Sollac, when the object is a numerical limit, the normal meaning is to include that upper numerical limit (e.g., counting up to ten, seating capacity for up to seven passengers). Because we have here a numerical limit—'about 10%'—the ordinary meaning is that that endpoint is included.")

730) *See Moba, B.V. v. Diamond Automation, Inc.*, 325 F.3d 1306, 1316–17 (Fed. Cir. 2003) (refusing to apply narrow dictionary meaning of "urge" as "to push or press" since that meaning would place the preferred embodiment outside the claim, and instead adopting the broader dictionary definition of "to cause to move")

어, 하드웨어, 펌웨어, 또는 이들의 결합"을 의미하기 때문에, 침해 주장된 제품은 사용자에 의해 간접적으로 실행되는 장치대장치(device-to-device) 인터페이스만을 포함하므로 비침해라고 판시하였다.[731)]

b. 연방 항소법원은 청구항 용어 "user of an iPhone"의 해석과 관련하여, 명세서에 기반하여 볼 때 소비자로 한정되고, 특허권자의 주장과 같이 "서버와 같은 것(things)"는 포함하지 않는다고 판시하였다.[732)]

c. 연방 항소법원은 청구항 용어 "receiving user"의 해석과 관련하여, 명세서에 기반하여 판단해 볼 때, 해당 용어는 사람만을 의미하는 것이지, 사람 및 호출 장치(paging device)를 의미하는 것은 아니라고 판시하였다.[733)]

d. 연방 항소법원은 청구항 용어 "user"의 해석과 관련하여, "시스템과 상호작용하는 사람"을 의미하는 것이지, 침해자의 주장과 같이 단순히 "시스템 내의 사용자 신원(identity) 또는 계좌(account)"를 의미하는 것이 아니라고 판시하였다.[734)]

---

731) *See Convolve, Inc. v. Compaq Computer Corp.*, 2016 WL 520247, *3-*4 (Fed. Cir. 2016) (affirming construction of a "user-interface" limitation to mean "software, hardware, firmware, or a combination thereof that allows a person, directly or indirectly, to alter parameters," and to not include an accused product because the product had a device-to-device interface that was indirectly initiated by the "user," as that construction would effectively read out "user," and affirming summary judgment of noninfringement where accused product only had a device-to-device interface")

732) *See H-W Technology, L.C. v. Overstock.com, Inc.*, 758 F.3d 1329, 1332 (Fed. Cir. 2014) (affirming construction limiting the scope of "user of an iPhone" to be a consumer and rejecting the patentee's proposed construction that would include "things" such as a server as being a "user")

733) *See Technology Patents LLC v. T-Mobile (UK) Ltd.*, 700 F.3d 482, 491-93 (Fed. Cir. 2012) (affirming construction that "receiving user" meant a human and not a combination of a human and a paging device as the specification and claims differentiated between the human user and the paging device)

734) *See Blackboard, Inc. v. Desire2Learn, Inc.*, 574 F.3d 1371, 1375 (Fed. Cir. 2009) (construing the term "user" to be a human who interacts with the system and rejecting patentee's proposed construction that "user" merely meant the "the user's identity or account in the system" based on the usage of the term in the specification as referring to a person")

ii. 연방 지방법원

a. 연방 지방법원은 용어 "user"의 해석과 관련하여, 명세서에 기반하여 판단해 볼 때, "사람, 그룹, 또는 컴퓨터 시스템"을 포함한다고 판시하였다.[735)]

b. 연방 지방법원은 청구항 용어 "user"는 "~을 사용하는 사람"을 의미한다고 판시하였다.[736)]

V.

1) Vertical

i. 연방 지방법원

a. 연방 지방법원은 용어 "vertical support member"의 해석과 관련하여, 완벽히 수직적(vertical)인 지지부재(support member)일 필요는 없고, 개괄적인 수직적 방향에 위치한 하중 지지 부품으로 해석된다고 판시하였다.[737)]

W.

1) Website

i. 연방 지방법원

a. 연방 지방법원은 용어 "website"는 "월드 와이드 웹(World Wide Web)의 한 위치에 하나 또는 그 이상의 관련된 웹 페이지"를 의미한다고 판시

---

735) *See MyMail, Ltd. v. Yahoo! Inc.*, 2017 Markman 3978190, 2017 WL 3978190, *12-*13 (E.D. Tex. 2017) (term "user," as used in the patent, covered a "person, group, or computer system" since the specification described both people and computers as being "users" and was not limited to a specific type of use")

736) *See Perdiem Co, LLC v. IndusTrack LLC*, 2016 WL 3633627, *10-*11 (E.D. Tex. 2016) (construing "user" as "a person who uses" and rejecting patentee's contention that such a construction violates the prohibition on claiming a human organism")

737) *See Regalo International, LLC v. Munchkin, Inc.*, 2016 WL 7107229, *3 (D. Del. 2016) (refusing to limit scope of "vertical support member" to support members that were "perfectly" vertical, but instead construing it to mean "weight bearing parts that are positioned in a generally upright orientation in an operating configuration")

하였다.[738)]

b. 연방 지방법원은 용어 "website"의 청구항 해석과 관련하여, 침해자의 주장 해석인 "인터넷 연결 및 웹사이트를 통한 접근으로 제한됨"은 타당하지 않고, "특별한 도메인 또는 관련된 도메인들의 설정에 의해 조직화되고, 월드 와이드 웹(World Wide Web)을 통해 접근할 수 있는 파일들 및 관련된 리소스들의 집합(collection)을 의미한다고 판시"하였다.[739)]

c. 연방 지방법원은 용어 "website"는 "단순히 웹 페이지를 의미하지 않고, 하나 또는 그 이상의 서버들을 나타낸다"고 판시하였다.[740)]

d. 연방 지방법원은 클라이언트 컴퓨터와 타겟 컴퓨터 사이의 가상 사설망(virtual private network)를 생성하는 방법과 관련된 청구항 중 용어 "website"는, 특허권자의 주장인 "단순히 호스트 컴퓨터임"은 타당하지 않고, "월드 와이드 웹(World Wide Web)의 한 위치에 있는 하나 또는 그 이상의 관련된 웹 페이지를 의미"한다고 판시하였다.[741)]

---

738) *See Klaustech, Inc. v. Google, Inc.*, 2016 Markman 2957044, 2016 WL 2957044, *3-*4 (N.D. Cal. 2016) (construing "website" to mean "one or more related web pages at a location on the World Wide Web")

739) *See Mount Hamilton Partners, LLC v. Groupon, Inc.*, 2014 Markman 1047408, 2014 WL 1047408, *6 (N.D. Cal. 2014) (construing "website" to mean "collection of files and related resources accessible through the World Wide Web and organized under a particular domain or set of related domains" the court ruling that its scope was not limited to access through a website and internet connection as urged by the accused infringer")

740) *See Automated Business Companies v. ENC Technology Corp.*, 2009 WL 3190448, *7–*16(S.D. Tex. 2009) (construing term "website" to "refer to one or more servers" and not be merely webpages")

741) *See VirnetX, Inc. v. Microsoft Corp.*, 2009 WL 2370727, *9–10 (E.D. Tex. 2009) (for claims directed to a method of transparently creating a virtual private network between a client computer and a target computer, construing term "web site" to mean "one or more related web pages at a location on the World Wide Web" and rejecting patentee's argument that it could just be a host computer")

2) Web page

i. 연방 지방법원

a. 연방 지방법원은 용어 “web page”는, “월드 와이드 웹(World Wide Web)으로부터 다운로드 또는 접근될 수 있는 URL과 연관된(associated with) 문서 또는 정보 리소스”라고 판시하였다.742)

3) When

i. 연방 항소법원(CAFC)

a. 연방 항소법원은 청구항 용어 “when”의 해석과 관련하여, 특정한 순간(one specific moment)을 의미한다고 판시하였다.743)

b. 연방 항소법원은 자동차 시스템과 관련된 청구항 “identifying one of the plurality of providers in response to the vehicle condition” 및 “selecting at least one service provider for servicing the vehicle when the vehicle needs a service” 중 용어 “in response to” 및 “when”의 해석과 관련하여, 명세서에 기반하여 판단해 볼 때, 추가적인 사용자의 개입 없이 인과 관계가 요구된다고 판시하였다.744)

---

742) *See Augme Technologies, Inc. v. Pandora Media, Inc.*, 2012 WL 6055010, *4 (D. Del. 2012) (construing “web page” to mean “a document or information resource associated with a URL that may be downloaded or accessed from the World Wide Web” and rejecting accused infringer's proposed construction that would have required HTML since that was just a preferred embodiment described in the specification”)

743) *See Info-Hold, Inc. v. Muzak LLC*, 783 F.3d 1365, 1373-74 (Fed. Cir. 2015) (“when” as used in the context of the claim properly construed to mean at one specific moment in time, the court finding that construing the term to mean at any point during a period of time would read out other claim requirements”)

744) *See American Calcar, Inc. v. American Honda Motor Co., Inc.*, 651 F.3d 1318, 1340 (Fed. Cir. 2011) (for claims directed to an automobile system, affirming construction of “in response to” and “when” in claim limitations reciting “identifying one of the plurality of providers in response to the vehicle condition” and “selecting at least one service provider for servicing the vehicle when the vehicle needs a service” as requiring a cause and effect relationship without any further intervening user action since the specification failed to describe any embodiment requiring further

c. 연방 항소법원은 청구항 용어 "when"은 가능한 빠르게 수행되는 활동이 요구된다고 판시하였다.[745)]

d. 연방 항소법원은 청구항 용어 "when"은 특정한 순간(at the moment)를 의미하는 것이지, 특정 기간(during)을 의미하지 않는다고 판시하였다.[746)]

ii. 연방 지방법원

a. 연방 지방법원은 청구항 구문 "when provided"의 해석과 관련하여, 특정한 조건이 있을 때만 구체적인 단계가 수행되는 조건절 한정으로 이해되는 것이지, 모든 단계가 구체적인 순서대로 수행될 필요는 없다고 판시하였다.[747)]

b. 연방 지방법원은 컴퓨터화된 주크박스와 관련된 청구항 "data representing when and the number of times each of said advertisements is to be run" 중 용어 "when"의 해석과 관련하여, "~내에 시간(a time within which) 또는 ~와 관련된 이벤트(event in relation to which)를 의미"한다고 판시하였다.[748)]

---

user interaction")

745) *See Renishaw PLC v. Marposs Societa' per Azioni*, 158 F.3d 1243, 1251-53 (Fed. Cir. 1998) (using written description to define claim term "when" as requiring activity to occur as soon as possible in view of a contrary broad dictionary definition proffered by the patentee that sought to construe as occurring any appreciable time thereafter and not immediately thereafter)

746) *See Info-Hold, Inc. v. Muzak Holdings LLC*, 2012 Markman 3930376, 2012 WL 3930376, *3-*4 (S.D. Ohio 2012), aff'd, 783 F.3d 1365, 1373-74 (Fed. Cir. 2015) (construing "when" to mean at the moment, and not during")

747) *See TracBeam L.L.C. v. AT & T Inc.*, 2013 Markman 6175372, 2013 WL 6175372, *6-*7 (E.D. Tex. 2013) (construing "when provided" as a conditional limitation, i.e., the specific method step only had to be done when the condition was present, and did not require that all steps had to be done in a specific order)

748) *See Touchtunes Music Corp. v. Rowe Intern. Corp.*, 2010 Markman 2926215, 2010 WL 2926215, *9 (S.D. N.Y. 2010) (for claims directed to a computerized juke box, construing "when" in limitation reciting "data representing when and the number of times each of said advertisements is to be run" as meaning "a time within which, or event in relation to which" and rejecting argument that "when" had to signify a specific predetermined time since that construction would effectively render the "number of times" surplusage")

4) Whenever

i. 연방 지방법원

a. 연방 지방법원은 자동 판매기 관련 청구항 “means under control of the accumulator whenever an amount accumulated at least equals the amount of a selected vend price for establishing a condition to enable a vend operation to take place” 및 “means for generating a control output signal whenever the input control portion is energized” 중 용어 “whenever”의 해석과 관련하여, “계산기(accumulator)가 축적된 총액이 설정된 가격을 초과할 때마다 출력 신호를 산출하고; 해당 출력신호는 다른 논리적 요건에 의존하지 않음”을 의미한다고 판시하였다.[749)]

5) While

i. 연방 지방법원

a. 연방 지방법원은 청구항 “while adjusting”의 해석과 관련하여, 해당 과정의 특별한 단계와 동시에 행해지는 ‘active adjustment(적극적 조정)’으로 한정될 필요가 없다고 판시하였다.[750)]

---

749) *See Mars, Inc. v. Coin Acceptors, Inc.*, 478 F. Supp. 2d 689 (D.N.J. 2007) (construing term “whenever” as used in a claim directed to a vending machine and reciting “means under control of the accumulator whenever an amount accumulated at least equals the amount of a selected vend price for establishing a condition to enable a vend operation to take place” and “means for generating a control output signal whenever the input control portion is energized” as requiring that the “the accumulator … produce an output signal at every time when the amount accumulated exceeds a set price; the output signal may not depend upon any other logical requirements” and finding no infringement because the accused product could not “make a price comparison and cannot assert VEND NOT until after the actuation of a product selection switch and a determination that the blocker is connected to AC Hot, the Mars coin changers do not produce an accumulator output signal whenever the amount accumulated at least equals the price of a selected vend, and they do not allow means under control of the accumulator to establish a condition to enable a vend condition to take place whenever an amount accumulated at least equals the amount of a selected vend price”)

750) *See Kaneka Corporation v. SKC Kolon PI, Inc.*, 2014 Markman 10983769, 2014 WL 10983769, *9-*10 (C.D. Cal. 2014) (term “while adjusting” did not have to be limited to an “active

6) With

i. 연방 지방법원

a. 연방 지방법원은 청구항 용어 "with a server"는 청구항 컨텍스트에 기반하여 볼 때, "서버에 의한 것"을 의미하고, 고객 컴퓨터의 이용은 제외한다고 판시하였다.[751)]

b. 연방 지방법원은 청구항 "permanently affixing the resilient structure within the fallopian tube with a lumen-traversing region of the resilient structure so that at least a portion of the fallopian tube is open" 중 용어 "with"의 해석과 관련하여, "어디에(where) 해당 구조가 부착되어야 하는지를 의미하는 것이지, 어떻게(how) 해당 구조가 부착되는지를 나타내는 것이 아니라고 판시하였다.[752)]

c. 연방 지방법원은 청구항 용어 "configured with"의 해석과 관련하여, "포함함 또는 시행함"을 의미한다고 판시하였다.[753)]

7) With respect to

i. 연방 항소법원(CAFC)

a. 연방 항소법원은 청구항 "substrate connected to a second power supply

---

adjustment" done contemporaneously with a particular step of the process")

751) *See Ebay Inc. v. Kelora Systems, LLC*, 2012 Markman 1835722, 2012 WL 1835722, *5-*6 (N.D. Cal. 2012) (refusing to construe "with a server" to mean by a server, and thereby preclude the use of a client computer since portions of the claim's preamble clearly showed that not every step of the claimed method was performed by the server, but some steps were done by the client's computer")

752) *See Conceptus, Inc. v. Hologic, Inc.*, 2011 Markman 4704680, 2011 WL 4704680, *1-*2 (N.D. Cal. 2011) (construing term "with" in a claim limitation reciting a "permanently affixing the resilient structure within the fallopian tube with a lumen-traversing region of the resilient structure so that at least a portion of the fallopian tube is open" as specifying where the structure had to be affixed and not how the structure was to be affixed")

753) *See PrinterOn Inc. v. BreezyPrint Corp.*, 2015 Markman 1268204, 2015 WL 1268204, *14-*15 (S.D. Tex. 2015) (construing "configured with" to mean includes or implements")

at a negative voltage with respect to said first power supply" 중 청구항 용어 "negative voltage with respect to"의 해석과 관련하여, 용어 "with respect to"에 기반하여 볼 때, 해당 전압(voltage)이 대지 전압 대비 마이너스 값을 갖는 절대적인 값이 아닌, 상대 전압(relative voltage)을 의미한다고 판시하였다.[754)]

8) Within

i. 연방 항소법원(CAFC)

a. 연방 항소법원은 주차료 징수기와 관련한 청구항 "a lower portion [of the parking meter device] … receivable within the housing base" 중 용어 "receivable within"의 해석과 관련하여, 주차료 징수기의 하부 전체 영역이 해당 주차료 징수기 하우징 내에 포함될 필요는 없다고 판시하였다.[755)]

b. 연방 항소법원은 전자 시스템에 키보드로 정보를 입력하는 휴대용 단말기와 관련된 청구항 "forming a keyboard within said concavity"의 해석과

---

754) *See NeoMagic Corp. v. Trident Microsystems, Inc.*, 287 F.3d 1062, 1075 (Fed. Cir. 2002) (ruling district court erred in construing claim term "negative voltage with respect to" in limitation "substrate connected to a second power supply at a negative voltage with respect to said first power supply" as requiring a voltage negative to ground which meant an absolute negative voltage, "the district court's construction was in error. The plain language of the claim recites relative voltage rather than absolute voltage. … [I]f the inventors had meant to claim an absolute negative voltage, they need not have used the words 'with respect to'; 'negative' would have sufficed. Indeed, 'negative with respect to said first power supply' is inconsistent with a description of absolute voltage, because absolute voltage is relative to ground.")

755) *See Duncan Parking Technologies, Inc. v. IPS Group, Inc.*, 2019 WL 386013, *11-*12 (Fed. Cir. 2019) (for claims directed to a credit-card enabled, solar-powered, single-space parking meter that could be retrofitted into an existing parking meter, district court erred in construing claim term "receivable within" in a limitation reciting "a lower portion [of the parking meter device] … receivable within the housing base" to requiring that the entire lower portion of the parking meter device be contained inside the parking meter housing, the Federal Circuit finding that the ordinary meaning of "receivable within" did not require that entire lower portion be contained, the narrow construction read out the preferred embodiment and the prosecution history did not show a disavowal to support the narrow construction")

관련하여, "해당 장치의 모든 개별 키가 해당 오목한 것(concavity) 내에 위치될 것이 요구되는 것이지, 특허권자의 주장과 같이 해당 키의 상단부가 오목함을 형성할 수 있는 것은 아니라고 판시하였다.[756)]

c. 연방 항소법원은 청구항 "pumping means … located within the reservoir" 중 용어 "within"의 해석과 관련하여, 해당 펌핑 수단은 저장소(reservoir) 내에(inside)에 있어야 한다고 판시하였다.[757)]

d. 연방 항소법원은 청구항 "a processing vessel defining a process chamber there within"의 해석과 관련하여, 해당 처리관(processing vessel)의 전체 내부가 처리실(processing chamber)을 구성하는 것으로 해석된다고 판시하였다.[758)]

---

756) *See Motionless Keyboard Co. v. Microsoft Corp.*, 486 F.3d 1376, 1380 (Fed. Cir. 2007), cert. denied, 128 S. Ct. 911 (U.S. 2008) (in a set of claims directed to a hand-held device for entering information into an electronic system by a keyboard, affirming construction of a claim limitation reciting a "concavity in said housing" and "forming a keyboard within said concavity" as requiring that all of the individual keys of the device had to be inside the concavity and rejecting the patentee's argument that the tops of the keys themselves could form the concavity, the court noting that all the figures of the patent confirmed the construction")

757) *See TI Group Automotive Systems (North America), Inc. v. VDO North America, L.L.C.*, 375 F.3d 1126, 1135-36 (Fed. Cir. 2004) (construing term "within" in the claim phrase "pumping means … located within the reservoir," as meaning that the pumping means had to be inside the reservoir")

758) *See Semitool, Inc. v. Dynamic Micro Systems Semiconductor Equipment GmbH*, 444 F.3d 1337, 1346-47 (Fed. Cir. 2006) (ruling that the express language of claim limitation in parent patent reciting "a processing vessel defining a process chamber there within" meant that the entire interior of the processing vessel constituted the "processing chamber" and rejecting the patentee's argument that the processing chamber could be a smaller portion of the interior area and in view of this construction further ruling that while the express language of limitation of claim from a child patent reciting "a processing chamber within the processing vessel" did not similarly require that the entire interior be the processing chamber, the "clear definition" of the process chamber from the parent patent and the context of the specification where the patentee interchangeably used several terms for process chamber and these other terms referred to the entire interior, required construing the term "processing chamber" in the child patent to also mean the entire interior of the processing vessel")

ⅱ. 연방 지방법원

a. 연방 지방법원은 청구항 용어 "within the telephone call"의 해석과 관련하여, 전화가 연결되는 동안 수신될 수 있는 예비 신호는 포함하지 않는다고 판시하였다.759)

9) Without

ⅰ. 연방 항소법원(CAFC)

a. 연방 항소법원의 개방형(open transition) 청구항 "without requiring a density gradient step" 중 용어 "without requiring"의 해석과 관련하여, 피소된 침해자의 주장인 "without requiring"은 "prohibiting(금지함)"을 의미함은 타당하지 않고, 대신에, 해당 용어는 "density gradient step"가 필요로(requiring) 되지 않더라도 여전히 수행할 수 있는 단계라고 판시하였다.760)

b. 연방 항소법원은 청구항 "without needing to reinitialize"은 명세서에 기반하여 판단해 볼 때, 초기 설정 과정의 모든 단계를 막을 수 있는 것을 의미하는 것이지, 특허권자의 주장과 같이 모든 단계를 막는 것은 아니라고 판시하였다.761)

---

759) *See MacroPoint, LLC v. Ruiz Food Products, Inc.*, 2018 Markman 887434, 2018 WL 887434, *3-*5 (E.D. Tex. 2018) (construing "within the telephone call" to not include preliminary signals that may be sent while the call is being connected")

760) *See Celsis In Vitro, Inc. v. CellzDirect, Inc.*, 664 F.3d 922, 926-27 (Fed. Cir. 2012) (open transition method claim reciting a step to do X without requiring Y did not affirmatively exclude a method that still did Y so long as Y was not required …"[S]tep (C) includes the language 'without requiring a density gradient step.' LTC reads 'without requiring' to mean 'prohibiting,' such that the accused process performs an action 'prohibited' by step (C) and therefore does not infringe…. LTC errs in reading 'without requiring' to mean 'prohibiting.' The claim language is not susceptible to this unnatural reading. Instead, 'without requiring' means simply that the claim does not require the density gradient step. Thus, performance of that step does not preclude a finding of infringement.")

761) *See TQ Delta, LLC v. DISH Network LLC*, 929 F.3d 1350, 1357-58 (Fed. Cir. 2019) (affirming PTO's construction that limitation reciting "without needing to reinitialize" could be met if any step of the initialization process could be avoided and rejecting the patentee's contention that all steps must be avoided, the court finding that the specification supported the construction that avoiding

ii. 연방 지방법원

a. 연방 지방법원은 청구항 "without inducing excessive sedation"은 명세서에 기반하여 판단해 볼 때, 기능적 장애를 유발할 수 있는 진정제를 투입하지 않는 것을 의미한다고 판시하였다.[762)]

---

any of the initialization steps was sufficient, the court noting that "the specification twice discusses avoiding reinitializations and does not expressly require avoiding the entire initialization process" and that "nothing in the specification suggests that the only way to achieve rapid-on capabilities is by avoiding the initialization process entirely")

762) *See Shire LLC v. Teva Pharmaceuticals USA Inc.*, 2012 Markman 975694, 2012 WL 975694, *2 (D. Del. 2012) (construing term "without inducing excessive sedation" to mean not inducing sedation that causes functional impairment since the specification described excessive sedation in the context of functional impairment, rather than just making the patient sleepy")

■ 참고문헌

- Patent Claim Construction : A Modern Synthesis and Structured Framework (By Peter S. Menell, Matthew D. Powers, and Steven C. Carlson)
- Annotated Patent Digest (Matthew), September 2019 Update, Robert A. Matthews, Jr.

■ 용어색인

저 자 약 력

■ 이 재 복 외국변호사

• 업무분야: 지적재산권 소송과 분쟁

학 력

한국항공대학교 전자 및 항공전자공학 졸업 (B.E.) (2013)
미국 George Washington University Law School 졸업 (J.D.),
Associate Editor for American Intellectual Property Law Association (AIPLA)
Quarterly Journal (2019)

경 력

제48회 변리사시험 합격 (2011)
특허법인 신성 한국변리사 (2013)
윤앤리 특허법인 한국변리사 (2013~2016)
미국 Kramer & Amado P.C., Law Clerk (2017)
미국 Patent Bar 시험 합격 (2018)
미국 Brinks Gilson & Lione, Summer Associate (2018)
미국 Brinks Gilson & Lione, Associate (2019~2020)

현재〉 법무법인(유) 세종 (2020~)

자 격 미국 일리노이주 변호사 자격 취득 (2019)
한국 변리사 자격 취득 (2011)

소 속 미국 일리노이주 변호사협회 회원

미국 특허 청구항 해석 실무

저 자 이 재 복 2020년 9월 3일 인쇄
발행인 양 진 수 2020년 9월 14일 발행
발행처 진 원 사

서울시 송파구 법원로9길 26, C동 1107호 (문정동, H비즈니스파크)
전화 : 02) 916-1850 / 팩스 : 02) 916-3442
신고번호 제 2018 - 000026호
http://www.jinwonsa.co.kr
http://www.lawbookstore.co.kr
e-mail : hhansin@hanmail.net

저자와의 협의하에 인지생략

ISBN : 978-89-6346-577-7 93360 **정가 25,000 원**